"十三五"职业教育城市轨道交通专业系列教材

城市轨道交通电工电子技术

主 编 芦南美 周 珊
参 编 冯晓芳 伦青青

机械工业出版社

本书共十二个项目，内容包括直流电路、正弦交流电路、磁路与变压器、电动机、半导体器件基础知识、基本放大电路、集成运算放大器、稳压电源、逻辑门电路、组合逻辑电路、触发器、时序逻辑电路。各项目均有相关实训任务和习题。

本书可作为职业教育城市轨道交通专业的教材，也可作为电类及相关专业的教材。为方便教学，本书配有微课视频、课程标准、授课计划、电子教案、电子课件、期末试卷和习题答案等丰富的教学资源。凡选用本书作为授课教材的教师可登录 www.cmpedu.com 免费注册、下载。

图书在版编目（CIP）数据

城市轨道交通电工电子技术/芦南美，周珊主编. —北京：机械工业出版社，2019.9（2023.10重印）

"十三五"职业教育城市轨道交通专业系列教材

ISBN 978-7-111-63853-7

Ⅰ.①城… Ⅱ.①芦… ②周… Ⅲ.①城市铁路—轨道交通—电工技术—职业教育—教材 ②城市铁路—轨道交通—电子技术—职业教育—教材 Ⅳ.①U239.5

中国版本图书馆 CIP 数据核字（2019）第 213185 号

机械工业出版社（北京市百万庄大街22号　邮政编码100037）
策划编辑：曹新宇　责任编辑：曹新宇　王　荣
责任校对：肖　琳　王　延　封面设计：马精明
责任印制：郜　敏
北京中科印刷有限公司印刷
2023 年 10 月第 1 版第 9 次印刷
184mm×260mm · 13 印张 · 317 千字
标准书号：ISBN 978-7-111-63853-7
定价：34.90 元

电话服务　　　　　　　　网络服务
客服电话：010-88361066　机　工　官　网：www.cmpbook.com
　　　　　010-88379833　机　工　官　博：weibo.com/cmp1952
　　　　　010-68326294　金　书　网：www.golden-book.com
封底无防伪标均为盗版　机工教育服务网：www.cmpedu.com

前　言

电工电子方面的课程是理工科各专业均需学习的重要专业基础课程，具有技术性强、实用性强的特点。本书根据城市轨道交通各专业教学计划及"电工电子"课程教学大纲编写，可作为高等职业教育城市轨道交通专业电工电子课程的教学用书。

针对职业教育城市轨道交通各专业的培养目标和学生的实际需求，依据"必需、够用"的原则，本书在内容的编排上充分考虑了理论深度的适度，注重理论联系实际，注重知识的运用。本书编写的宗旨是将电工电子基础课的知识与城市轨道交通各专业的专业知识密切结合，紧跟城市轨道交通技术的发展步伐。

本书共十二个项目，分为三大模块。项目一~项目四为电工模块，包含城市轨道交通各专业必需的电工基本知识，介绍了直流电路、正弦交流电路、磁路与变压器、电动机的相关知识；项目五~项目八为模电模块，包含城市轨道交通各专业必需的模拟电路基本知识，介绍了半导体器件基础知识、基本放大电路、集成运算放大器、稳压电源等内容；项目九~项目十二为数电模块，包含城市轨道交通各专业必需的数字电路基本知识，介绍了逻辑门电路、组合逻辑电路、触发器、时序逻辑电路的相关知识。

党的二十大报告指出："推进教育数字化，建设全民终身学习的学习型社会、学习型大国。"本书深入贯彻落实教育数字化的理念，可按"翻转课堂"模式实现教学，每个项目配有可供学生自学的微课视频及课后习题答案。同时还为授课教师准备了丰富的授课资源，包括课程标准、授课计划、电子教案、电子课件、期末试卷等。

本书由河北轨道运输职业技术学院芦南美、周珊任主编，河北轨道运输职业技术学院冯晓芳、伦青青参编。芦南美编写了项目一、项目二、项目四、项目九和项目十，周珊编写了项目三、项目五、项目八、项目十一和项目十二，冯晓芳编写了项目六，伦青青编写了项目七。

由于编者水平有限，书中疏漏、不妥之处在所难免，恳请读者批评指正。

编者

二维码索引

序号	名　　称	图形	页码
1	基尔霍夫定律		6
2	三相交流电源的Y联结		27
3	变压器		43
4	二极管		70
5	放大电路的基础知识		84
6	共射极放大电路		87
7	集成运算放大器概述		110
8	放大电路的负反馈		113
9	稳压电路		138

目　录

前言
二维码索引
项目一　直流电路 ……………………… 1
　课题一　电路中的基本物理量 …………… 1
　课题二　电路中电位的计算 ……………… 4
　课题三　电压源与电流源的等效变换 …… 5
　课题四　基尔霍夫定律 …………………… 6
　课题五　支路电流法 ……………………… 8
　课题六　叠加定理 ………………………… 9
　课题七　戴维南定理 ……………………… 10
　任务一　基尔霍夫定律的验证 …………… 12
　【习题一】 …………………………………… 14
项目二　正弦交流电路 ………………… 16
　课题一　正弦交流电的基础知识 ………… 16
　课题二　正弦交流电路的分析和运算 …… 18
　课题三　RLC 串联电路 …………………… 22
　课题四　电路中的谐振 …………………… 24
　课题五　三相交流电源 …………………… 27
　课题六　三相负载 ………………………… 29
　课题七　三相负载的功率 ………………… 31
　任务二　R、L、C 元件阻抗特性的测定 …… 32
　【习题二】 …………………………………… 34
项目三　磁路与变压器 ………………… 36
　课题一　磁路的基础知识 ………………… 36
　课题二　交流铁心线圈电路 ……………… 42
　课题三　变压器 …………………………… 43
　任务三　变压器的空载特性与负载特性
　　　　　测试 ……………………………… 47
　【习题三】 …………………………………… 48

项目四　电动机 ………………………… 50
　课题一　电动机概述 ……………………… 50
　课题二　三相交流异步电动机 …………… 51
　课题三　直流电动机 ……………………… 57
　任务四　三相笼型异步电动机的工作
　　　　　特性 ……………………………… 61
　【习题四】 …………………………………… 64
项目五　半导体器件基础知识 ………… 66
　课题一　PN 结 ……………………………… 66
　课题二　二极管 …………………………… 70
　课题三　晶体管 …………………………… 73
　课题四　场效应晶体管 …………………… 77
　任务五　二极管和晶体管的识别与检测 … 80
　【习题五】 …………………………………… 82
项目六　基本放大电路 ………………… 84
　课题一　放大电路的基础知识 …………… 84
　课题二　共射极放大电路 ………………… 87
　课题三　3 种基本放大电路的比较 ……… 95
　课题四　多级放大电路 …………………… 97
　课题五　差动放大电路 …………………… 99
　课题六　功率放大电路 …………………… 101
　任务六　基本放大电路的测试 …………… 105
　【习题六】 …………………………………… 107
项目七　集成运算放大器 ……………… 109
　课题一　集成运算放大器概述 …………… 110
　课题二　放大电路的负反馈 ……………… 113
　课题三　集成运算放大电路的线性
　　　　　应用 ……………………………… 117
　课题四　集成运算放大电路的非线性
　　　　　应用 ……………………………… 124

任务七 集成运算放大电路的线性应用
　　　　　验证 ………………… 126
【习题七】 ………………………… 128
项目八　稳压电源 ………………… 130
　课题一　二极管整流电路 ………… 130
　课题二　滤波电路 ………………… 134
　课题三　稳压电路 ………………… 138
　任务八　测试整流桥 ……………… 139
【习题八】 ………………………… 140
项目九　逻辑门电路 ……………… 142
　课题一　数字电路概述 …………… 142
　课题二　数制与编码 ……………… 143
　课题三　基本逻辑门电路 ………… 146
　课题四　组合逻辑门电路 ………… 148
　课题五　逻辑代数及其在逻辑电路中的
　　　　　应用 ……………………… 150
　任务九　逻辑门电路的功能测试 …… 156
【习题九】 ………………………… 157

项目十　组合逻辑电路 …………… 159
　课题一　组合逻辑电路的分析和设计
　　　　　方法 ……………………… 159
　课题二　常用的组合逻辑电路 …… 161
　任务十　编码器、译码器的应用设计 … 171
【习题十】 ………………………… 172
项目十一　触发器 ………………… 174
　课题一　RS 触发器 ……………… 174
　课题二　JK 触发器、D 触发器和 T 触
　　　　　发器 ……………………… 178
　任务十一　触发器特性实验 ……… 181
【习题十一】 ……………………… 184
项目十二　时序逻辑电路 ………… 186
　课题一　时序逻辑电路的分析方法 … 186
　课题二　常用时序逻辑电路 ……… 191
　任务十二　计数器的设计 ………… 196
【习题十二】 ……………………… 198
参考文献 …………………………… 199

项目一

直 流 电 路

随着科学技术的快速发展，电工技术已广泛用于生产、生活的各个方面。尽管目前使用的电气设备种类繁多，但基本上都是由各种基本电路组成的，因此，掌握电路的基本知识十分重要。各种电气设备、电子仪器要工作和运行，都得依靠各种不同的电路来实现，而了解电路的组成是分析和设计电路的基础。

1. 知识目标
1) 理解电路中的基本物理量。
2) 掌握基尔霍夫定律、叠加定理、戴维南定理的内容。
3) 掌握电位的计算、电压源与电流源等效变换的方法。
4) 掌握支路电流法的应用。

2. 能力目标
1) 能测量基本电气元器件。
2) 能对基尔霍夫定律进行验证。
3) 能对叠加定理进行验证。
4) 能对戴维南定理进行验证。

课题一　电路中的基本物理量

一、电路的组成

电流流经的路径称为电路。它是由各种电气设备和元器件按照一定的连接方式构成的电流通路。电路一般由电源、负载和中间环节（导线和开关）等基本部分组成。这三部分也称为组成电路的"三要素"。电路可以实现电能的传输、分配与转换，也可以实现信号的传递与处理。

实际电路由电源、负载、导线、控制装置组成。组成实际电路的设备或元器件种类繁多。例如手电筒电路由干电池、灯泡、开关和导线等组成一个闭合的电流通路，如图 1-1 所示，电流通过灯泡后灯泡发光，它将电能转换成为光能和热能。

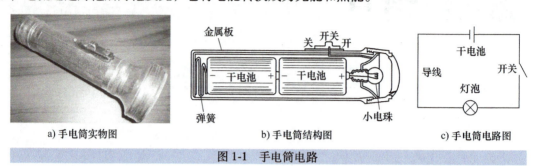

a) 手电筒实物图　　　　　　b) 手电筒结构图　　　　　　c) 手电筒电路图

图 1-1　手电筒电路

电路有 3 种状态：通路、开路（断路）、短路。电路处处相通即形成回路。电路某处断开形不成回路，称为开路或断路。电路或电路的某一部分被短接，称为短路。其中，短路可能损坏电源装置和元器件，是危险的状态，必须加以避免。

电路中的主要物理量有电压、电流、电荷、电能、电功率等。在线性电路分析中主要分析的物理量是电流、电压和功率。

二、电流

电荷有规则地定向移动形成电流。电流的大小是指单位时间内通过导体横截面的电荷量，用 i 表示电流，则

$$i = \frac{dq}{dt} \tag{1-1}$$

大小和方向都不随时间变化的电流称为直流电流，简称为直流。直流电流常用大写字母 I 表示，即 $I=Q/t$。电流的单位是安培（A），简称为安。

金属导体中的电流是电子的有规则运动，电解液中的电流是正、负离子向两个相反方向的有规则运动。电流方向规定为正电荷运动的方向。电流方向与电子移动方向相反。

参考方向是任意假定的正电荷运动的方向。电流的实际方向与参考方向一致时，电流的值为正；电流的实际方向与参考方向相反时，电流的值为负。

电流参考方向有两种表示方法：一种是用箭头表示，箭头的指向为电流的参考方向；另一种是用双下标表示，如 i_{AB} 表示电流的参考方向由 A 指向 B。

电流单位的换算关系如下：

$$1kA = 10^3 A \qquad 1mA = 10^{-3} A \qquad 1\mu A = 10^{-3} mA = 10^{-6} A$$

三、电压、电位和电动势

1. 电压

电场力将单位正电荷从 a 点移到 b 点所做的功，称为 a、b 两点的电压，用 u_{ab} 表示，直流电路中。电压的单位是伏特（V），简称为伏。

规定正电荷在电场力作用下移动的方向为电压的实际方向，即高电位→低电位，电位降低的方向。假定的电位降低方向为电压的参考方向。电压的参考方向有 3 种表示方法，分别是用箭头表示，箭头的指向为电压的参考方向；用正、负极性表示；用双下标表示。

电压单位的换算关系为

$$1\text{kV} = 10^3\text{V} \quad 1\text{mV} = 10^{-3}\text{V} \quad 1\mu\text{V} = 10^{-3}\text{mV} = 10^{-6}\text{V}$$

分析电路前必须选定电压和电流的参考方向，参考方向一经选定，必须在图中相应位置标注（包括方向和符号），在计算过程中不得任意改变。对于某一段电路或某个二端元件来说，电压和电流的参考方向一致时，称为关联参考方向。当选择电压、电流的参考方向关联时，在电路图中可以标出两者之一的参考方向。参考方向不同时，其表达式相差一个负号，但电压、电流的实际方向不变。

2. 电位

电路中某点与参考点之间的电压称为该点的电位。选定参考点的电位为零，电位的单位是伏特（V）。电压与电位的关系如下：电路中任意两点之间的电压等于这两点之间的电位差，即 $U_{ab}=V_a-V_b$，故电压又称为电位差。

电路中电位参考点可任意选择。参考点一经选定，电路中各点的电位值就确定了。当选择不同的电位参考点时，电路中各点电位值将改变，但任意两点间电压保持不变。

3. 电动势

电动势是在电源内部外力将单位正电荷从电源的负极移动到电源正极所做的功，是衡量电源移动正电荷的能力的物理量，符号为 E，单位为伏特（V）。电源内部电动势的方向为由负极指向正极。

4. 电功率

电路中 a、b 两点间的电压为 u_{ab}，在 dt 时间内，电场力把正电荷 dq 从电路中的 a 点移至 b 点所做的功为 dw_{ab}，则有

$$dw_{ab} = u_{ab}dq \tag{1-2}$$

单位时间内电场力做的功即电功率，用公式表示为

$$p = \frac{dw}{dt} = \frac{dw}{dq}\frac{dq}{dt} = ui \tag{1-3}$$

电流在单位时间内做的功称为电功率。电功率是用来表示消耗电能的快慢的物理量，用 p 表示，它的单位是瓦特（W），简称为瓦。

若 u，i 取关联参考方向，$p=ui$，表示元件吸收的功率；若 u，i 取非关联参考方向，$p=-ui$，表示元件发出的功率。$p>0$，说明电路吸收功率，或消耗电能；若 $p<0$，说明电路发出功率，或释放电能。

直流电路中，电压、电流都是恒定值，电路吸收的功率也是恒定的，常用大写字母 P 表示。

5. 电能

直流电路中，电压、电流、功率均为恒定值，电路消耗的电能为

$$W = P(t - t_0) = UI(t - t_0) \tag{1-4}$$

当 $t_0=0$ 时，式（1-4）即

$$W = Pt = UIt \tag{1-5}$$

电能的单位为焦耳（J），简称为焦，实际用于电能计量的电度表是以千瓦小时（kW·h）为单位的。功率为 1kW 的用电器工作 1h，所消耗的电能即为 1kW·h，俗称为 1 度电。1kW·h 换算成焦耳为

$$1\text{kW}\cdot\text{h}=1000\text{W}\times3600\text{s}=3.6\times10^6\text{J}$$

课题二 电路中电位的计算

一、电位

零电位是指计算电位的起点。零电位可以任意选择，通常设为接地点。电路中该点与零电位点之间的电压称为该点的电位，符号为 V，单位为伏特（V）。在电路中选定某一点 A 为电位参考点，就是规定该点的电位为零，即 $V_A=0$。规定电路中的零电位点以后，电路中任意点与零电位点间的电压（电位差）就是该点的电位。

电位参考点的选择方法如下：

1）在工程中，常选大地作为电位参考点。

2）在电子线路中，常选一条特定的公共线或机壳作为电位参考点。有些设备的机壳是需要接地的，这时凡与机壳连接的各点均为零电位。有些设备的机壳虽然不一定真的和大地连接，但很多元器件都要汇集到一个公共点，为了方便起见，可规定这一公共点为零电位。在电路中，通常用符号"⊥"标出电位参考点。

二、电位的计算

1. 电位的计算步骤

1）任选电路中某一点为参考点，设其电位为 0V。

2）计算电路中的电流，确定电路中的电流方向和各元器件两端电压的方向（正、负极）。

3）确定从被求点到零电位点（参考点）的路径（不唯一，但注意选择一条方便计算的简单路径）。

4）此路径上全部电压降的代数和即等于该点的电位。

2. 确定各元器件两端电压的正负

1）电阻元件电压降，写成 $\pm RI$ 的形式。当电流 I 的方向与路径绕行方向一致时，选取"+"号；当电流 I 的方向与路径绕行方向相反时，选取"−"号。

2）电源两端电压降方向是高电位（正极）指向低电位（负极），写成 $\pm E$ 形式：电源两端电压降方向与路径绕行方向一致时，选取"+"号；电源两端电压降方向与路径绕行方向相反时，选取"−"号。

只需计算该点与参考点零电位间的电压，但要注意该路径计算某点的电位的绕行方向和参考方向间的关系。某点电位为正，说明该点电位比参考点高；某点电位为负，说明该点电位比参考点低。

绕行方向和参考方向相同，电压值为正，绕行方向和参考方向相反，电压值为负；绕行时如果遇到电源，则先经过电源正极时加上电源的电动势，反之减去电动势。

例 1-1 图 1-2 所示电路中，$E_1=45\text{V}$，$E_2=12\text{V}$，$R_1=5\Omega$，$R_2=4\Omega$，$R_3=2\Omega$，求 A、B、C、D、E 各点的电位。

解：利用电路中 A 点为电位参考点（零电位点），电流方向为顺时针方向，则

$$I=\frac{E_1-E_2}{R_1+R_2+R_3}=3\text{A}$$

B 点电位：$V_B=U_{BA}=-R_1I=-15\text{V}$

C 点电位：$V_C = U_{CA} = E_1 - R_1 I = (45-15)\text{V} = 30\text{V}$
D 点电位：$V_D = U_{DA} = E_2 + R_2 I = (12+12)\text{V} = 24\text{V}$
E 点电位：$V_E = R_2 I = 12\text{V}$

必须注意的是，电路中两点间的电位差（即电压）是绝对的，不随电位参考点的不同发生变化，即电压值与电位参考点无关；电路中某一点的电位则是相对电位参考点而言的，电位与参考点有关。

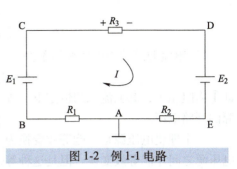

图 1-2　例 1-1 电路

课题三　电压源与电流源的等效变换

一、电压源

为电路提供一定电压的电源可以用电压源来表征。

理想电压源的电源内阻为零，并能提供一个恒定不变的电压，所以也称恒压源。恒压源的内阻 $r=0$，输出电压是一定值，恒等于电动势。对直流电压，有 $U=E$。恒压源中的电流由外电路决定。恒压源有两个特点：①提供给负载的电压恒定不变；②提供给负载的电流可任意变化。

实际电压源可以用一个电阻（相当于内阻）与一个理想的电压源串联来等效，如图 1-3 所示。它提供的端电压受负载影响。若实际电压源串联，可用一个电压源等效，其总电动势 $E_总$ 等于各个电动势的代数和，内阻等于各个内阻之和。若实际电压源由电动势相同的电压源并联，则并联后的总电动势 $E_总 = E_1 = E_2 = E_3$，并联电压源的总内阻的倒数为各个内阻的倒数之和。

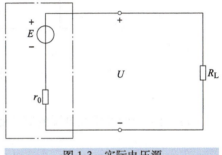

图 1-3　实际电压源

二、电流源

为电路提供一定电流的电源可用电流源来表征。

理想电流源的内阻为无穷大，并能提供一个恒定不变的电流，所以也称为恒流源。恒流源的输出电流是一个定值，恒等于电流 I_S。恒流源两端的电压 U 由外电路决定。恒流源有两个特点：①提供给负载的电流是恒定不变的；②提供给负载的电压是任意的。

实际上，电源的内阻不可能为无穷大，可以把理想电流源与一个内阻并联的组合等效为一个电流源，如图 1-4 所示。实际电流源的并联可用一个电流源代替，等效电流源的电流 I_S 等于各个电流源的电流的代数和，等效电流源的内阻 r 的倒数等于各并联电流源内阻的倒数之和。

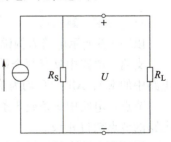

图 1-4　实际电流源

三、两种电源模型的等效变换

对于外电路，若两种电源模型所接负载上的电压与流过的电流是相等的，则两种不同的电源模型等效。

1) 电压源等效为电流源的条件：

$$I_S = \frac{E}{r_0} \qquad R_S = r_0 \qquad (1\text{-}6)$$

2）电流源等效为电压源的条件：

$$E = I_S R_S \qquad r_0 = R_S \qquad (1\text{-}7)$$

即①内阻相等；②电流源的恒定电流等于电压源的短路电流，或电压源的恒定电压等于电流源的开路电压。

一个理想电压源是不能等效变换为一个理想电流源的，反之也一样。只有实际电流源和电压源之间才能等效变换。但是这种等效变换是对外电路而言的，电源内部并不等效。任何一个电动势 E 和某个电阻 R 串联的电路，都可化为一个电流为 I_S 和这个电阻并联的电路。

例 1-2 图 1-5a 所示电路中，$U_1 = 10\text{V}$，$I_S = 2\text{A}$，$R_1 = 1\Omega$，$R = 1\Omega$。求流过电阻 R 的电流 I。

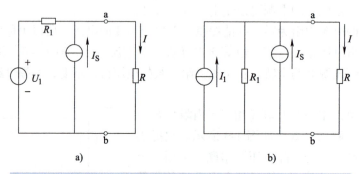

图 1-5 例 1-2 电路

解：由电源的性质及电源的等效变换可得图 1-5b，则

$$I_1 = \frac{U_1}{R_1} = \frac{10}{1}\text{A} = 10\text{A}$$

$$I = \frac{I_1 + I_S}{2} = \frac{10 + 2}{2}\text{A} = 6\text{A}$$

课题四 基尔霍夫定律

一、常用电路名词

以图 1-6 所示电路为例说明常用电路名词。

支路：电路中具有两个端子且通过同一电流的无分支电路。图 1-6 所示电路中的 ED、AB、FC 均为支路，该电路的支路数目 $b = 3$。

节点：电路中 3 条或 3 条以上支路的连接点。图 1-6 所示电路的节点为 A、B 两点，该电路的节点数目 $n = 2$。

回路：电路中任一闭合的路径。如图 1-6 所示电路中的 CDEFC、AFCBA、EABDE 路径均为回路，该电路的回路数目 $l = 3$。

网孔：不含有分支的闭合回路。图 1-6 所示电路中的 AFCBA、EABDE 回路均为网孔，

该电路的网孔数目 $m=2$。

网络：在电路分析范围内网络是指包含较多元器件的电路。

二、基尔霍夫电流定律（节点电流定律）

1. 基尔霍夫电流定律（KCL）的内容

基尔霍夫电流定律的第一种表述：在任何时刻，电路中流入任一节点中的电流之和，恒等于从该节点流出的电流之和，即

$$\Sigma I_{入} = \Sigma I_{出} \tag{1-8}$$

例如图 1-7 中，在节点 A 上，有 $I_1+I_3=I_2+I_4+I_5$。

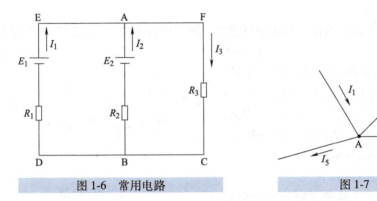

图 1-6 常用电路　　　　　　　　图 1-7 电路

基尔霍夫电流定律的第二种表述：在任何时刻，电路中任一节点上的各支路电流代数和恒等于零，即

$$\Sigma I = 0 \tag{1-9}$$

一般可在流入节点的电流前面取"+"号，在流出节点的电流前面取"-"号，反之亦可。例如图 1-7 中，在节点 A 上，有 $I_1-I_2+I_3-I_4-I_5=0$。

在使用 KCL 时必须注意：

1）对于含有 n 个节点的电路，只能列出 $(n-1)$ 个独立的电流方程。

2）列节点电流方程时，只需考虑电流的参考方向，然后代入电流的数值。

为了方便分析电路，通常需要在所研究的一段电路中事先选定（即假定）电流流动的方向，称为电流的参考方向，通常用"→"表示。

电流的实际方向可根据数值的正、负来判断，当 $I>0$ 时，表明电流的实际方向与所标定的参考方向一致；当 $I<0$ 时，表明电流的实际方向与所标定的参考方向相反。

2. KCL 的应用

1）对于电路中任意假设的封闭面，KCL 仍然成立。如图 1-8 中，对于封闭面 S 来说，有 $I_1+I_2=I_3$。

2）对于网络（电路）之间的电流关系，仍然可由 KCL 判定。如图 1-9 中，流入电路 B 中的电流必等于从该电路中流出的电流。

3）若两个网络之间只有一根导线相连，那么这根导线中一定没有电流通过。

4）若一个网络只有一根导线与地相连，那么这根导线中一定没有电流通过。

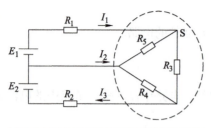
图 1-8 KCL 应用于封闭面

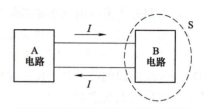
图 1-9 KCL 应用于电路

三、基尔霍夫电压定律（回路电压定律）

1. 基尔霍夫电压定律（KVL）的内容

在任何时刻，沿着电路中的任一回路绕行方向，回路中各段电压的代数和恒等于零，即

$$\Sigma U = 0 \quad (1\text{-}10)$$

以图 1-10 所示电路说明基尔霍夫电压定律。沿着回路 abcdea 绕行方向，有 $U_{ac} = U_{ab} + U_{bc} = R_1 I_1 + E_1$，$U_{ce} = U_{cd} + U_{de} = -R_2 I_2 - E_2$，$U_{ea} = R_3 I_3$，则 $U_{ac} + U_{ce} + U_{ea} = 0$，即 $R_1 I_1 + E_1 - R_2 I_2 - E_2 + R_3 I_3 = 0$。上式也可写成 $R_1 I_1 - R_2 I_2 + R_3 I_3 = -E_1 + E_2$。

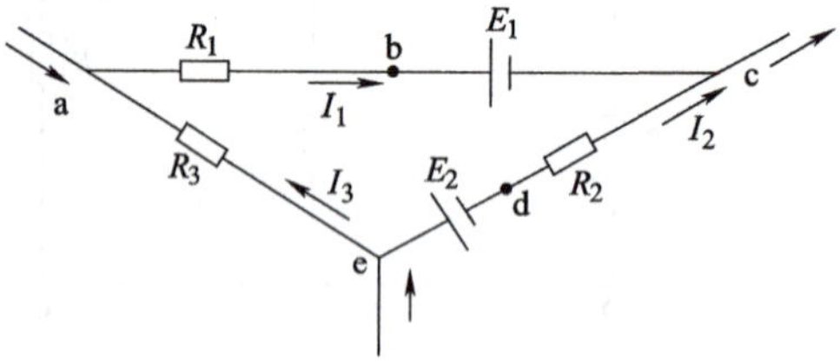

2. 列回路电压方程的原则

1）标出各支路电流的参考方向并选择回路绕行方向（既可沿着顺时针方向绕行，也可沿着逆时针方向绕行）。

2）电阻元件的端电压为 $\pm RI$，当电流 I 的参考方向与回路绕行方向一致时，选取"+"号；反之，选取"–"号。

3）电源电动势为 $\pm E$，当电源电动势的标定方向与回路绕行方向一致时，选取"+"号；反之，选取"–"号。

图 1-10 电路

课题五　支路电流法

以支路电流为未知数，应用基尔霍夫电压定律（KVL）和基尔霍夫电流定律（KCL）对节点和回路列出必要的方程组，解方程组可求得各支路电流，这种方法称为支路电流法。它是求解复杂电路的基本方法。

含有多个回路、不能用串并联方法化简为单回路的电路（或能够化简但却又相当复杂的电路）称为复杂电路。

支路电流法解题的步骤为：确定电路中的支路数 b 和节点数 n，标注各支路电流的参考方向；应用 KCL 列出 $(n-1)$ 个方程；应用 KVL 列出 $b-(n-1)$ 个方程；联立方程求解，得出 b 个支路电流。

支路电流法适用于支路数较少的复杂电路。当电路中支路数较多时，方程的数目增加，则计算工作量也就增大。如果电路中含有理想电流源支路时，所需总方程数等于总支路数减去理想电流源支路数，且独立回路应选取不含理想电流源支路的回路。

例 1-3　图 1-11 所示电路中，已知 $E_1 = E_2 = 17\text{V}$，$R_1 = 2\Omega$，$R_2 = 1\Omega$，$R_3 = 5\Omega$，试用支

电流法求各支路的电流。

解：1）先假设各支路电流的方向和回路方向，并标出各电阻元件上的正、负极。

2）用基尔霍夫电流定律列出节点电流方程式。

节点 a：$I_1 + I_2 = I_3$

3）用基尔霍夫电压定律列出回路电压方程式。

$$-E_1 + I_1 R_1 + I_3 R_3 = 0$$
$$-I_3 R_3 - I_2 R_2 + E_2 = 0$$

4）代入已知数，解联立方程式，求出各支路电流。

$$I_1 + I_2 = I_3$$
$$-17 + I_1 \times 2 + I_3 \times 5 = 0$$
$$-I_3 \times 5 - I_2 \times 1 + 17 = 0$$

解得

$$I_1 = 1\text{A}, \quad I_2 = 2\text{A}, \quad I_3 = 3\text{A}$$

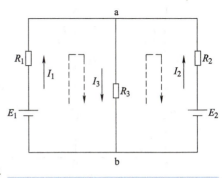

图 1-11 例 1-3 电路

5）确定各支路电流的实际方向。

I_1、I_2、I_3 为正值，表示电流的实际方向与参考方向相同。

课题六 叠加定理

叠加定理是线性电路普遍适用的基本定理，应用叠加定理可以将一个具有多电源的复杂网络等效变换为若干个单电源或数个电源的简单网络。叠加定理可表述为：在线性电路中，任一支路的电压与电流，都是各个独立源单独作用下，在该支路中产生的电压与电流的代数之和。或在线性电路中，任一处的电压（电流）响应，恒等于各个独立电源单独作用时在该处产生的响应的叠加。

单电源作用时，其他电源去掉（置零），电压源应视为短路，电流源应视为开路。电路中的所有线性元件包括电阻、电感和电容都不予更动，叠加时要注意电流或电压的参考方向，正确选取各分量的正、负号。使用叠加定理时，应注意：叠加定理只能用于计算线性电路（即电路中的元件均为线性元件）的支路电流或电压，不能直接进行功率的叠加计算，因为功率与电压或电流是平方关系，而不是线性关系。包含电容的电路在达到线性的正弦稳态时可应用叠加定理进行分析。

例 1-4 图 1-12 所示电路中，若已知 $E_1 = E_2 = 17\text{V}$，$R_1 = 1\Omega$，$R_2 = 5\Omega$，$R_3 = 2\Omega$，试用叠加定理求 I_3。

分析：电路中含有两个电源。依据叠加定理的内容可知，要把两个电源分成单独的电源，每个电源作一个分图，共两个分图。

每个分电路中，只含有一个电源，电路变成了简单的直流电路，所以可以运用简单直流电路求解的方法来求解每个分电路。

解：1）E_1 单独作用时，电路如图 1-13 所示。

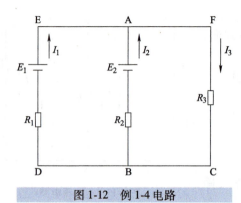
图 1-12 例 1-4 电路

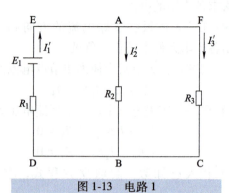
图 1-13 电路 1

$$I_1' = \frac{E_1}{R_1 + \dfrac{R_2 R_3}{R_2 + R_3}} = \frac{17}{1 + \dfrac{5 \times 2}{5 + 2}} \text{A} = 7\text{A}$$

$$I_2' = I_1' \frac{R_3}{R_2 + R_3} = 7 \times \frac{2}{5 + 2} \text{A} = 2\text{A}$$

$$I_3' = I_1' - I_2' = 5\text{A}$$

2) E_2 单独作用时,电路如图 1-14 所示。

$$I_2'' = \frac{E_2}{R_2 + \dfrac{R_1 R_3}{R_1 + R_3}} = \frac{17}{5 + \dfrac{1 \times 2}{1 + 2}} \text{A} = 3\text{A}$$

$$I_1'' = I_2'' \frac{R_3}{R_1 + R_3} = 3 \frac{2}{1 + 2} \text{A} = 2\text{A}$$

$$I_3'' = I_2'' - I_1'' = 1\text{A}$$

将各个支路上产生的电流叠加,得出

$$I_1 = I_1' - I_1'' = 7\text{A} - 2\text{A} = 5\text{A}$$

$$I_2 = - I_2' + I_2'' = - 2\text{A} + 3\text{A} = 1\text{A}$$

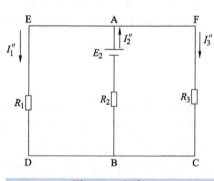
图 1-14 电路 2

$$I_3 = I_3' + I_3'' = 5\text{A} + 1\text{A} = 6\text{A}$$

应用叠加定理的解题步骤如下:分别作由一个电源单独作用的分图,其余电源只保留其内阻(对恒压源,该处用短路替代;对恒流源,该处用开路替代);按电阻串、并联的计算方法,分别计算出分图中每一条支路电流(或电压)的大小和方向;求出各电动势在各条支路中产生的电流(或电压)的代数和,这些电流(或电压)就是各电源共同作用时,在各条支路中产生的电流(或电压)。

课题七 戴维南定理

任何一个有源二端线性网络都可以用一个电动势为 E 的理想电压源和内阻 r_0 串联的电路来等效代替,如图 1-15 所示,这就是戴维南定理的内容。

对外电路来讲,任何一个线性有源二端网络都可以用一个等效电源来代替,该电源的电

动势 E 等于二端网络的开路电压 U_{oc}，内阻 r_0 等于该网络的入端电阻 R_0（即网络中各电动势短接时，两个出线端间的等效电阻）。戴维南定理告诉了人们求等效电源的电动势和内阻的方法，即求网络的开路电压和入端电阻，这是掌握戴维南定理的关键。

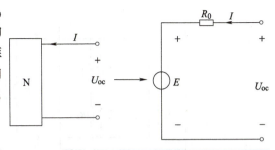

图 1-15 戴维南定理转换电路

戴维南定理的解题步骤如下：

1）把电路划分为待求支路和有源二端网络两部分。

2）断开待求支路，形成有源二端网络（要画图），求有源二端网络的开路电压 U_{oc}。

3）将有源二端网络内的电源置零，保留其内阻（要画图），求网络的入端等效电阻 R_{ab}。

4）画出有源二端网络的等效电压源，其电压源电压 $U_S = U_{oc}$（此时要注意电源的极性），内阻 $r_0 = R_{ab}$。

5）将待求支路接到等效电压源上，利用欧姆定律求电流。

例 1-5 图 1-16 所示电路中，已知 $U_1 = 40\text{V}$，$U_2 = 20\text{V}$，$R_1 = R_2 = 4\Omega$，$R_3 = 13\Omega$，试用戴维南定理求电流 I_3。

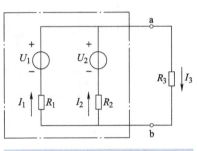

图 1-16 例 1-5 电路

解：1）断开待求支路求开路电压 U_{oc}。按图 1-17 所示转换电路求 U_{oc}。

$$I = \frac{U_1 - U_2}{R_1 + R_2} = \frac{40 - 20}{4 + 4}\text{A} = 2.5\text{A}$$

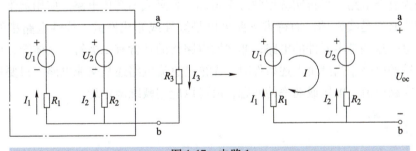

图 1-17 电路 1

$$U_{oc} = U_2 + IR_2 = 20\text{V} + 2.5 \times 4\text{V} = 30\text{V}$$

2）求等效电阻 R_0。将所有独立电源置零（理想电压源用短路代替，理想电流源用开路代替），如图 1-18 所示。

3）画出等效电路（图 1-19）求电流 I_3。

$$I_3 = \frac{U_{oc}}{R_0 + R_3} = \frac{30}{2 + 13}\text{A} = 2\text{A}$$

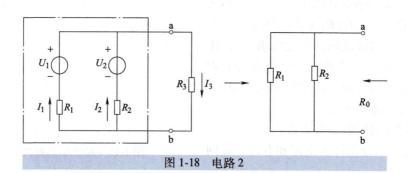

图 1-18　电路 2

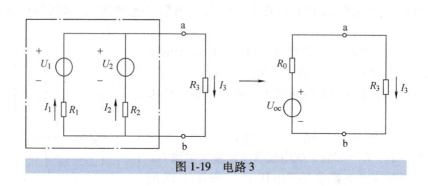

图 1-19　电路 3

应用戴维南定理时必须注意：戴维南定理只对外电路等效，对内电路不等效。也就是说，不可应用该定理求出等效电源电动势和内阻之后，又返回来求原电路（即有源二端网络内部电路）的电流和功率。应用戴维南定理进行分析和计算时，如果待求支路后的有源二端网络仍为复杂电路，可再次应用戴维南定理，直至成为简单电路。应用戴维南定理的条件是二端网络必须是线性的，而待求支路可以是线性或非线性的。线性电路指的是含有电阻、电容、电感这些基本元件的电路；非线性电路指的是含有二极管、晶体管、稳压管、逻辑电路器件等的电路。当满足上述条件时，无论是直流电路还是交流电路，只要是求解复杂电路中某一支路电流、电压或功率的问题，就可以应用戴维南定理。

任务一　基尔霍夫定律的验证

一、任务目标

1）理解基尔霍夫电压定律和基尔霍夫电流定律。
2）掌握测量各支路电流的方法。

二、器材工具

本任务所需器材工具见表 1-1。

项目一 直流电路

表 1-1 器材工具

序号	名称	型号与规格	数量
1	直流稳压电源	0~30V,RTDG-1	1
2	直流数字电压表	RTT01	1
3	直流数字毫安表	RTT01	1
4	实验电路板挂箱	RTDG02	1

三、原理分析

KCL 和 KVL 是电路分析理论中最重要的基本定律，适用于线性或非线性电路的分析计算。KCL 指出：任何时刻流进和流出任一个节点的电流的代数和为零，即

$$\Sigma i(t) = 0 \text{ 或 } \Sigma I = 0$$

KVL 指出：任何时刻任何一个回路或网孔的电压降的代数和为零，即

$$\Sigma u(t) = 0 \text{ 或 } \Sigma U = 0$$

四、任务实施

实验电路如图 1-20 所示。

1）实验前先任意设定 3 条支路的电流参考方向，如图 1-20 中的 I_1、I_2、I_3 所示，并熟悉线路结构，掌握各开关的操作使用方法。

2）分别将两路直流稳压源接入电路，令 $E_1 = E_2 = 17\text{V}$，其数值要用电压表测量，$R_1 = 1\Omega$，$R_2 = 5\Omega$，$R_3 = 2\Omega$。

3）熟悉电流插头和插孔的结构，先将电流插头的红、黑两接线端接至数字毫安表的"正、负"极；再将电流插头分别插入 3 条支路的 3 个电流插孔中，读出相应的电流值，记入表 1-2 中。

4）用直流数字电压表分别测量两路电源及电阻元件上的电压值，数据记入表 1-2 中。

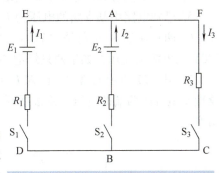

图 1-20 实验电路

表 1-2 基尔霍夫定律的验证

内容	电源电压/V		支路电流/mA				电压/V				
	E_1	E_2	I_1	I_2	I_3	ΣI	U_{FA}	U_{AB}	U_{CD}	U_{DE}	ΣU
计算值											
测量值											
相对误差											

五、注意事项

1）两路直流稳压源的电压值和电路端电压值均应以电压表测量的读数为准，电源表盘指示只作为显示仪表，不能作为测量仪表使用，恒压源输出以接负载后为准。

2）谨防电压源两端碰线短路而损坏仪器。

3）用指针式电流表进行测量时，要识别电流插头所接电流表的正、负极性。当电流表指针出现反偏时，必须调换电流表极性重新进行测量，此时读得的电流值必须加上负号。

六、报告要求

1）根据实验数据，选定实验电路中的任意节点，验证 KCL 的正确性；选定任意闭合回路，验证 KVL 的正确性。

2）误差原因分析。

3）总结本次实验的收获。

【习题一】

1. 构成一个闭合路径所需的必要支路的集合称为_____。

2. 一个二端网络的端口电压、电流关系和另一个二端网络的端口电压、电流关系相同，这两个网络称为_____网络。

3. 两个电阻并联时，阻值较大的电阻所消耗的功率较_____。

4. 一个电流源和电阻并联的网络，可以等效为一个电压源和电阻_____的网络。

5. 已知电路中某支路的电压为 U，则此支路可以用_____的电压源替代。

6. 两只额定值分别是"110V，40W"和"110V，100W"的灯泡，能否串联后接到 220V 的电源上使用？如果两只灯泡的额定功率相同又如何？

7. 图 1-21 所示电路中，已知 $U_S = 6V$，$I_S = 3A$，$R = 4\Omega$。试计算通过理想电压源的电流及理想电流源两端的电压，并根据两个电源功率的计算结果，说明它们是发出功率还是吸收功率。

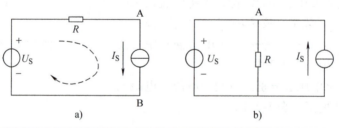

图 1-21　习题 7 电路

8. 图 1-22 所示电路中，$U_{S1} = 250V$，内阻 $r_{S1} = 1\Omega$，$U_{S2} = 239V$，内阻 $r_{S2} = 0.5\Omega$，负载电阻 $R_L = 30\Omega$，试用支路电流法求解各支路电流。

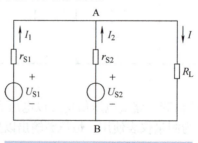

图 1-22　习题 8 电路

9. 用戴维南定理求解图 1-23 所示电路中的电流 I，再用叠加定理进行校验。

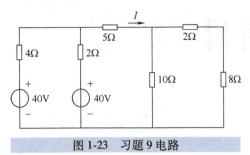

图 1-23　习题 9 电路

10. 求图 1-24 所示电路中的电流 I_2。

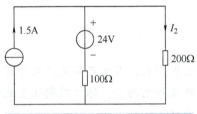

图 1-24　习题 10 电路

项目二

正弦交流电路

正弦交流电是广泛使用的电能形式，在生产和使用上具有一系列的优点。大小和方向都随时间做周期性变化的电压、电流和电动势，称为周期性交流电。当交流电的变化规律是时间的正弦函数时，称为正弦交流电。

1. 知识目标

1) 理解正弦交流电的基本物理量。
2) 掌握纯电阻、纯电感、纯电容电路的特点。
3) 理解串联谐振和并联谐振的特征。
4) 掌握三相交流电路的特点。

2. 能力目标

(1) 能测量正弦交流电路的性能。
(2) 能对三相交流电路进行分析计算。

课题一　正弦交流电的基础知识

一、正弦交流电的产生

图 2-1 所示为交流发电机的结构与工作原理示意图，发电机线圈 cd 边切割磁力线运动，产生的感应电动势为

$$e_{cd} = BLv\sin(\omega t + \varphi_0) \tag{2-1}$$

线圈 ab 边产生的感应电动势为

$$e_{ab} = BLv\sin(\omega t + \varphi_0) \tag{2-2}$$

整个线圈产生的感应电动势为

$$e = e_{ab} + e_{cd} = 2BLv\sin(\omega t + \varphi_0)$$
$$= E_m\sin(\omega t + \varphi_0) \qquad (2\text{-}3)$$

二、正弦量的三要素

1. 振幅

式（2-3）中的 $E_m = 2BLv$，是感应电动势的最大值，又称为振幅。交流发电机产生的电动势按正弦规律变化，可以向外电路输送正弦交流电。

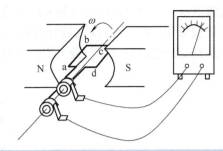

图 2-1　交流发电机的结构与工作原理示意图

2. 角频率

单位时间内电角度的变化量称为角频率，用 ω 表示，其单位是弧度每秒（rad/s）。完成一次周期性变化所需用的时间称为周期，用 T 表示，其单位是秒（s）。交流电在单位时间内完成周期性变化的次数称为频率，用 f 表示，其单位是赫兹（Hz）。频率常用单位还有千赫（kHz）和兆赫（MHz）。

角频率和周期、频率有如下关系：

$$\omega = \frac{2\pi}{T} = 2\pi f \qquad (2\text{-}4)$$

$$T = \frac{1}{f} \qquad (2\text{-}5)$$

我国发电厂发出交流电的频率都是 50Hz，习惯上称之为"工频"。周期、频率和角频率都是反映交流电变化快慢的物理量。

3. 初相位

任意 t 时刻，发电机线圈平面与中性面的夹角（$\omega t + \varphi_0$）称为交流电的相位。$t = 0$ 时的相位（即 $\varphi = \varphi_0$）称为初相位，简称为初相，它反映了正弦交流电起始时刻的状态。相位是表示正弦交流电在某一时刻所处状态的物理量，它不仅决定瞬时值的大小和方向，还能反映正弦交流电的变化趋势。规定初相不得超过±180°。

三、同频率正弦量的相位差

两个同频率正弦交流电，任意瞬间的相位之差称为相位差，用符号 $\Delta\varphi$ 表示，即 $\Delta\varphi = (\omega t + \varphi_{01}) - (\omega t + \varphi_{02}) = \varphi_{01} - \varphi_{02}$。

两个同频率正弦交流电的相位差，就是它们的初相之差，它与时间无关。相位差的作用是判断两个同频率正弦交流电之间的相位关系。

1. 同相和反相

若两个同频率正弦量的相位差为零，即它们的初相相同，称为同相，即 $\Delta\varphi = \varphi_{01} - \varphi_{02} = 0°$。若两个同频率正弦量的相位差为±180°则称为反相，即 $\Delta\varphi = \varphi_{01} - \varphi_{02} = \pm180°$。

2. 正交

若两个同频率正弦量的相位差为±90°，则称它们正交，即 $\Delta\varphi = \varphi_{01} - \varphi_{02} = \pm90°$。

3. 超前和滞后

当 $\Delta\varphi = \varphi_{01} - \varphi_{02} > 0$ 时，称为 i_1 超前 i_2；当 $\Delta\varphi = \varphi_{01} - \varphi_{02} < 0$ 时，称为 i_1 滞后 i_2。

四、交流电的有效值

交流电和直流电具有不同的特点，但是从能量转换的角度来看，两者是可以等效的。一个直流电流与一个交流电流分别通过阻值相等的电阻，如果通电的时间相等，在电阻上产生的热量也相等，那么直流电的数值即为交流电的有效值，用大写字母表示。理论和实验表明，正弦交流电的有效值与最大值的关系如下：

$$I = \frac{I_m}{\sqrt{2}} = 0.707 I_m \tag{2-6}$$

$$U = \frac{U_m}{\sqrt{2}} = 0.707 U_m \tag{2-7}$$

$$E = \frac{E_m}{\sqrt{2}} = 0.707 E_m \tag{2-8}$$

有效值和最大值是从不同角度反映交流电强弱的物理量。通常所说的交流电的电流、电压、电动势的值，如果不做特殊说明都是指有效值。在选择电器的耐压时，必须考虑电压的最大值。

课题二　正弦交流电路的分析和运算

一、电阻元件及其交流电路

1. 电压、电流关系

纯电阻电路如图 2-2 所示。

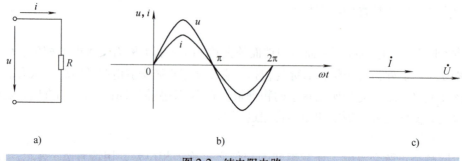

图 2-2　纯电阻电路

1) 瞬时关系：$u = iR$。

2) 相量关系：令 $i = I_m \sin(\omega t + \varphi_i)$，则

$$u = RI_m \sin(\omega t + \varphi_i) \tag{2-9}$$

$$\dot{U}_m = R\dot{I}_m = RI_m \angle \varphi_i = U_m \angle \varphi_u \qquad U_m = RI_m$$

即

$$\frac{U_m}{I_m} = \frac{U}{I} = R \qquad \varphi_u = \varphi_i \tag{2-10}$$

u、i 波形与相量如图 2-2b、c 所示。

2. 功率

1) 瞬时功率。

$$p = ui = U_m I_m \sin^2 \omega t = UI(1 - \cos^2 \omega t) \tag{2-11}$$

2) 平均功率。

$$P = UI = RI^2 = \frac{U^2}{R} \tag{2-12}$$

在电阻元件的交流电路中,电流和电压是同相的,电压的幅值(或有效值)与电流的幅值(或有效值)的比值,等于电阻值 R。电阻元件的电压、电流瞬时值具有欧姆定律的即时对应关系,因此电阻元件属于即时电路元件。从能量关系上看,电阻元件上的电压、电流在相位上具有同相关系,同相关系的电压、电流在元件上产生有功功率(平均功率)P。由于电阻元件的瞬时功率在一个周期内的平均值总是大于或等于零,说明电阻元件只向电路吸取能量,从能量的观点可得出电阻元件是耗能元件。

二、电感元件的交流电路

1. 电压、电流关系

纯电感电路如图 2-3 所示。

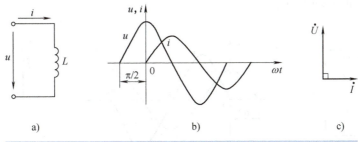

图 2-3 纯电感电路

1) 瞬时关系: $u = L \dfrac{\mathrm{d}i}{\mathrm{d}t}$。

2) 相量关系: 令 $i = I_m \sin(\omega t + \varphi_i)$, 则

$$\begin{aligned} u &= L \frac{\mathrm{d}i}{\mathrm{d}t} \\ &= L \frac{\mathrm{d}}{\mathrm{d}t}[I_{Lm}\sin(\omega t + \varphi_L)] \\ &= \omega L I_{Lm} \sin(\omega t + \varphi_L + 90°) \end{aligned} \tag{2-13}$$

设 X_L 为感抗,则

$$X_L = \frac{U_m}{I_m} = \frac{U}{I} = \omega L = 2\pi f L \tag{2-14}$$

$$\varphi = \varphi_u - \varphi_i = 90° \tag{2-15}$$

u、i 波形与相量如图 2-3b、c 所示。

2. 功率

1) 瞬时功率。

$$p = ui = U_m I_m \sin\omega t \sin(\omega t + 90°)$$

$$= U_m I_m \sin\omega t \cos\omega t = \frac{U_m I_m}{2}\sin2\omega t$$

$$= UI\sin2\omega t \tag{2-16}$$

2）平均功率。

$$P = \frac{1}{T}\int_0^T p\mathrm{d}t = \frac{1}{T}\int_0^T UI\sin2\omega t\mathrm{d}t = 0 \tag{2-17}$$

在电感元件交流电路中，u 比 i 超前 $\frac{\pi}{2}$；电压有效值等于电流有效值与感抗的乘积；平均功率为零，但存在着电源与电感元件之间的能量交换，所以瞬时功率不为零。为了衡量这种能量交换的规模，取瞬时功率的最大值，即电压和电流有效值的乘积，称为无功功率，用大写字母 Q 表示，即

$$Q = UI = I^2 X_L = U^2/X_L \tag{2-18}$$

三、电容元件交流电路

纯电容电路如图 2-4 所示。

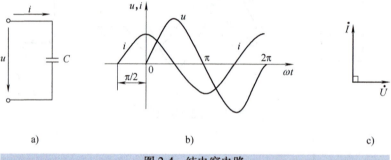

图 2-4　纯电容电路

1. 电压、电流关系

1）瞬时关系：$i = C\dfrac{\mathrm{d}u}{\mathrm{d}t}$。

2）相量关系：在正弦交流电路中，令 $u = u_m\sin(\omega t + \varphi_u)$，则

$$i = C\frac{\mathrm{d}u}{\mathrm{d}t} = C\frac{\mathrm{d}U_m\sin(\omega t + \varphi_u)}{\mathrm{d}t}$$

$$= \omega C\, U_m\cos(\omega t + \varphi_u)$$

$$= \omega C\, U_m\sin(\omega t + \varphi_u + 90°)$$

$$= I_m\sin(\omega t + \varphi_u + 90°) \tag{2-19}$$

则

$$I_m = \omega C\, U_m = \frac{U_m}{X_C}$$

电容的容抗

$$X_C = 1/(\omega C) \tag{2-20}$$

项目二 正弦交流电路

$$\varphi = \varphi_u - \varphi_i = -90°\quad(2\text{-}21)$$

2. 功率

1）瞬时功率。

$$\begin{aligned}P &= ui\\ &= U_m I_m \sin\omega t \sin(\omega t + 90°)\\ &= U_m I_m \sin\omega t \cos\omega t\\ &= UI\sin 2\omega t\end{aligned}\quad(2\text{-}22)$$

2）平均功率。

$$P = \frac{1}{T}\int_0^T p\,dt = \frac{1}{T}\int_0^T UI\sin 2\omega t\,dt = 0\quad(2\text{-}23)$$

从电压、电流瞬时值关系式来看，电感元件和电容元件属于动态元件。无论是电感元件还是电容元件，它们的瞬时功率在一个周期内的平均值为零，说明这两种理想电路元件是不耗能的，但它们始终与电源之间进行着能量交换。这种只交换不消耗能量的功率称为无功功率。由于电感元件和电容元件只向电源吸取无功功率，即它们只进行能量的吞吐而不耗能，因此把它们称作储能元件。

需要注意的是，储能元件上的电压、电流关系为正交关系，也可以说，正交的电压和电流构成无功功率。另外，电感元件的磁场能量和电容元件的电场能量之间在同一电路中可以相互补偿。所谓补偿，就是当电容充电时，电感恰好释放磁场能，电容放电时，电感恰好吸收磁场能，因此两个元件之间的能量可以直接交换而不用从电源吸取，即电感元件和电容元件具有对偶关系。

以上就是 R、L、C 三大电路元件的基本特性，还要特别注意理解它们对正弦交流电流呈现的阻力的不同之处，其中电阻与频率无关，电阻元件在阻碍电流的同时伴随着消耗，感抗与频率与正比，容抗和频率成反比，这两个电抗在阻碍电流的过程中没有消耗。

在电容元件电路中，在相位上电流比电压超前 90°；电压的幅值（或有效值）与电流的幅值（或有效值）的比值等于容抗值 X_C。为了与电感元件进行区分，电容元件的无功功率取负值，用大写字母 Q 表示，即

$$Q = -UI = -I^2 X_C = -U^2/X_C\quad(2\text{-}24)$$

X_C、X_L 与 R 一样，有阻碍电流的作用，适用欧姆定律。X_L 与 f 成正比，X_C 与 f 成反比，R 与 f 无关。对直流电，$f=0$，L 可视为短路，$X_C = \infty$，可视为开路。对交流电，f 越高，X_L 越大，X_C 越小。

例 2-1 把一个 100Ω 的电阻元件接到频率为 50Hz、电压有效值为 10V 的正弦电源上，求电流值是多少？如果保持电压值不变，而电源频率改变为 5000Hz，这时的电流值是多少？

解：因为电阻与频率无关，所以电压有效值保持不变时，虽然频率改变，但电流有效值不变。

$$I = \frac{U}{R} = \frac{10}{100}\text{A} = 0.1\text{A} = 100\text{mA}$$

例 2-2 若把例 2-1 中 100Ω 的电阻元件改为 25μF 的电容元件，电流将如何变化？

解：当 $f=50$Hz 时，有

$$X_C = \frac{1}{2\pi fC} = \frac{1}{2\times 3.14\times 50\times (25\times 10^{-6})}\Omega = 127.4\Omega$$

$$I = \frac{U}{X_C} = \frac{10}{127.4}\text{A} = 0.078\text{A} = 78\text{mA}$$

当 $f = 5000$Hz 时，有

$$X_C = \frac{1}{2\times 3.14\times 5000\times (25\times 10^{-6})}\Omega = 1.274\Omega$$

$$I = \frac{10}{1.274}\text{A} = 7.8\text{A}$$

可见，在电压有效值一定时，频率越高，通过电容元件的电流有效值越大。

课题三 RLC 串联电路

一、RLC 串联电路

RLC 串联电路如图 2-5 所示，设各元件电压的参考方向均与电流关联，用相量表示电压与电流之间的关系有

$$\dot{U} = \dot{U}_R + \dot{U}_L + \dot{U}_C = R\dot{I} + jX_L\dot{I} - jX_C\dot{I}$$
$$= [R + j(X_L - X_C)]\dot{I}$$

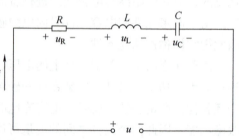

图 2-5 RLC 串联电路

式中，$R + j(X_L - X_C)$ 称为电路的阻抗，用字母 Z 表示，阻抗模用 $|Z|$ 表示，即

$$|Z| = \sqrt{R^2 + (X_L - X_C)^2} = \sqrt{R^2 + \left(\omega L - \frac{1}{\omega C}\right)^2} \tag{2-25}$$

$$\varphi = \arctan\frac{U_L - U_C}{U_R} = \arctan\frac{X_L - X_C}{R}$$

二、RLC 串联电路端电压与电流的关系

RLC 串联电路端电压与电流的关系如图 2-6 所示，下面分 3 种情况讨论：

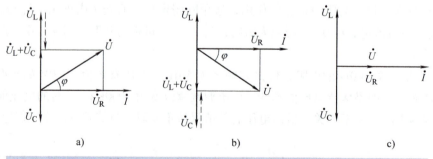

图 2-6 RLC 串联电路端电压与电流的关系

1) $X_L > X_C$，则 $U_L > U_C$，电压比电流超前 φ，电路呈电感性，称为电感性电路。

2）$X_L < X_C$，则 $U_L < U_C$，电压比电流滞后 φ，电路呈电容性，称为电容性电路。
3）$X_L = X_C$，则 $U_L = U_C$，电压和电流同相，电路呈电阻性，称为电阻性电路。

三、功率

RLC 串联电路中，存在着有功功率 P、无功功率 Q_C 和 Q_L。

1. 有功功率

$$P = U_R I = UI\cos\varphi \tag{2-26}$$

2. 无功功率

$$Q = Q_L - Q_C = (U_L - U_C)I = UI\sin\varphi \tag{2-27}$$

3. 视在功率（电压与电流有效值的乘积）

$$S = \sqrt{P^2 + Q^2} \tag{2-28}$$

$$P = S\cos\varphi, Q = S\sin\varphi \tag{2-29}$$

式中，$\cos\varphi$ 为功率因数，$\cos\varphi = \dfrac{P}{S}$ \tag{2-30}

视在功率 S、有功功率 P 和无功功率 Q 组成直角三角形——功率三角形，如图 2-7 所示。

例 2-3 在 RLC 串联电路中，电阻为 40Ω，线圈的电感为 223mH，电容器的电容为 80μF，电路两端的电压 $u = 311\sin 314t$ V。试求：

1）电路的阻抗；
2）电流的有效值；
3）电路的有功功率、无功功率、视在功率；
4）电路的性质。

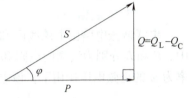

图 2-7 RLC 串联电路功率三角形

解：由 $u = 311\sin 314t$ V 可得

$$U_m = 311\text{V} \quad \omega = 314\text{rad/s}$$

1）电路的感抗

$$X_L = \omega L = 314 \times 223 \times 10^{-3} \Omega \approx 70\Omega$$

电路的容抗

$$X_C = \frac{1}{\omega C} = \frac{1}{314 \times 80 \times 10^{-6}}\Omega \approx 40\Omega$$

电路的阻抗

$$Z = \sqrt{R^2 + (X_L - X_C)^2} = \sqrt{40^2 + (70-40)^2}\Omega = 50\Omega$$

2）电压有效值

$$U = 0.707 U_m = 0.707 \times 311\text{V} \approx 220\text{V}$$

电路中电流的有效值

$$I = \frac{U}{Z} = \frac{220}{50}\text{A} = 4.4\text{A}$$

3）电路的有功功率

$$P = I^2 R = 4.4^2 \times 40\text{W} = 774.4\text{W}$$

电路的无功功率

$$Q = I^2(X_L - X_C) = 4.4^2 \times (70-40) \text{ var} = 580.8 \text{ var}$$

电路的视在功率

$$S = UI = 220\text{V} \times 4.4\text{A} = 968 \text{V} \cdot \text{A}$$

4）阻抗角 φ

$$\varphi = \arctan\frac{X_L - X_C}{R} = \arctan\frac{70-40}{40} \approx 37°$$

由于阻抗角 φ 大于零，电压超前电流，电路呈感性。

课题四　电路中的谐振

一、谐振

谐振是指电容和电感元件的线性无源二端网络对某一频率的正弦激励（达到稳态时）所表现的端口电压与电流同相的现象。谐振电路分为串联谐振电路和并联谐振电路两种。

二、串联谐振的条件

串联谐振电路由电感线圈和电容串联组成，如图 2-8 所示，其中，R 和 L 分别为线圈的电阻和电感，C 为电容器的电容。在角频率为 ω 的正弦电压作用下，该电路的复阻抗

$$Z = R + j\left(\omega L - \frac{1}{\omega C}\right) = R + j(X_L - X_C) = R + jX$$

式中，X_L 为感抗，$X_L = \omega L$；X_C 为容抗，$X_C = \frac{1}{\omega C}$；X 为电抗 $X = X_L - X_C$。阻抗角 $\varphi_Z = \arctan\frac{X}{R}$，为电源角频率 ω 的函数。那么谐振时 U_S 和 I 同相，即 $\varphi = 0$。

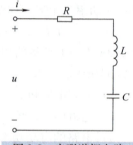

图 2-8　串联谐振电路

所以电路谐振时应满足 $X = 0$，$X_L = X_C$。

三、串联谐振的频率、电路的固有频率

设电源角频率 $\omega = \omega_0$ 时，电路发生串联谐振，由 $\omega L = \frac{1}{\omega C}$ 可得

$$\omega_0 = \frac{1}{\sqrt{LC}} \text{ 或 } f_0 = \frac{1}{2\pi\sqrt{LC}} \tag{2-31}$$

式（2-31）说明，RLC 串联电路谐振时，ω_0（或 f_0）仅取决于电路参数 L 和 C，当 L、C 一定时，ω_0（或 f_0）随之确定，故称 ω_0（或 f_0）为电路的固有频率。

对于给定的 RLC 串联电路，当电源角频率等于电路的固有频率时，电路发生谐振。若电源频率 ω 一定，要使电路谐振，可以通过改变电路参数 L 或 C 改变电路的固有频率 ω_0，使 $\omega = \omega_0$。调节 L 或 C 使电路发生谐振的过程称为谐振。

由谐振条件可知，调节 L 或 C 使电路谐振，电感元件与电容元件的关系为

$$L = L_0 = \frac{1}{\omega^2 C} \tag{2-32}$$

$$C = C_0 = \frac{1}{\omega^2 L} \tag{2-33}$$

四、串联谐振的特征

1. 串联谐振时的阻抗

串联谐振时，电路的电抗 $X=0$，因而电路的复阻抗 $Z = R + jX = R$。因此，串联谐振时，阻抗最小且为纯阻抗，而感抗和容抗分别为：

$$X_{L0} = \omega_0 L = \frac{1}{\sqrt{LC}} L = \sqrt{\frac{L}{C}} = \rho \tag{2-34}$$

$$X_{C0} = \frac{1}{\omega_0 C} = \sqrt{LC}\,\frac{1}{C} = \sqrt{\frac{L}{C}} = \rho\omega_0 L = \frac{1}{\omega_0 C} = \sqrt{\frac{L}{C}} = \rho \tag{2-35}$$

式中，ρ 为电路的特性阻抗，单位为欧姆（Ω），ρ 的大小仅取决于 L 和 C。式（2-34）和式（2-35）说明，谐振时感抗和容抗相等，并且等于电路的特性阻抗 ρ。

2. 谐振时的电流

串联电路谐振时，电路的复阻抗为纯电阻 $Z_0 = R$，若设端口正弦电压为 U'_S，则电路中的电流 $I_0 = \frac{U'_S}{Z_0} = \frac{U'_S}{R}$，与端口电压同相，其大小关系为 $I_0 = \frac{U_S}{R}$，此时，电流 I_0 最大。

3. 串联谐振时的电压、电路的品质因数

1）电阻上的电压：

$$U_{R0} = RI_0 = R\frac{U'_S}{R} = U'_S$$

串联谐振时电阻上的电压等于端口电压（即电源电压）。

2）电感、电容的电压：

$$U'_{L0} = jX_{L0}I'_0 = j\omega_0 L \frac{U_S}{R} = jQU'_S$$

$$U'_{C0} = -jX_{C0}I'_0 = -j\frac{1}{\omega_0 C}\frac{U_S}{R} = -jQU'_S$$

谐振时，L、C 上电压相等，相位相反，合成电压为零，但 L、C 上电压不为零，甚至可能很大。

Q 为品质因数，

$$Q = \frac{U_L}{U_R} = \frac{U_C}{U_R} = \frac{\omega_0 LI}{RI} = \frac{\omega_0 L}{R} = \frac{\rho}{R} = \frac{\sqrt{\frac{L}{C}}}{R} \tag{2-36}$$

Q 的物理意义是谐振时电感（或电容上）电压与电阻上电压之比。通常说的电路 Q 值很大，即指品质因数很大。对于电力电路，Q 值大是不利的，Q 值越大，$L(C)$ 上的电压越高，容易击穿。所以设计时，电容耐压需要很高。但对于电子线路的选频网络，则要求 Q 值大一些。

4. 串联谐振电路的特点

1）谐振时，回路电抗 $X=0$，阻抗 $Z=R$ 为最小值，且为纯电阻。在其他频率时，回路电

抗 $X \neq 0$，当外加电压的频率 $\omega > \omega_0$ 时，$\omega L > 1/(\omega C)$，回路呈感性；当 $\omega < \omega_0$ 时，回路呈容性。

2) 谐振时，回路电流最大，即 $I_0 = \dfrac{U'_s}{Z_0} = \dfrac{U'_s}{R}$，且电流与外加电压同相。

3) 电感及电容两端电压模值相等，且等于外加电压的 Q 倍。

五、并联谐振的条件

并联谐振电路由电感线圈和电容器并联组成。图 2-9 所示为并联谐振电路，其中 R 和 L 分别为电感线圈的电阻和电感，C 为电容器的电容。

由图 2-9 可得电路的复导纳

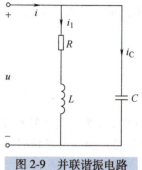

图 2-9 并联谐振电路

$$Y = \dfrac{1}{R + j\omega L} + j\omega C$$
$$= \dfrac{R}{R^2 + (\omega L)^2} + j\left[\omega C - \dfrac{\omega L}{R^2 + (\omega L)^2}\right]$$
$$= G + jB \tag{2-37}$$

并联谐振时，端口电压与电流同相，此时电路表现为纯阻性，电路的电纳为零，即复导纳的虚部为零，则并联谐振的条件为

$$\omega C - \dfrac{\omega L}{R^2 + (\omega L)^2} = 0 \quad \text{即} \quad \omega C = \dfrac{\omega L}{R^2 + (\omega L)^2} \tag{2-38}$$

在实际电路中，由于均满足 $Q \gg 1$ 的条件，即 $\omega_0 L \gg R$，式（2-38）可化简为 $\omega_0 L \approx \dfrac{1}{\omega_0 C}$。$Q \gg 1$ 时，并联谐振电路发生谐振时的角频率和频率分别为

$$\omega_0 = \dfrac{1}{\sqrt{LC}}, \quad f_0 = \dfrac{1}{2\pi\sqrt{LC}}$$

调节 L、C 的参数值，或改变电源频率，均可发生谐振。

六、并联谐振的特征

1. 并联谐振时的阻抗

并联谐振时，回路阻抗为纯电阻，端口电压与总电流同相，在 $Q \gg 1$ 时，电路阻抗为最大值，电路导纳为最小值。谐振阻抗的模 $|Z_0|$ 为

$$|Z_0| = \dfrac{1}{|Y|} = \dfrac{1}{G} = \dfrac{R^2 + (\omega L)^2}{R} \approx \dfrac{(\omega L)^2}{R} = Q\omega_0 L = Q\rho$$
$$= \dfrac{L}{CR} = Q^2 R = \dfrac{\rho^2}{R}$$

在电子技术领域中，因为 $Q \gg 1$，所以并联谐振电路的谐振阻抗很大，一般在几十千欧至几百千欧之间。

2. 并联谐振时电路的端电压

若并联谐振电路外接电流源，则谐振时电路的端电压 $U' = I'_s Z_0 = \dfrac{L}{CR} I'_s$，由于谐振时电路的阻抗接近最大值，因而在电流源激励下电路两端的电压最大。

3. 并联谐振时电路的电流

在图 2-9 所示电路中，设谐振时回路的端电压为 U_0'，则

$$U_0' = I_0' Z_0 = I_0' Q \omega_0 L \approx I_0' Q \frac{1}{\omega_0 C}$$

电感和电容支路的电流分别为

$$I_{C0}' = \frac{U_0'}{\frac{1}{j\omega_0 C}} = j\omega_0 C U_0' = jQI_0' \tag{2-39}$$

$$I_{L0}' = \frac{U_0'}{R + j\omega_0 L} \approx \frac{U_0'}{j\omega_0 L} = I_0' Q \omega_0 L \left(-j\frac{1}{\omega_0 L}\right) = -jQI_0' \tag{2-40}$$

式（2-39）和式（2-40）表明，并联谐振时，在 $Q \gg 1$ 的条件下，电容支路电流和电感支路电流的大小近似相等，是总电流 I_0' 的 Q 倍，所以并联谐振又称为电流谐振。

4. 并联谐振电路的特点

1）$X_L = X_C$，$|Z| = R$，电路阻抗为纯电阻性。

2）谐振时，因阻抗最大，在电源电压一定时，总电流最小。因为是纯电阻电路，故总电流与电源电压同相。

3）电感和电容上电流相等，其电流为总电流的 Q 倍。

4）谐振时，激励电流全部通过电阻支路，电感与电容支路的电流大小相等、相位相反。

课题五　三相交流电源

三相交流电源的Y联结

一、三相交流电动势的产生

三相交流发电机原理示意图如图 2-10 所示。三相发电机有 3 个互成 120°的线圈（分别用 A-X、B-Y、C-Z 表示），产生 3 个交变电动势（对应 3 个线圈为 e_A、e_B、e_C），每个线圈产生交变电动势的原理与单相发电机的原理相同。

3 个交变电动势的特点：频率相同、最大值相同、相位互差 120°。

以 e_A 为参考正弦量，则三相电动势的瞬时表达式为

$$\begin{cases} e_A = E_m \sin\omega t \\ e_B = E_m \sin\left(\omega t - \frac{2\pi}{3}\right) \\ e_C = E_m \sin\left(\omega t + \frac{2\pi}{3}\right) \end{cases} \tag{2-41}$$

三相电动势随时间按正弦规律变化，它们到达最大值（或零值）的先后顺序相序。三相电动势到达最大值的顺序为 A-B-C-A，这种顺序称为正序。

二、三相四线制电源的星形联结

在低压供电系统（220V）中常采用三相四线制方式供电。把三相绕组的末端 X、Y、Z 连接到一个公共端点，这个公共端点称为中性点（零点），用 N 表示。从中性点引出的导线

称为中性线（零线），用黑色或白色表示。中性线一般是接地的，又称为地线。从线圈的首端 A、B、C 引出的 3 根导线称为相线（俗称火线），分别用黄、绿、红 3 种颜色表示。这种供电系统联结方式称为三相四线制电源的星形联结（Y联结），如图 2-11 所示。

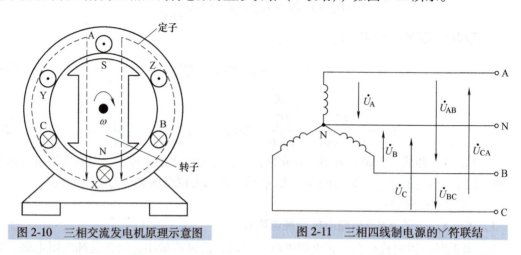

图 2-10 三相交流发电机原理示意图　　图 2-11 三相四线制电源的Y符联结

1. 相电压 U_P 与线电压 U_L

各相线与中性线之间的电压称为相电压，其有效值分别用 U_A、U_B、U_C 表示。相线与相线之间的电压称为线电压，其有效值分别用 U_{AB}、U_{BC}、U_{CA} 表示。

2. 相电压与线电压参考方向的规定

相电压的正方向是由首端指向中性点 N，例如 U_A 是由首端 A 指向中性点 N；线电压如 U_{AB} 的方向是由首端 A 指向首端 B。

3. 相电压与线电压之间的关系

三相电源Y联结时的电压旋转矢量图如图 2-12 所示。3 个相电压互相对称，大小相等，在相位上相差 $\dfrac{2\pi}{3}$。

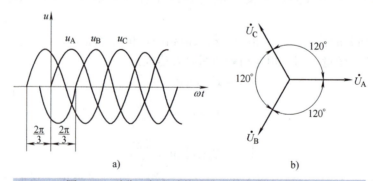

图 2-12 对称三相电动势的波形图和旋转矢量图

两端线之间的线电压是两个相应的相电压之差，即

$$\begin{cases} u_{AB} = u_A - u_B \\ u_{BC} = u_B - u_C \\ u_{CA} = u_C - u_A \end{cases}$$

线电压的大小利用几何关系可求得,即

$$U_{AB} = 2U_A \cos 30° = \sqrt{3} U_A$$

同理可得 $U_{BC} = \sqrt{3} U_B$, $U_{CA} = \sqrt{3} U_C$。

三相电路中线电压的大小是相电压的 $\sqrt{3}$ 倍,即

$$U_L = \sqrt{3} U_P \tag{2-42}$$

可以看出,线电压 U_{AB}、U_{BC}、U_{CA} 分别超前相应的相电压 U_A、U_B、U_C 30°。3 个线电压彼此间相差 $\frac{2\pi}{3}$,线电压也是对称的。电源电压为 220V,即是指相电压;电源电压为 380V,即是指线电压。

4. 三相四线制电源的Y联结的特点

1)对称三相电动势有效值相等,频率相同,各相之间的相位差为 $\frac{2\pi}{3}$。

2)三相四线制的相电压和线电压都是对称的。

3)线电压是相电压的 $\sqrt{3}$ 倍,线电压的相位超前相应的相电压 $\frac{\pi}{6}$。

三、三相四线制电源的三角形联结

如图 2-13 所示,三相电源的三角形联结(△联结),是把 3 个绕组(电压源)依次首(始端)尾(末端)相连,接成一个闭合回路,然后从 3 个连接点引出 3 根端线,这种接法只有三线制。对称三相电源接成△联结时,在三相绕组的闭合回路中同时作用着 3 个电压源,由于回路中的总电压为零,不会产生环流。但有若有一相绕组接反,回路中总电压不为零,回路中将会产生很大的环流,致使三相电源设备烧毁。

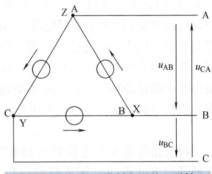

图 2-13 三相四线制电源的△联结

课题六 三相负载

交流电路中的用电设备,大体可分为两类。一类是需要接在三相电源上才能正常工作的负载,称为三相负载。如果每相负载的阻抗值和阻抗角完全相等,则为对称负载,如三相电动机。

另一类是只需接单相电源的负载。它可以根据需要接在三相电源的任意一相相电压或线电压上。对于电源来说,它也可组成三相负载,但各相的复阻抗一般不相等,所以不是三相对称负载。

一、三相负载的星形联结

将三相负载的末端连接在一起(三相负载中性点)接电源中性线(工作零线),另一端

分别连接电源 3 根相线的连接方法称为三相负载的星形联结（Y联结），如图 2-14 所示。Y联结时，三相负载承受的电压是电源相电压，所以也可以说让三相负载承受电源的相电压的联结方式就是Y联结。

因为三相对称交流电任意时刻三相电流的代数和为零，所以三相负载对称中的电流必为三相对称交流电，三相负载对称的 3 个相电流的代数和必为零，三相负载的末端连接在一起后不必接电源中性线。

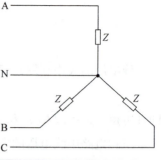

图 2-14 三相负载的Y联结

三相负载Y联结的特点：
1）负载端的线电压等于电源线电压。
2）负载的相电压等于电源相电压。
3）负载的线电流等于相电流。

$$I_{YL} = I_{YP} \tag{2-43}$$

4）电源的线电压是相电压的 $\sqrt{3}$ 倍，负载的线电压是相电压的 $\sqrt{3}$ 倍，线电压超前相电压 $\dfrac{\pi}{6}$。

$$U_{YL} = \sqrt{3}\, U_{YP} \tag{2-44}$$

如果三相负载对称，中性线中无电流，可将中性线除去，而成为三相三线制系统。如果三相负载不对称，中性线上会有电流 I_N 通过，此时中性线是不能除去的，否则会造成负载上三相电压严重不对称，使用电设备不能正常工作。对于不对称三相负载，负载的中性点一定要与电源中性线可靠连接，千万不能断开。否则，三相负载就不是接在相线与工作零线之间，各相负载也不是承受相电压：有的负载承受的电压大于电源的相电压，有的负载承受的电压小于电源的相电压，三相负载就不能正常工作。通常阻抗大的负载可能会因升压而烧毁，阻抗小的负载可能会因降压而不能正常工作甚至烧毁。

二、三相负载的三角形联结

将三相负载分别连接到三相电源的两根相线之间，这种联结方式称为三相负载的三角形联结（△联结），如图 2-15 所示。每相负载都直接连接在两根相线之间，因此，负载的相电压与电源的线电压相等。

$$U_{\triangle P} = U_{\triangle L} \tag{2-45}$$

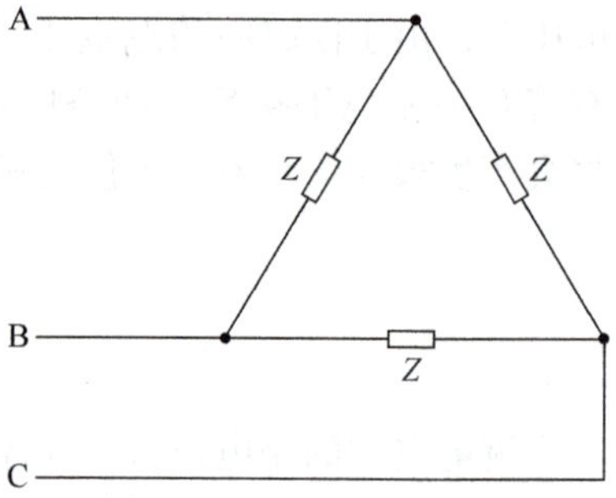

当三相负载对称时，即各相负载完全相同，相电流和线电流一定对称。负载的相电流为

$$I_{\triangle P} = \frac{U_{\triangle P}}{|Z|}$$

图 2-15 三相负载的△联结

线电流 $I_{\triangle L}$ 等于相电流 $I_{\triangle P}$ 的 $\sqrt{3}$ 倍，即

$$I_{\triangle L} = \sqrt{3}\, I_{\triangle P} \tag{2-46}$$

三相对称负载是采用Y联结还是△联结，取决于负载的额定电压和电源的电压。例如三相异步电动机的额定电压380V，而电源电压为660V，则三相异步电动机必须用Y联结。又

如三相异步电动机铭牌上标明"380/220（V）"，接法为"丫/△"，即电源电压是380V时用丫联结，电源电压是220V时用△联结。

若错将三相负载的丫联结接成△联结，则三相负载可能烧毁。因为△联结时负载承受的电压是丫联结时承受的电压的$\sqrt{3}$倍，由$P = \dfrac{U^2}{R}$可知，△联结时负载的功率是丫联结的3倍，三相负载可能烧毁。

若错将三相负载的△联结接成丫联结，则三相负载电压过低不能正常工作，尤其是当三相负载是三相电动机时，电动机的转子电流会过大，电动机可能烧毁。

例 2-4 已知在对称三相电路中，负载为△联结，每相负载均为$|Z| = 50\Omega$，设线电压$U_{\triangle L} = 380\text{V}$，试求各相电流和线电流。

解：在△联结负载中，相电压等于线电压，即$U_{\triangle P} = U_{\triangle L}$，则相电流为

$$I_{\triangle P} = \frac{U_{\triangle P}}{|Z|} = \frac{380}{50}\text{A} = 7.6\text{A}$$

线电流为

$$I_{\triangle L} = \sqrt{3}\, I_{\triangle P} \approx 13.2\text{A}$$

课题七　三相负载的功率

一、不对称三相电路的有功功率

单相交流电的有功功率$P = U_P I_P \cos\varphi$，三相负载的有功功率等于电源每相发出的有功功率之和，即

$$P = P_A + P_B + P_C = U_A I_A \cos\varphi_A + U_B I_B \cos\varphi_B + U_C I_C \cos\varphi_C \tag{2-47}$$

二、对称三相负载的功率

三相负载对称时，三相交流电的功率$P = 3U_P I_P \cos\varphi$。丫联结时，由于$U_{\curlyvee P} = \dfrac{U_{\curlyvee L}}{\sqrt{3}}$，$I_{\curlyvee P} = I_{\curlyvee L}$，因此

$$P_{\curlyvee 三相} = 3U_{\curlyvee P} I_{\curlyvee P} \cos\varphi = \sqrt{3}\, U_{\curlyvee L} I_{\curlyvee L} \cos\varphi \tag{2-48}$$

△联结时，由于$U_{\triangle P} = U_{\triangle L}$，$I_{\triangle P} = \dfrac{I_{\triangle L}}{\sqrt{3}}$，因此

$$P_{\triangle 三相} = 3U_{\triangle P} I_{\triangle P} \cos\varphi = \sqrt{3}\, U_{\triangle L} I_{\triangle L} \cos\varphi \tag{2-49}$$

可见，三相对称负载的总有功功率$P_{三相} = \sqrt{3}\, U_L I_L \cos\varphi$，但在电源电压相同的情况下，△联结的线电流是丫联结的线电流的3倍，即$I_{\triangle L} = 3I_{\curlyvee L}$（$U_{\triangle P} = \sqrt{3}\, U_{\curlyvee P}$，$I_{\triangle P} = \sqrt{3}\, I_{\curlyvee P}$，$I_{\triangle L} = \sqrt{3}\, I_{\triangle P} = \sqrt{3} \cdot \sqrt{3}\, I_{\curlyvee P} = 3I_{\curlyvee P} = 3I_{\curlyvee L}$），故在电源相同的情况下，△联结的总有功功率是丫联结的3倍，即$P_{\triangle} = 3P_{\curlyvee}$。因三相负载都有一定的功率，故要采用正确的联结方式。如果三相负载的正确的联结方式是丫联结，但错接成△联结，三相负载将很快烧毁；如果三相负载的正确的联结方式是△联结，但错接成丫联结，三相负载将不能正常工作甚至烧毁。

例 2-5 已知三相电源线电压为380V，对称三相负载的额定电压为220V，每相负载的 $R=8\Omega$，$X=6\Omega$。则

1）该三相负载应采用何种联结方式？线电流和相电流各是多少？负载的功率是多少？

2）如果将该负载错接，线电流和相电流各是多少？负载的功率是多少？会出现什么后果？

解：1）因为三相负载的额定电压等于三相电源的相电压，所以应采用Y联结。该三相负载各相阻抗

$$Z = \sqrt{R^2 + X^2} = \sqrt{8^2 + 6^2}\,\Omega = 10\Omega$$

三相负载为Y联结时

$$I_L = I_P = \frac{U_P}{Z} = \frac{380\text{V}}{\sqrt{3}Z} = \frac{38\sqrt{3}}{3}\text{A}$$

$$P_{Y三相} = 3P_{单相} = 3I_P^2 R = 3 \times \left(\frac{38\sqrt{3}}{3}\right)^2 \times 8\text{W} = 11552\text{W}$$

2）如果该负载错接，即三相负载为△联结时

$$I_P = \frac{U_P}{Z} = \frac{380}{10}\text{A} = 38\text{A}$$

$$I_L = \sqrt{3}I_P = 38\sqrt{3}\,\text{A}$$

$$P_{\triangle 三相} = 3P_{单相} = 3I_P^2 R = 3 \times 38^2 \times 8\text{W} = 34656\text{W}$$

可见 $P_{\triangle 三相} = 3P_{Y三相}$，即电源电压相同时，△联结的功率是Y联结的功率的3倍。如果将应作Y联结的三相负载错接成△联结，负载很快就会烧毁。

任务二 R、L、C元件阻抗特性的测定

一、任务目标

1）验证电阻、感抗、容抗与频率的关系，测定 R—f，X_L—f 及 X_C—f 特性曲线。

2）理解 R、L、C 元件端电压与电流间的相位关系。

二、器材工具

本任务所需器材工具见表2-1。

表 2-1 器材工具

序号	名称	型号与规格	数量
1	低频信号发生器	AFG3000	1
2	交流毫伏表	0~600V	1
3	双踪示波器	GDS-1102	1
4	实验线路元件	$R=1\text{k}\Omega$，$r=30\Omega$，$C=1\mu\text{F}$，$L=10\text{mH}$	各1

三、原理分析

1) 在正弦交变信号作用下，R、L、C 电路元件在电路中的抗流作用与信号的频率有关，它们的阻抗频率特性曲线如图 2-16 所示。
2) 元件阻抗频率特性的测量电路如图 2-17 所示。

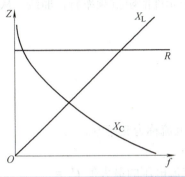

图 2-16 R—f, X_L—f, X_C—f 特性曲线

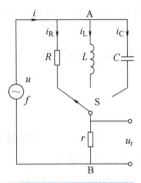

图 2-17 测量电路

r 是提供测量回路电流用的标准小电阻，由于 r 的阻值远小于被测元件的阻抗值，可认为 A、B 之间的电压就是被测元件 R、L 或 C 两端的电压，流过被测元件的电流则可由 r 两端的电压除以 r 得到。

用双踪示波器同时观察 r 与被测元件两端的电压，被测元件两端的电压和流过该元件电流的波形，从而可在荧光屏上测出电压与电流的幅值及它们之间的相位差。

3) 将元件 R、L、C 串联或并联，可用同样的方法测得 $Z_串$ 与 $Z_并$ 的阻抗频率特性 Z—f，根据电压、电流的相位差可判断 $Z_串$ 或 $Z_并$ 的负载类型。

4) 相位差 Δφ 随输入信号的频率变化而改变，将各个不同频率下的相位差画在以频率 f 为横坐标、阻抗角 φ 为纵坐标的坐标纸上，并用光滑的曲线连接这些点，即可得到阻抗角的频率特性曲线。

用双踪示波器测量阻抗角，曲线如图 2-18 所示。从荧光屏上数得一个周期占 n 格，相位差占 m 格，则实际的相位差 $\varphi = m \times 360°/n$。

四、任务实施

1) 测量 R、L、C 元件的阻抗频率特性。用电缆线将低频信号发生器输出的正弦信号接至测量电路，作为激励源 u，并用交流毫伏表测量，使激励电压的有效值 U=3V，保持不变。

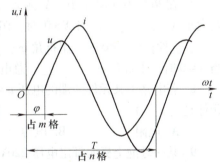

图 2-18 阻抗角的测量曲线

调节信号源的输出频率从 200Hz 逐渐增至 5kHz，使开关 S 分别接通 R、L、C 3 个元件，用交流毫伏表测量 U_r，并计算各频率点时的 I_R、I_L 和 I_C 以及 $R=U/I_R$、$X_L=U/I_L$ 及 $X_C=U/I_C$ 的值。

注意：在接通 C 测试时，信号源的频率应控制在 200~2500Hz 之间。

2) 用双踪示波器观察在不同频率下各元件阻抗角的变化情况，记录 n 和 m，计算出 φ。
3) 测量 R、L、C 元件串联的阻抗角频率特性。

五、注意事项

1）交流毫伏表属于高阻抗电表，测量前必须先调零。
2）测 φ 时，示波器的"V/div"和"t/div"的微调旋钮应旋至"校准位置"。

六、报告要求

1）根据实验数据，在方格纸上绘制 R、L、C 3 个元件的阻抗频率特性曲线，从中得出结论。
2）总结本次实验的收获。

【习题二】

1. _____ 和 _____ 都随时间做周期性变化的电流称为交流电。

2. 交流电的三要素为 _____、_____ 和 _____。

3. 已知交流电压 $u=100\sin(314t-45°)$ V，则该交流电压的最大值 U_m = _____，有效值 U = _____，角频率 ω = _____，频率 f = _____，周期 T = _____，初相 φ = _____。

4. 一个电感为 100mH、电阻可不计的线圈接在"220V，50Hz"的交流电上，线圈的感抗是 _____，线圈中的电流是 _____。

5. 已知某一交流电路，电源电压 $u = 100\sqrt{2}\sin(\omega t - 30°)$ V，电路中通过的电流 $i = \sqrt{2}\sin(\omega t - 90°)$ A，则电压和电流之间的相位差为 _____。

6. 在纯电阻电路中，电流与电压的频率 _____，电流与电压的相位 _____；在纯电容电路中，电压 _____ 电流 90°；在纯电感电路中，电压 _____ 电流 90°。

7. 在 RLC 串联电路中，X 称为 _____，它是 _____ 与 _____ 共同作用的结果，其大小 X = _____，当 $X>0$ 时，阻抗角 φ _____，总电压 _____ 电流，电路呈现 _____ 性；当 $X<0$ 时，阻抗角 φ _____，总电压 _____ 电流，电路呈现 _____ 性；当 $X=0$ 时，阻抗角 φ _____，总电压 _____ 电流，电路呈现 _____ 性。

8. 若电路中某元件两端的电压 $u=10\sin(314t+45°)$ V，电流 $i=5\sin(314t+135°)$ A，则该元件是（   ）。

　　A. 电阻　　　　B. 电容　　　　C. 电感　　　　D. 无法确定

9. 某一灯泡上标明额定电压 220V，这是指电压的（   ）。

　　A. 最大值　　　B. 瞬时值　　　C. 有效值　　　D. 平均值

10. 在纯电感电路中，电压有效值不变，增大电源频率时，电路中的电流将（   ）。

　　A. 增大　　　　B. 减小　　　　C. 不变　　　　D. 不能确定

11. 正弦电路中的电容元件（   ）。

　　A. 频率越高，容抗越大　　　B. 频率越高，容抗越小　　C. 容抗与频率无关

12. 在纯电容电路中，增大电源频率时，其他条件不变，电路中的电流将（   ）。

　　A. 增大　　　　B. 减小　　　　C. 不变　　　　D. 不能确定

13. 已知工频正弦电压 u_{ab} 的最大值为 311V，初相位为 -60°，其有效值为多少？写出其瞬时值表达式；当 $t=0.0025$ s 时，U_{ab} 的值为多少？

14. 把 $L=51\text{mH}$ 的线圈（线圈电阻极小，可忽略不计）接在 $u = 220\sqrt{2}\sin(314t + 60°)$ V 的交流电源上，试计算：

1) X_L。

2) 电路中的电流 i。

15. 有一 RL 串联的电路，接于 50Hz、100V 的正弦电源上，测得电流 $I=2\text{A}$，功率 $P=100\text{W}$，试求电路参数 R 和 L。

项目三

磁路与变压器

在生活和生产中有着广泛应用的变压器、电机、继电器等电气设备,结构上都具有铁心和线圈,线圈中通电从而在铁心中形成磁路。掌握了电路和磁路的基本理论就能对上述电气设备的结构和制造工艺进行全面分析。变压器在很多种电子产品中都有应用,近年来,变压器的地位变得越来越重要,特别是电子变压器需求旺盛。在不同的环境下,变压器的用途不同。磁路与变压器这部分知识在轨道交通供电专业领域尤其重要。本项目会对磁路与变压器进行全面的分析。

学习目标

1. 知识目标

1) 掌握磁场的主要物理量。
2) 掌握铁磁性材料的性能及损耗。
3) 掌握磁路的欧姆定律。
4) 掌握变压器的基本结构和工作原理,理解变压器的外特性及主要参数。
5) 了解磁路与变压器知识在轨道交通领域的应用。
6) 了解常用的变压器的结构和基本参数的意义。

2. 能力目标

1) 能够对变压器设备参数的定性和定量进行分析。
2) 能够进行功率损耗的计算。

课题一 磁路的基础知识

一、磁场的概念和主要物理量

具有磁性的物质称为磁体。磁体有天然磁体和人造磁体两种。天然磁体是一种磁铁矿石,磁性并不是很强;实际中应用的大多数是人造磁体,常见的人造磁体有条形磁体、马蹄形磁体和针形磁体，如图 3-1 所示。

磁体上磁性最强的地方称为磁极。如果把条形磁体或针形磁体的中心支撑或悬挂起来，使它在水平面上能自由转动，当它静止时，总是一端指向南，另一端指向北。指向北的一端称为磁体的北极，或称 N 极；指向南的一端称为磁体的南极，或称 S 极。磁体具有同名磁极互相排斥、异名磁极互相吸引的特性，磁极间的相互作用力称为磁力。

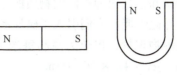

a) 条形磁体　　　　b) 马蹄形磁体　　　　c) 针形磁体

图 3-1　人造磁体的种类

磁体周围磁力作用的空间称为磁场。磁场是一种看不见的特性物质。在磁场中，小磁针静止时 N 极所指的方向，就是磁场的方向。为了直观地把磁场描绘出来，通常引用一些曲线，这些表示磁场状态的曲线称为磁感应线，简称为磁感线，如图 3-2 所示。

磁场的主要物理量有磁感应强度、磁通、磁导率和磁场强度。

1. 磁感应强度

为了研究磁场中各点的强弱和方向，人们引入了磁感应强度这一物理量，用字母 B 来表示。

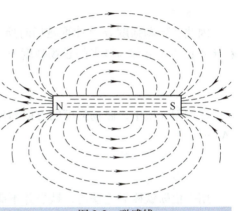

图 3-2　磁感线

在磁场中垂直于磁场方向放置一个通电导体，导体所受磁场力 F 与电流 I 和导体长度 L 的乘积之比称为通电导体所在处的磁感应强度 B。磁感应强度可表示为

$$B = \frac{F}{IL} \tag{3-1}$$

磁感应强度不但表示某点磁场的强弱，还能表示该点磁场的方向。因此，磁感应强度是个矢量。磁感线上某点的切线方向就是该点磁感应强度的方向。

若磁场中各点的磁感应强度的大小和方向都相同，这种磁场就称为均匀磁场。在均匀磁场中，磁感线是等距离的平行直线。

为了在平面上表示出立体图，常用符号"×"与"●"表示电流、磁感线或磁感应强度垂直进入纸面和垂直从纸面出来。

2. 磁通

为了表示磁场在空间的分布情况，可以用磁感线的多少和疏密程度来描述。为此，引入了磁通这一物理量来定量描述磁场在某一面积上的分布情况。

与磁场方向垂直的某一面积 S 与通过该面积的磁感应强度 B 的乘积，称为通过该面积的磁通量，简称磁通，用字母 Φ 表示，单位为韦伯（Wb），简称韦，即

$$\Phi = BS \tag{3-2}$$

当面积一定时，通过该面积的磁通量越多，磁场就越强。

3. 磁导率

如果在通电线圈中间插入一根铁棒，磁场会大大增强；如果插入一根铜棒，磁场并不会

增强，这主要是由于铁和铜这两种不同的物质的导磁性能不同。

为了表征物质的导磁性能，人们引入了磁导率这个物理量，用字母 μ 表示。磁导率是用来表示磁场媒质磁性的物理量，单位为亨利每米（H/m）。由实验测得真空中的磁导率为一个常数，用 μ_0 表示，$\mu_0 = 4\pi \times 10^{-7}$ H/m。

世界上大多数物质对磁场的影响甚微，只有少数物质对磁场有着明显的影响。为了比较物质的导磁性能，人们把任一物质的磁导率与真空中磁导率的比值称为相对磁导率，用 μ_r 表示，即

$$\mu_r = \frac{\mu}{\mu_0} \tag{3-3}$$

4. 磁场强度

因此，磁场强度 H 是计算磁场时所引用的一个物理量，磁场中某点的磁感应强度 B 与磁导率 μ 的比值称为该点的磁场强度 H，即

$$H = \frac{B}{\mu} \tag{3-4}$$

在均匀介质中，磁场强度的方向与磁感应强度的方向一致。磁场强度的单位为安培每米（A/m）。

二、铁磁性材料

1. 磁化的概念

用一根软铁棒靠近铁屑，铁屑并不能被吸引。如果把软铁棒插入载流空心线圈中时，便会发现铁屑被吸引了，这是由于软铁棒被磁化的缘故。像这种使原来没有磁性的物质具有磁性的过程称为磁化。凡是铁磁物质都能被磁化。

铁磁物质能被磁化，是因为铁磁物质的内部由许多被称为磁畴的磁性小区域组成。每个磁畴相当于一个小磁体，在没有外加磁场作用时，磁畴排列混乱，如图 3-3a 所示，磁场相互抵消，对外不呈现磁性。在外加磁场的作用下，磁畴的方向会逐渐都趋向外磁场一致的方向上，

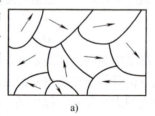
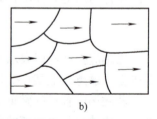

a)   b)

图 3-3　磁畴的磁化

形成一个附加磁场，从而使磁场显著增强，如图 3-3b 所示。

2. 磁饱和性

在实际应用中，通常利用电流产生的磁场来使铁磁物质磁化。例如，在通电线圈中放入铁心，铁心就被磁化了。当一个线圈的结构、形状、匝数都已确定时，在铁磁性材料的磁化过程中，磁感应强度 B 随磁场强度 H 变化的曲线称为磁化曲线，如图 3-4 所示，它反映了铁心的磁化过程。

从图 3-4 中可以看出，当 $H = 0$ 时，$B = 0$；当 H 增大时，B 随之增大，但 B 与 H 的关系是非线性的。

曲线 a_1 到 a_2 段较为陡峭，B 随 H 近似成正比增加。a_2 到 a_3 点以及之后的部分近似平行于 H 轴，这表明即使 H 继续增大，B 也已近似不变了，铁心磁化到这种程度称为磁饱和。a_1

点到 a_2 点称为曲线的膝部。这表明从未饱和到饱和是逐步过渡的。

由曲线可以看出，铁磁性材料因磁化而产生的磁感应强度不会随外磁场的增强而无限地增强。当外磁场增强到一定值时，铁磁性材料内部所有磁畴的方向与外磁场的方向一致，磁化的磁感应强度达到饱和。这种特性称为磁饱和性。

3. 磁滞回线

如果线圈通入交变电流，就会产生交变磁场，线圈中的铁心会被反复磁化，如图 3-5 所示。

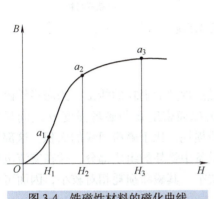

图 3-4　铁磁性材料的磁化曲线

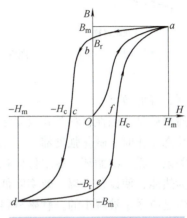

图 3-5　磁滞回线

当线圈中电流变化到零时，由于磁畴存在惯性，铁心中 B 并不为零，而是仍保留部分剩磁，如图 3-5 中 c 点和 f 点所示。要把剩磁减小为零，必须加反向电流，并使磁场强度达到一定数值，如图 3-5 中 bc 段所示。使剩磁消失的磁场强度 $-H_c$ 的值称为矫顽力。

通过反复磁化得到的关系曲线 $abcdfa$ 为称为磁滞回线。铁磁材料反复磁化的过程中，磁感应强度 B 的变化总是落后于磁场强度 H 的变化，这一现象称为磁滞。磁滞的形成是由于铁磁材料中磁分子的惯性和摩擦造成的。铁心在反复磁化的过程中，由于要不断克服磁畴惯性将损耗一定的能量，称为磁滞损耗，这将使铁心发热。

根据不同的铁磁材料特性，磁滞回线可分为 3 类，见表 3-1。

表 3-1　铁磁材料的分类及特点

名称	概念	典型材料及用途
硬磁材料	剩磁和矫顽力均很大，磁滞回线很宽	碳钢、钨钢、铝镍钴合金等，适合制作永久磁铁、扬声器的磁钢
软磁材料	剩磁和矫顽力均很小，磁滞回线很窄	硅钢、铸铁、坡莫合金及铁氧体等，适合制作电机、变压器、继电器等设备中的铁心
矩磁材料	有较大的剩磁和较小的矫顽力，磁滞回线接近矩形	锰镁铁氧体、铁镍合金等，适合制作磁带、计算机的记忆元件

由表 3-1 得到 3 种材料的磁滞回线如图 3-6 所示。

4. 磁化时的铁心损耗

磁化时的铁心损耗简称铁耗，分为磁滞损耗和涡流损耗两种。铁耗会使铁心发热，造成

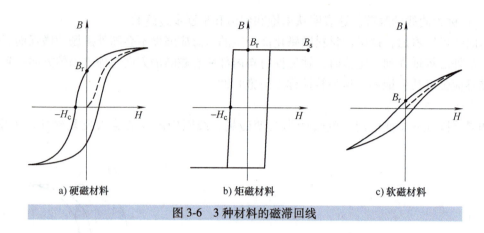

a) 硬磁材料　　　　　b) 矩磁材料　　　　　c) 软磁材料

图 3-6　3 种材料的磁滞回线

功率损耗，降低效率。

磁滞损耗是铁磁性材料等在反复磁化过程中因磁滞现象而消耗的能量。磁滞指铁磁材料的磁性状态变化时，磁化强度滞后于磁场强度，它的磁通密度 B 与磁场强度 H 之间呈现磁滞回线关系。经一次循环，每单位体积铁心中的磁滞损耗正比于磁滞回线的面积。这部分能量转化为热能，使设备升温，效率降低，它是电气设备中铁耗的组成部分，这在交流电机一类设备中是应尽量被减小的。软磁材料的磁滞回线狭窄，其磁滞损耗相对较小，因而可选用软磁材料制作铁心。

涡流是感应电流的一种，如图 3-7a 所示。在整块铁心的周围绕有线圈，当线圈中通以交变电流时，就会产生交变的磁场，处在该交变磁场中的铁心就要产生自成回路的感应电流，这种感应电流形如水中的漩涡，故称为涡流。

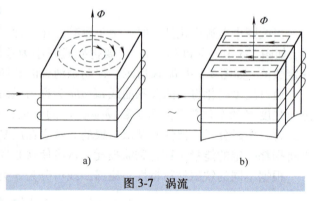

图 3-7　涡流

由于整块铁心的电阻很小，涡流很大，因而使铁心发热，增加电能的损耗，这对于含有铁心的电机、变压器等电气设备十分有害。因此，为了减小涡流损失，这类电气设备的铁心用涂有绝缘漆的薄硅钢片叠压而成，这样涡流就被限制在狭窄的薄片之内，如图 3-7b 所示，并且回路的电阻很大，致使涡流大为减弱。

在电机、变压器等设备的设计时，都尽量减小涡流损耗，提高效率。但从另一方面讲，人们也可以充分利用涡流使铁心发热的这一特性。例如，在电工仪表中的感应式仪表就是利用涡流和磁场相互作用的原理制成的；家庭中使用的电磁灶也是利用涡流作为热源的。

三、磁路

1. 磁路的基本概念

在电工电子技术中不仅要讨论电路问题，还需要讨论磁路问题。因为很多电气设备与电路和磁路都有关系，如电动机、变压器、电磁铁及电工测量仪表等。而磁路问题与磁场有关，与磁介质有关，磁场往往与电流和电路相关联，下面研究磁路和电路的关系。

在电气设备中为了得到较强的磁场，通常利用磁导率很高的铁磁材料把电流产生的磁通集中在铁心这个限定的空间内。这种集中的磁通所经过的路径称为磁路。图 3-8 所示为几种电气设备的磁路。其中，图 3-8a 中变压器的磁路是双回路方形磁路；图 3-8b 中电磁铁的磁路是单回路磁路，回路中有一小段空气隙；图 3-8c 中是磁电式仪表的磁路，回路中有两小段空气隙。

线圈绕在由铁磁材料制成的铁心上，线圈通以电流，便产生磁通，故此线圈称为励磁绕组。线圈中的电流称为励磁电流。磁路的几何形状决定于铁心的形状和励磁绕组在铁心上的安置位置。

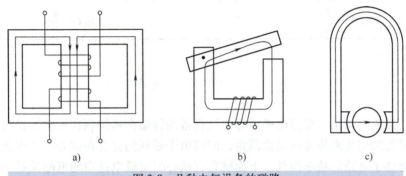

图 3-8 几种电气设备的磁路

励磁绕组通过励磁电流会产生磁通，通过实验发现，线圈匝数越多，励磁电流越大，产生的磁通就越多。人们把励磁电流 I 和线圈匝数 N 的乘积称为磁通势，单位是安培（A），用 F 表示，即

$$F = NI \tag{3-5}$$

磁阻 R_m 表示磁介质对磁通的阻碍作用的大小。磁介质的磁导率 μ 越大，横截面 S 越大，则对磁通量 Φ 的阻碍作用越小；磁路 L 越长，对磁路的阻碍作用越大。

$$R_m = \frac{L}{\mu S} \tag{3-6}$$

2. 磁路欧姆定律

为了使励磁电流产生尽可能大的磁通，在电磁设备中要放置一定形状的铁心。绝大部分磁通将通过铁心形成闭合路径——磁路。磁路和电路在分析思路上基本一致，所以在分析磁路时，可以将全电路欧姆定律应用到磁路中来。

一个磁路中的磁阻等于磁通势与磁通量的比值。这个定义可以表示为

$$\Phi = \frac{F}{R_m} \tag{3-7}$$

即磁路中的磁通 Φ 等于作用在该磁路上的磁通势 F 除以磁路的磁阻 R_m，这就是磁路的欧姆定律。

比较式（3-6）和式（3-7）可得 $\Phi = \dfrac{F}{R_m} = \dfrac{\mu FS}{L}$ $\tag{3-8}$

磁路和电路有很多相似之处，例如磁路中的磁通由磁通势产生，而电路中的电流由电动势产生；磁路中有磁阻，它使磁路对磁通起阻碍作用，而电路中有电阻，它使电路对电流起

阻碍作用；磁阻与磁导率、磁路截面积成反比，与磁路长度成正比，而电阻与电导率导线截面积成反比，与电路长度成正比。它们之间的对应关系见表 3-2。

表 3-2　电路欧姆定律与磁路欧姆定律比较

磁　路	电　路
磁通势 F	电动势 E
磁通 Φ	电流 I
磁阻 $R = \dfrac{l}{\mu S}$	电阻 $R = \dfrac{E}{I}$
磁通 $\Phi = \dfrac{F}{R_m}$	电流 $I = \dfrac{E}{R}$

课题二　交流铁心线圈电路

变压器、交流电动机、交流电磁铁等电气设备的线圈都是绕制在铁磁性材料上，在工作过程中利用磁通的交变来传递或转换能量，同时由于磁通的交变在铁心中产生能量损耗，使铁心发热，增加了电路的功率损耗。下面就含有铁心的交流电路中的电磁关系、功率损耗两方面展开讨论。

一、电磁关系

图 3-9 所示为交流铁心线圈电路。在正弦电压作用下，铁心线圈中有电流 i 通过，产生磁通势 Ni。当电流通过线圈时，由于铁心的磁导率 μ 远远大于空气的磁导率 μ_0，所以绝大部分磁通将沿铁心闭合，这部分沿铁心闭合的磁通称为主磁通 Φ（工作磁通）。此外，还有极少部分磁通，经过空气而闭合，这部分磁通称为漏磁通，用 Φ_σ 表示。这两部分磁通将分别在线圈中产生感应电动势 e 和 e_σ。

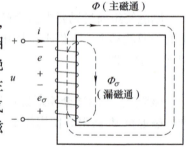

图 3-9　交流铁心线圈电路

根据电磁感应定律得感应电动势有效值为

$$E = \frac{E_m}{\sqrt{2}} = \frac{2\pi f N \Phi_m}{\sqrt{2}} = 4.44 f N \Phi_m \tag{3-9}$$

式（3-9）说明：在交流铁心线圈电路中，当频率 f、匝数 N 一定时，主磁通 Φ_m 正比于电源电压 E，当电源电压 E 一定时，主磁通 Φ_m 基本保持恒定。

在交流铁心线圈电路中，主磁通 Φ_m 的大小与磁路的磁阻无关。根据磁路欧姆定律，磁通 Φ_m 不变，磁路的变化（如气隙大小）直接影响励磁电流的大小。

例 3-1　有一个交流铁心线圈，接在 $f = 50\text{Hz}$ 的正弦电源上，在铁心中得到磁通的最大值 $\Phi_m = 2.00 \times 10^{-3}\text{Wb}$。现在在此铁心上绕一个线圈，其匝数为 220，当此线圈开路时，求其两端电压。

解：$E_2 = 4.44 f N_2 \Phi_m = 4.44 \times 50 \times 220 \times 2 \times 10^{-3}\text{V} = 97.68\text{V}$

二、功率损耗

在交流铁心线圈中有两部分功率损耗，即线圈电阻上的铜耗 P_{Cu} 和铁心中的铁耗 P_{Fe}。

其中，铜耗指的是线圈电阻 R 上的功率损耗：

$$P_{Cu} = I^2 R \tag{3-10}$$

铁耗包含两部分损耗，即涡流损耗 P_e 和磁滞损耗 P_h。交流铁心线圈的功率损耗公式为

$$\Delta P = \Delta P_{Cu} + \Delta P_{Fe} = I^2 R + \Delta P_h + \Delta P_e \tag{3-11}$$

课题三　变压器

变压器

一、变压器的结构和工作原理

变压器是根据互感原理制成的一种电磁设备。变压器的用途很多，在交流电路中，通过它可以利用电磁感应原理将一种电压、电流的交流电能转换成同频率的另一种电压、电流的电能，此外它还可用来变换电流、变换阻抗。

1. 变压器的结构

变压器主要由铁心和线圈两部分构成。

铁心是变压器的磁路通道，由磁导率较高且相互绝缘的硅钢片制成，以便减少涡流和磁滞损耗。按铁心的构造和绕组与铁心的相对位置，变压器可分为心式和壳式两种，如图3-10所示。

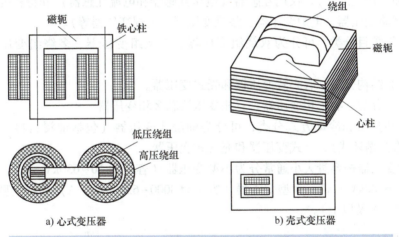

图 3-10　心式变压器和壳式变压器

铁心由铁心柱和磁轭两部分构成。铁心柱上套有绕组，磁轭将铁心柱连接起来形成闭合磁路。

心式变压器的磁轭靠着变压器绕组的顶面和底面，而不包围绕组的侧面。其结构较简单，绕组的装配和绝缘也较容易。绝大部分变压器都采用心式结构。

壳式变压器的磁轭不仅包围绕组的顶面和底面，还包围绕组的侧面。其制造工艺复杂，费材料。除小型电源变压器外，很少采用壳式结构。

为了提高磁路的导磁性能，减少铁心中的磁滞、涡流损耗，铁心一般用高磁导率的磁性材料——硅钢片叠成。硅钢片有热轧和冷轧两种，其厚度为 0.35~0.5mm，两面涂以厚 0.02~0.23mm 的漆膜，使片与片之间绝缘，以阻止涡流在片间流通。

绕组是变压器的电路部分，它由一般采用涂高强度绝缘漆的扁（或圆）铜线绕制而成。变压器的绕组按一次绕组和二次绕组的相对位置不同，可分为同心式绕组和交叠式绕组。

心式变压器常采用同心式绕组，即把一次绕组、二次绕组绕制成同心的两个直径不同的圆筒。在组装时，通常把低压绕组放在靠近铁心的位置，高压绕组套在外面，中间隔以绝缘筒，如图 3-10a 所示。同心式绕组结构简单，制造方便，应用较多。

壳式变压器常采用交叠式绕组（图 3-11），即把高、低压绕组交替地套在铁心上，而靠近磁轭的两端是低压绕组，高、低压绕组之间隔以绝缘层。绕组都做成饼式，绕组间空隙较多，绝缘较复杂，主要用于壳式大型变压器。这种绕组的漏抗小，机械强度好，引线方便。

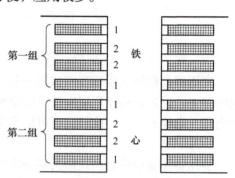

图 3-11 交叠式绕组

1—低压绕组 2—高压绕组

2. 变压器的分类

变压器的种类很多，可按其用途、结构、相数、冷却方式等来进行分类。

1）按用途分类，可分为电力变压器（主要用在输配电系统中，分为升压变压器、降压变压器、联络变压器和厂用变压器）、仪用互感器（电压互感器和电流互感器）和特种变压器（如调压变压器、试验变压器、电炉变压器、整流变压器、电焊变压器等）。

2）按绕组数目分类，可分为双绕组变压器、三绕组变压器、多绕组变压器和自耦变压器。

3）按铁心结构分类，有心式变压器和壳式变压器。

4）按相数分类，有单相变压器、三相变压器和多相变压器。

5）按冷却介质和冷却方式分类，可分为油浸式变压器（包括油浸自冷式、油浸风冷式、油浸强迫油循环式）、干式变压器和充气式变压器。

6）电力变压器按容量大小通常分为小型变压器（容量为 10~630kV·A）、中型变压器（容量为 800~6300kV·A）、大型变压器（容量为 8000~63000kV·A）和特大型变压器（容量在 90000kV·A 及以上）。

3. 变压器的工作原理

图 3-12 所示为一台变压器的工作原理图。在一闭合的铁心上绕上两个匝数不同彼此绝缘的绕组。铁心由硅钢片叠成（减小涡流损耗）。

一次绕组（AX）：接电源的绕组。

二次绕组（ax）：与负载相连的绕组。

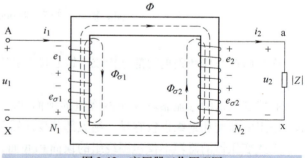

图 3-12 变压器工作原理图

图 3-12 中，一次绕组的匝数为 N_1，输入电压为 u_1，输入电流为 i_1，主磁通势为 e_1，漏磁通势为 $e_{\sigma 1}$；二次绕组的匝数为 N_2，输入电压为 u_2，输入电流为 i_2，主磁通势为 e_2，漏磁通势为 $e_{\sigma 2}$。

参考方向规定：先标出 u_1 的参考方向，i_1 与 u_1 参考方向取相同，Φ 的参考方向与 i_1、e_2

符合右手螺旋定则。下面介绍变压器的电压变换、电流变换及阻抗变换关系。

(1) 电压变换

1) 单相变压 对一次绕组电路,根据前文对交流铁心的分析,线圈电压与磁通的关系为

$$U_1 \approx E_1 = 4.44 N_1 f_1 \Phi_m \tag{3-12}$$

忽略二次绕组的电阻和漏磁感抗后,有

$$U_2 \approx E_2 = 4.44 N_2 f_2 \Phi_m \tag{3-13}$$

在变压器空载时,由于 $I_{20}=0$,$E_2=U_{20}$,U_{20} 为空载时二次绕组的端电压,比 U_2 略大一些(5%~10%),因此可得

$$\frac{U_1}{U_2} \approx \frac{U_1}{U_{20}} = \frac{E_1}{E_2} = \frac{N_1}{N_2} = K \tag{3-14}$$

式中,K 为变压器的电压比,即一次、二次绕组的匝数之比。当输入电压一定时,只要改变匝数比,就可得到不同的输出电压。当 $K>1$ 时,$N_2>N_1$,$U_2>U_1$,这种变压器称为升压变压器;反之,当 $K<1$ 时,$N_2<N_1$,$U_2<U_1$,这种变压器称为降压变压器。

2) 三相变压 三相电压的变换采用一台三相变压器完成。其原理图如图 3-13 所示,在一个具有 3 个铁心柱上绕 3 个一次绕组和 3 个二次绕组。

高压绕组:AX、BY、CZ;低压绕组:ax、by、cz。

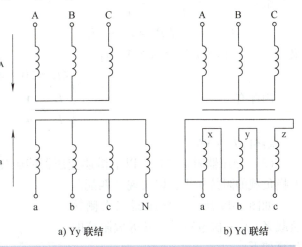

图 3-13 三相变压器绕组的联结方法

三相变压器一次绕组和二次绕组都可分别接成星形(Y 和 y)联结和三角形(D 和 d)联结。因此,三相变压器一次、二次绕组有 4 种接法:Yy、Dy、Yd、Dd。其中,大写字母表示一次绕组的接法,小写字母表示二次绕组的接法。实际上常用的只有 Yy 和 Yd 两种。

① Y/y 联结。由于三相变压器每相一次、二次绕组绕在同一铁心柱上,主磁通相同,其相电压变换与单相变压器一样。

相电压之比 $\dfrac{U_{P1}}{U_{P2}} = \dfrac{N_1}{N_2} = K$;线电压之比 $\dfrac{U_{L1}}{U_{L2}} = \dfrac{\sqrt{3}\,U_{P1}}{\sqrt{3}\,U_{P2}} = K$。

② Y/d 联结。相电压之比 $\dfrac{U_{P1}}{U_{P2}} = \dfrac{N_1}{N_2} = K$;线电压之比 $\dfrac{U_{L1}}{U_{L2}} = \dfrac{\sqrt{3}\,U_{P1}}{U_{P2}} = \sqrt{3}\,K$。

(2) 电流变换 下面分析变压器一次、二次绕组的电流关系。实验表明,变压器二次绕组接上负载后,二次侧出现了电流。一次电流从原来的空载电流 i_0 增加到 i_1。

变压器空载运行时的磁通势为 $N_1 i_0$。

变压器负载运行时的磁通势为 $N_1 i_1 + N_2 i_2$。

由于在 U_1、f 和 N_1 不变时，变压器的主磁通 Φ_m 不变，而主磁通由磁通势产生，所以在忽略漏磁通的情况下，空载运行与负载运行的磁动势应相等。

$$N_1 i_0 \approx N_1 i_1 + N_2 i_2$$

考虑到变压器的空载电流 I_0 很小，$I_0 \approx I_{1N} \times (2\% \sim 10\%)$，可忽略不计，则

$$\frac{I_1}{I_2} = \frac{N_2}{N_1} = \frac{1}{K} \tag{3-15}$$

式中，I_1 和 I_2 的相位相反。

例 3-2 如图 3-14 所示变压器电路中，已知 $R_1 = 4\Omega$，$R_L = 1\Omega$，一次、二次侧匝数比为 $4:1$，$U_1 = 20\text{V}$，试求 I_1。

解：
$$\frac{U_1 - I_1 R_1}{U_2} = \frac{4}{1}$$

$$4U_2 = U_1 - I_1 R_1 = 20 - 4I_1$$

又 $U_2 = I_2 R_L = I_2 \times 1 = I_2$

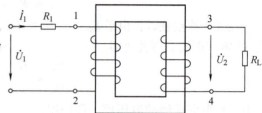

图 3-14 例 3-2 电路图

因此有
$$\begin{cases} 4I_2 = 20 - 4I_1 \\ \dfrac{I_1}{I_2} = \dfrac{1}{4} \end{cases}$$

解得：$I_1 = 1\text{A}$。

（3）变压器阻抗变换 以上讲述变压器能起变换电压和变换电流作用。此外，它还有变换负载的阻抗作用，以实现"匹配"。

如图 3-15 所示，变压器二次侧接负载 Z，从一次电路看，其等效阻抗的计算如下：

$$\frac{U_1}{I_1} = \frac{\frac{N_1}{N_2} U_2}{\frac{N_2}{N_1} I_2} = \left(\frac{N_1}{N_2}\right)^2 \frac{U_2}{I_2}$$

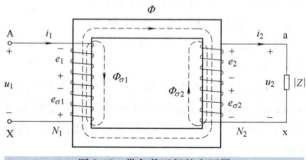

图 3-15 带负载运行的变压器

$$|Z'| = \left(\frac{N_1}{N_2}\right)^2 |Z| \tag{3-16}$$

式（3-16）说明，接在变压器二次侧的负载 $|Z|$，折合到一次侧看，阻抗 $|Z'| = K^2 |Z|$，即增大到原来的 K^2 倍，这就是变压器的阻抗变换作用。

变压器的阻抗变换常用于电子电路中。例如，扬声器的阻抗一般为几欧，而扩音机输出级要求负载阻抗为几十到几百欧才能使负载获得最大的输出功率，这就是阻抗匹配问题。通常可以在电子设备的功率输出级和负载间接入一个输出变压器，通过适当选择其变化进行阻抗变换，从而得到最佳的负载阻抗，实现阻抗的匹配。

二、变压器的主要参数

变压器的额定值是对变压器正常工作时的使用规定，也是设计和试验变压器的依据。变压器在额定情况下运行，可保证长期可靠地工作，并具有良好的性能。额定值通常标注在变

压器的铭牌上，也称为铭牌数据。

变压器的额定值主要有以下几个参数：

额定容量 S_N：是变压器的额定视在功率，以 V·A 或 kV·A 为单位。对三相变压器而言是指三相容量之和。通常把一次、二次绕组的额定容量设计得一样大。

一次侧额定电压 U_{1N}：正常运行时规定加在一次侧的端电压，对于三相变压器，额定电压为线电压。

二次侧额定电压 U_{2N}：一次侧加额定电压时，二次侧空载时的端电压。

一次侧额定电流 I_{1N}：变压器额定容量下一次绕组允许长期通过的电流，对于三相变压器，I_{1N} 为一次侧额定线电流。

二次侧额定电流 I_{2N}：变压器额定容量下二次绕组允许长期通过的电流，对于三相变压器，I_{2N} 为二次侧额定线电流。

单相变压器额定值的关系式： $S_N = U_{1N}I_{1N} = U_{2N}I_{2N}$ (3-17)

三相变压器额定值的关系式：$S_N = \sqrt{3}\,U_{1N}I_{1N} = \sqrt{3}\,U_{2N}I_{2N}$ (3-18)

额定频率 f_N：我国工频为 50Hz。

此外，还有额定情况下的效率、温升等。

任务三　变压器的空载特性与负载特性测试

一、任务目标

1）掌握变压器参数的测量方法。

2）掌握变压器的空载特性与负载特性曲线的测量。

二、器材工具

本任务所需器材工具见表 3-3。

表 3-3　器材工具

序号	名称	型号与规格	数量
1	电压表	85L1-100V	2
2	电流表	85L1-15A	2
3	恒压电压源	AC 220V	1
4	待测变压器		1
5	导线		若干
6	滑动变阻器	50Ω	1
7	自耦变压器	TDGC2 0.2K	1
8	功率表	D26-W	1

三、原理分析

变压器原理详见本项目课题三内容，这里不再赘述。

四、任务实施

变压器特性测量电路图如图 3-16 所示。

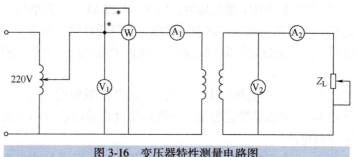

图 3-16　变压器特性测量电路图

1. 空载特性的测量

未接入电阻前,调节自耦变压器,使一次侧输入电压从 0 逐渐增至 40V,逐次测量测量图 3-16 所示电路中的 V_1 和 A_1 的数值,将 5 组不同的数据记录在表 3-4 中。

表 3-4　空载特性数据记录表

测量内容	1	2	3	4	5
V_1 读数					
A_1 读数					

2. 负载特性的测量

接入负载滑动变阻器,自耦变压器一次电压为 36V 恒定,改变负载(即改变滑动变阻器的阻值)进行测量,测量一次电流、二次电压及二次电流的数值,即 A_1、V_2、A_2 的读数,测量后将 5 组数据填入表 3-5 中。

表 3-5　负载特性数据记录表

测量内容	1	2	3	4	5
V_2 读数					
A_2 读数					
A_1 读数					

五、注意事项

1)在变压器实验中,注意电压表、电流表、功率表的合理布置及量程选择。
2)接入被测变压器时,注意一次侧和二次侧不要接反。

六、报告要求

1)说明在测量变压器的外特性时,保持一次电压 U_1 不变的原因。
2)整理实验数据,画出变压器空载特性测量及变压器的外特性。

【习题三】

1. 变压器是由_____和_____组成的。

2. 变压器的铁心既是_____，又是_____，它由_____和_____组成。

3. 变压器空载运行时，其_____较小，所以空载时的损耗近似等于_____。

4. 如果将 380V/220V 的单相变压器一次侧接于 380V 直流电源上，则（　　）。

　　A. 一次电流为零　　B. 二次电压为 220V　　C. 一次电流很大，二次电压为零

5. 某变压器额定电压为 220V/110V，若电源电压为 220V，要将其升高到 440V，可（　　）。

　　A. 将二次绕组接到电源上，由一次绕组输出

　　B. 将二次绕组匝数增加 3 倍

　　C. 将一次绕组匝数减少为 1/4

6. 有一台电压为 220V/110V 的变压器，$N_1 = 2000$，$N_2 = 1000$。有人想省些铜线，将匝数减为 400 和 200，是否可以？

7. 有一单相照明变压器，容量为 10kV·A，电压为 3300V/220V。如果在二次绕组接上"60W、220V"的白炽灯，而且要变压器在额定情况下运行，这种白炽灯可接多少个？求一次、二次绕组的额定电流。

8. 三相变压器的铭牌数据如下：$S_N = 180\text{kV}\cdot\text{A}$，$U_{1N} = 10\text{kV}$，$U_{2N} = 400\text{V}$，$f = 50\text{Hz}$，Yy0 接法。已知每匝线圈感应电动势为 5.133V，铁心截面面积为 160cm^2。试求：1）一次、二次绕组每相匝数；2）电压比；3）一次、二次绕组的额定电流；4）铁心中的磁感应强度 B_m。

9. 一台变压器有两个一次绕组，每组额定电压为 110V，匝数为 440，二次绕组匝数为 80，试求：1）一次绕组串联时的电压比和一次侧加上额定电压时的二次侧输出电压；2）一次绕组并联时的电压比和一次侧加上额定电压时的二次侧输出电压。

项目四

电 动 机

在日常生活中，电机应用广泛。电机按能量转换分类可分为发电机和电动机，按所用或发出的电能类型可分为直流电机和交流电机。直流电机是根据电磁感应原理实现机械能和直流电能相互转换的旋转电机，将直流电能转换成机械能的电机称为直流电动机。三相交流异步电动机具有结构简单、价格低廉、坚固耐用、使用维护方便等优点。

1. 知识目标

1）理解三相交流异步电动机的结构及各部分的作用。
2）掌握三相交流异步电动机的工作原理。
3）掌握直流电动机的结构及各部分的作用。
4）掌握直流电动机的工作原理。

2. 能力目标

1）能正确使用三相交流异步电动机。
2）能正确使用直流电动机。

课题一 电动机概述

电动机是指依据电磁感应定律实现电能的转换或传递的一种电磁装置。电动机在电路中用字母 M 表示。它的主要作用是产生驱动转矩，作为电器或各种机械的动力源。电动机主要由定子与转子组成。通电导线在磁场中受力运动的方向跟电流方向和磁感线（磁场方向）方向有关。电动机的工作原理是磁场对电流产生力的作用，使电动机转动。

根据电动机的工作电源的不同，可分为直流电动机和交流电动机。其中，交流电动机可分为单相电动机和三相电动机。电动机按结构及工作原理可分为直流电动机、异步电动机和同步电动机。同步电动机可分为永磁同步电动机、磁阻同步电动机和磁滞同步电动机。异步电动机可分为感应电动机和交流换向器电动机。实际中以异步电动机最为普及，同步电动机应用相对较少。直流电动机按结构及工作原理可分为无刷直流电动机和有刷直流电动机。有刷直流电动机可分为永磁直流电动机和电磁直流电动机。电磁直流电动机分为串励直流电动机、并励直流电动机、他励直流电动机和复励直流电动机。

电动机是能量转换设备，用单位时间内转换的能量（即功率）来度量。其中，单位时间内输入电动机的能量称为输入功率，用 P_1 表示。单位时间内电动机输出的能量称为输出功率，用 P_2 表示。P_1 与 P_2 的差值称为功率损耗，用 ΔP 表示。功率损耗乘以工作时间就是能量损耗，这两种损耗通常不加区分地统称为电动机的损耗。电动机工作时产生的各种损耗都转变成热能，将会导致电动机的温度升高，即发热的一方。发热量与电动机的工作方式有关，为一个确定数值。另一方面，电动机表面会向低温的周围环境散热，散热量与温升成比例，称为散热系数。因此，在电动机工作开始时，散热量为零，温度升高最快；随着温度升高，散热量将不断增大，温度上升变慢；当工作时间足够长，最终达到散热量等于发热量的动态平衡，此后温度停止升高而保持温度值。可见，散热系数越大，温升速度就越慢，稳定温升也越低，这对绝缘有利。小容量电动机自然散热能满足绝缘要求，大容量电动机在自然散热时的温升往往会超过绝缘允许的限值，需要进行冷却。

电动机的使用和控制非常方便，具有自起动、加速、制动、反转等能力，能满足各种运行要求；电动机的工作效率较高，没有烟尘、气味，不污染环境，噪声较小。由于它的一系列优点，所以在工农业生产、交通运输、国防、商业及家用电器、医疗电器设备等各方面被广泛应用。

课题二　三相交流异步电动机

一、三相交流异步电动机的结构

异步电动机的结构可分为定子、转子两部分。定子是电动机中固定不动的部分，转子是电动机的旋转部分。由于异步电动机的定子产生励磁旋转磁场，同时从电源吸收电能，并且通过旋转磁场把电能转换成转子上的机械能，所以与直流电动机不同，交流电动机的定子是电枢。定子、转子之间必须有一定间隙（称为气隙），以保证转子的自由转动。异步电动机的气隙较其他类型的电动机气隙要小，一般为 0.2~2mm。

三相异步电动机有开启式、防护式、封闭式等多种形式，以适应不同的工作需要。在某些特殊场合，还有特殊的外形防护型式，如防爆式、潜水泵式等。虽然外形不同，但电动机结构基本上是相同的。现以封闭式电动机为例介绍三相异步电动机的结构。图 4-1 所示为封闭式三相异步电动机的结构。

1. 定子

定子由机座、定子铁心、定子绕组及端盖、轴承等部件组成。定子铁心和绕组如图 4-2 所示。

机座是电动机的外壳，用来支承定子铁心和固定端盖。机座应具有足够的强度和刚度，同时还要满足通风散热的需要。中、小型电动机机座一般用铸铁浇成，大型电动机机座多采用钢板焊接而成。为了增加散热面积，加强散热，封闭式异步电动机机座外壳上面有散热筋，防护式电动机机座两端端盖开有通风孔或机座与定子铁心留有通风道等。

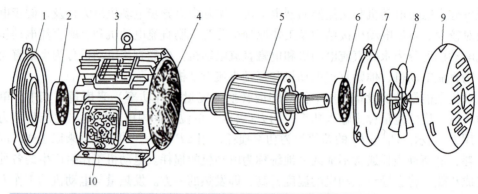

图 4-1 封闭式三相异步电动机的结构

1—端盖　2—轴承　3—机座　4—定子绕组　5—转子
6—轴承　7—端盖　8—风扇　9—风罩　10—接线盒

　　定子铁心作为电动机磁路的一部分，要求有良好的导磁性能，剩磁小，尽量降低涡流损耗，一般用 0.5mm 厚表面有绝缘层的硅钢片叠压而成。定子铁心内圆冲有均匀分布的槽，用于嵌放三相定子绕组。

　　定子绕组是电动机的电路部分，一般由绝缘铜导线或铝导线绕制的绕组连接而成。定子绕组的作用是利用通入的三相交流电产生旋转磁场。绕组是用高强度绝缘漆包线绕制成的，按一定的排列方式嵌入定子槽内。槽内绕组匝间、绕组与铁心之间都要有良好的绝缘。三相绕组是用绝缘铜线或铝线绕制成的三相对称的绕组，按一定的规则连接嵌放在定子槽。中小型

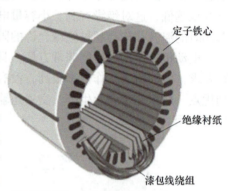

图 4-2 定子铁心和绕组

异步电动机定子绕组一般采用高强度漆包圆铜线绕制，大中型异步电动机则用漆包扁铜线或玻璃丝包扁铜线绕制。三相定子绕组之间及绕组与定子铁心之间均垫有绝缘材料。常用的薄膜类绝缘材料有聚酯薄膜青壳纸、聚酯薄膜等。

　　轴承是电动机定子和转子衔接的部位，轴承分为滚动轴承和滑动轴承两类。目前多数电动机都采用滚动轴承。这种轴承的外部有贮存润滑油的油箱，轴承上装有油环。轴转动时带动油环转动，把油箱中的润滑油带到轴与轴承的接触面上。为使润滑油能分布在整个接触面上，轴承上紧贴轴的一面一般开有油槽。

2. 转子

　　转子是电动机中的旋转部分（图 4-1 中的部件 5）一般由转轴、转子铁心、转子绕组、风扇等组成。转轴用碳钢制成，两端轴颈与轴承相配合。转轴是输出转矩、带动负载的部件。转子铁心也是电动机磁路的一部分，由 0.5mm 厚的硅钢片叠压成圆柱体，并紧固在转子轴上。转子铁心的外表面有均匀分布的线槽，用于嵌放转子绕组。

　　转子铁心作为电动机磁路的一部分，并放置转子绕组。转子铁心一般用 0.5mm 厚的硅钢片叠压而成，硅钢片外圆冲有均匀分布的孔，用来安置转子绕组。一般小型异步电动机的转子铁心直接套装在转轴上，而大中型异步电动机的转子铁心则借助转子支架压在转轴上。

转子绕组用来切割定子旋转磁场，产生感应电动势和电流，并在旋转磁场的作用下使转子旋转。三相交流异步电动机按照转子绕组形式的不同，一般可分为笼型异步电动机和绕线转子异步电动机。

笼型转子线槽一般都是斜槽（线槽与轴线不平行），目的是改善起动与调速性能。笼型绕组是在转子铁心的槽里嵌放裸铜条或铝条，然后用两个金属环（称端环）分别在裸金属导条两端把它们全部接通（短接），即构成了转子绕组；小型笼型电动机一般用铸铝转子，这种转子是用熔化的铝液浇在转子铁心上，导条、端环是一次浇铸出来的。如果去掉铁心，整个绕组形似鼠笼，称为笼型绕组，如图4-3所示。

绕线转子绕组如图4-4所示，与定子绕组类似，由镶嵌在转子铁心槽中的三相绕组组成。绕组一般采用星形联结，三相绕组的尾端接在一起，首端分别接到转轴上的3个铜集电环上，通过电刷把3根旋转的线变成了固定线，与外部的变阻器连接，构成转子的闭合回路。

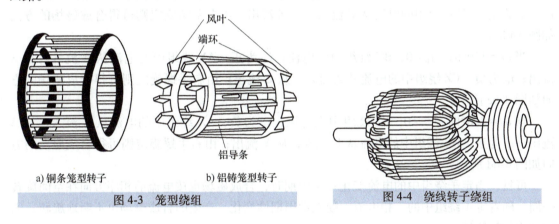

a) 铜条笼型转子　　b) 铝铸笼型转子

图4-3　笼型绕组　　　　　　图4-4　绕线转子绕组

两种转子相比较，笼型转子结构简单、造价低廉，并且运行可靠，应用十分广泛。绕线转子结构较复杂、造价高，但是它的起动性能较好，并能利用变阻器阻值的变化使电动机能在一定范围内调速，在起动频繁、需要较大起动转矩的生产机械（如起重机）中常常被采用。

一般电动机转子上还装有风扇或风翼（图4-1中部件8），便于电动机运转时通风散热。铸铝转子一般是将风翼和绕组一起浇铸出来的。

3. 气隙

气隙是定子与转子之间的空隙。中小型异步电动机的气隙一般为0.2~1.5mm。气隙的大小对电动机性能影响较大，气隙越大，磁阻越大，产生同样大小的磁通所需的励磁电流越大，电动机的功率因数越低。气隙过小时，运行时定子、转子容易发生摩擦，使电动机工作不可靠。

异步电动机的气隙比同容量直流电动机的气隙小得多，在中、小型异步电动机中，一般为0.2~2.5mm。气隙大小对电动机性能影响很大，气隙越大，则为建立磁场所需的励磁电流越大，从而降低电动机的功率因数。如果把异步电动机看成变压器，气隙越小，则定子和转子之间的耦合作用就越好。因此应尽量让气隙小些，但也不能太小，否则会使加工和装配困难，运转时定子、转子之间易发生扫膛。

二、三相交流异步电动机的工作原理

1. 旋转磁场的产生

图 4-5 所示的三相定子绕组 AX、BY、CZ，它们在空间按互差 120°的规律对称排列，并接成星形与三相电源 U、V、W 相连。三相定子绕组通过三相对称电流，电流在定子绕组中通过，在三相定子绕组中就会产生旋转磁场如图 4-6 所示。

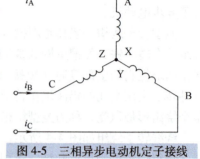

图 4-5 三相异步电动机定子接线

$$\begin{cases} i_A = I_m \sin\omega t \\ i_B = I_m \sin(\omega t - 120°) \\ i_C = I_m \sin(\omega t + 120°) \end{cases} \quad (4-1)$$

当 $\omega t = 0°$ 时，$i_A = 0$，AX 绕组中无电流；i_B 为负，BY 绕组中的电流从 Y 流入，从 B 流出；i_C 为正，CZ 绕组中的电流从 C 流入，从 Z 流出；由右手螺旋定则可得合成磁场的方向如图 4-6b 所示。

当 $\omega t = 120°$ 时，$i_B = 0$，BY 绕组中无电流；i_A 为正，AX 绕组中的电流从 A 流入，从 X 流出；i_C 为负，CZ 绕组中的电流从 Z 流入，从 C 流出；由右手螺旋定则可得合成磁场的方向如图 4-6c 所示。

当 $\omega t = 240°$ 时，$i_C = 0$，CZ 绕组中无电流；i_A 为负，AX 绕组中的电流从 X 流入，从 A 流出；i_B 为正，BY 绕组中的电流从 B 流入，从 Y 流出；由右手螺旋定则可得合成磁场的方向如图 4-6d 所示。

可见，当定子绕组中的电流变化一个周期时，合成磁场也按电流的相序方向在空间旋转一周。随着定子绕组中的三相电流不断地做周期性变化，产生的合成磁场也不断地旋转，因此称为旋转磁场。

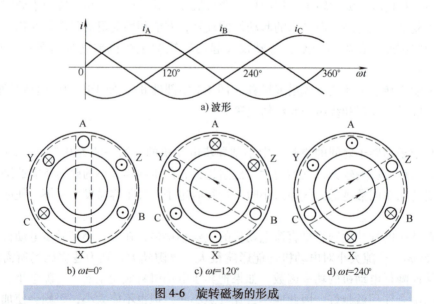

图 4-6 旋转磁场的形成

2. 旋转磁场的方向

旋转磁场的方向是由三相绕组中的电流相序决定的。只要改变通入定子绕组的电流相序，就可改变旋转磁场的方向，即将 3 根电源线中的任意两根对调，转子的旋转方向相应改变。

3. 三相异步电动机的极数与转速

三相异步电动机的极数就是旋转磁场的极数，旋转磁场的极数和三相绕组的排列位置有关。每相绕组只有一个线圈，绕组的始端之间相差 120°空间角时，产生的旋转磁场具有一对磁极，磁极对数用 p 表示，即 $p=1$；当每相绕组为两个线圈串联，绕组的始端之间相差 60°空间角时，产生的旋转磁场具有两对磁极，即 $p=2$。磁极对数 p 与绕组的始端之间的空间角 θ 的关系为

$$\theta = 120°/p \tag{4-2}$$

三相异步电动机旋转磁场的转速 n_0（单位为 r/min）与电动机磁极对数 p 有关，它们的关系为

$$n_0 = 60f_1/p \tag{4-3}$$

旋转磁场的转速 n_0 取决于电流频率 f_1 和磁极对数 p。对某一异步电动机而言，f_1 和 p 通常是一定的，所以磁场转速 n_0 是个常数。

电动机转子转动方向与磁场旋转的方向相同，但转子的转速 n 不可能达到与旋转磁场的转速 n_0 相等，否则转子与旋转磁场之间就没有相对运动，磁力线就不切割转子导体，转子电动势、转子电流以及转矩就都不存在。也就是说，旋转磁场与转子之间存在转速差，这种电动机称为异步电动机。旋转磁场的转速 n_0 常称为同步转速。

在我国，工频 $f_1=50$Hz，对应于不同磁极对数 p 的旋转磁场转速 n_0 见表 4-1。

表 4-1　磁极对数与旋转磁场转速对应表

p	1	2	3	4	5	6
n_0（r/min）	3000	1500	1000	750	600	500

4. 三相异步电动机的工作原理

在异步电动机的定子铁心里，嵌放着对称的 AX、BY、CZ 三相绕组，如图 4-7 所示。以笼型异步电动机为例，转子是一闭合的多相绕组。

当异步电动机三相对称定子绕组接通三相对称交流电流时，定子绕组中的电流便产生一个旋转磁场，并且以同步转速 n_0 沿着某个方向旋转。转子绕组由静止开始相对磁场运动，切割磁力线而感应出电动势并产生感应电流，其方向由右手定则确定。转子载流导体在磁场受到电磁力作用，由左手定则可判定电磁力 F 的方向。电磁力 F 对转轴形成一个电磁转矩，其作用方向与旋转磁场方向一致，使转子沿着旋转磁场方向旋转。

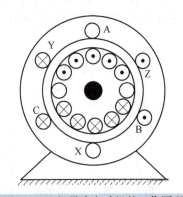

图 4-7　三相异步电动机的工作原理

异步电动机的转子旋转方向始终与旋转磁场的方向一致，而旋转磁场的方向取决于通入交流电的相序。任意对调电动机的两根电源线，可使电动机反转。

5. 转差率

转差率 s 是用来表示转子转速 n 与磁场转速 n_0 相差程度的物理量，即

$$s = \frac{n_0 - n}{n_0} = \frac{\Delta n}{n_0} \tag{4-4}$$

当旋转磁场以同步转速 n_0 开始旋转时，转子因机械惯性尚未转动，转子的瞬间转速 $n=0$，这时转差率 $s=1$。转子转动起来之后，$n>0$，(n_0-n) 差值减小，电动机的转差率 $s<1$。如果转轴上的阻转矩加大，则转子转速 n 降低，即异步程度加大，才能产生足够大的感受电动势和电流，产生足够大的电磁转矩，这时的转差率 s 增大。反之，s 减小。异步电动机运行时，转速与同步转速一般很接近，转差率很小，在额定工作状态下为 0.015~0.06。

根据式（4-4），可以得到电动机的转速常用公式为

$$n = (1-s) n_0 \tag{4-5}$$

三、三相异步电动机的铭牌数据

三相异步电动机在出厂时，机座上都固定着一块铭牌，铭牌上标注着额定数据。其主要的额定数据如下：

额定功率 P_N(kW)：指电动机额定工作状态时，电动机轴上输出的机械功率。

额定电压 U_N(V)：指电动机额定工作状态时，电源加于定子绕组上的线电压。

额定电流 I_N(A)：指电动机额定工作状态时，电源供给定子绕组上的线电流。

额定转速 n_N(r/min)：指电动机额定工作状态时，转轴上的转速。

额定频率 f_N(Hz)：指电动机所接交流电源的频率。

铭牌上还标明绕组的相数与接法（接成星形或三角形）、绝缘等级及温升等。对绕线转子异步电动机，还应标明转子的额定电动势及额定电流。

四、三相异步电动机的特性

1. 转矩特性

在一定的电源电压和转子电阻下，电动机的转矩 T 与转差率 s 之间的关系曲线 $T = f(s)$ 称为转矩特性曲线。转速与转矩的关系曲线 $n = f(T)$ 称为电动机的机械特性曲线。图 4-8 所示为异步电动机的转矩特性曲线。图 4-9 所示为异步电动机的机械特性曲线。

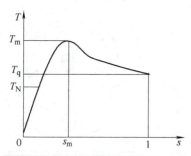

图 4-8　异步电动机的转矩特性曲线

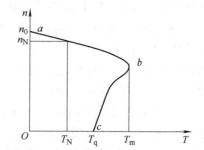

图 4-9　异步电动机的机械特性曲线

其中，额定转矩 T_N 是异步电动机带额定负载时，转轴上的输出转矩。最大转矩 T_m 又称为临界转矩，是电动机可能产生的最大电磁转矩，它反映了电动机的过载能力。最大转矩对应的转差率为 s_m，称为临界转差率。起动转矩 T_{st} 为电动机起动初始瞬间的转矩，即 $n=0$、$s=1$ 时的转矩。

异步电动机的转矩特性曲线分为两部分：异步电动机稳定运行区和非稳定运行区。

1）$0<s<s_m$ 区域为异步电动机稳定运行区。电动机在额定转矩 T_N 下运行，$s=s_N$ 时，转速为额定转速 T_N。若负载转矩增加，则电动机转速下降，转差率增加，由转矩特性曲线可知，随着 s 的增加，电磁转矩相应增加，当增加到与新的负载转矩相平衡时，电动机即在低于额定转速的新转速下稳定运行。当电动机在稳定区域运行时，若机械负载突然发生短时变化，必然会引起转速改变，当负载变化量消失后，电动机能自动恢复到原来转速下稳定运行。

2）$s_m<s<1$ 区域为非稳定运行区。在该区域内负载转矩增加，转速下降，转差率增加，随着 s 的增加，电磁转矩减小，转速继续减慢，直到停转。异步电动机在该区域内不能正常、稳定地运行。

2. 机械特性

异步电动机的机械特性如下：

1）在稳定运行区内，负载变化时电动机转速变化很小，属于硬机械特性。
2）异步电动机有较大过载能力。
3）电源电压发生变化时，电动机转矩变化较大，转速略有变化，电压过低容易损坏电动机。
4）增大转子电路的电阻可以增大电动机的起动转矩，也可用于调速，但机械特性变软。
5）除风机型负载外，一般负载不能在非稳定运行区工作。

例 4-1 有一台三相异步电动机，其额定转速 $n=975\text{r/min}$，电源频率 $f=50\text{Hz}$，求电动机的极对数和额定负载时的转差率 s。

解：由于电动机的额定转速接近而略小于同步转速，而同步转速对应于不同的极对数有一系列固定的数值。显然，与 975r/min 最相近的同步转速 $n_0=1000\text{r/min}$，与此相应的磁极对数 $p=3$。因此，额定负载时的转差率为

$$s = \frac{n_0 - n}{n_0} \times 100\% = \frac{1000-975}{1000} \times 100\% = 2.5\%$$

课题三 直流电动机

与异步电动机相比，直流电动机的结构复杂，使用和维护不如异步电动机方便，而且要使用直流电源。直流电动机调速性能好，调速范围广，易于平滑调节；起动、制动转矩大，易于快速起动、停车。直流电动机广泛应用于轧钢机、电气机车、无轨电车、中型和大型龙门刨床等调速范围大的大型设备，也用在用蓄电池作电源的设备，如汽车、拖拉机等。

一、直流电动机的结构

直流电机包括静止部分和转动部分，静止部分称为定子，转动部分称为转子，静止部分和转动部分之间要有一定大小的气隙。直流电动机的结构如图 4-10 所示。

1. 定子

定子的主要作用是产生磁场并作为转子的机械支撑。定子由主磁极、换向极、机座和电刷装置等组成。

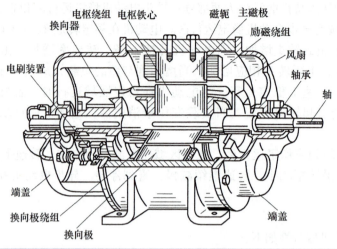

图 4-10 直流电动机的结构

主磁极由铁心和励磁绕组构成,产生恒定的气隙磁通。主磁极铁心靠近转子一端的扩大的部分称为极掌,它的作用是使气隙磁阻减小,改善主磁极磁场分布,并使励磁绕组容易固定。换向极是安装在两相邻主磁极之间的一个小磁极。

换向极的作用是产生换向磁场,改善直流电动机的换向。一般换向极的铁心采用整块钢或钢板制成。换向极铁心采用 1.0~1.5mm 厚的钢片叠压而成。换向极绕组套于换向极铁心上。换向极绕组与电枢绕组串联,通过的电枢电流积较大,因此换向极绕组导线截面积较大,匝数较少。换向极的数目一般与主磁极的极数相等。

电刷装置是把直流电压、直流电流引入或引出的装置。电刷装置由电刷及弹簧、刷握、刷杆、刷架等组成。电刷由石墨制成,放在刷握内,用弹簧压紧在换向器上,刷握固定在刷杆上,刷杆装在刷架上,彼此之间都绝缘。刷架装在端盖或轴承内盖上。电刷装置的作用是通过电刷与换向器的滑动接触,把电枢绕组中的电动势或电流引到外电路,或把外电路的电压、电流引入电枢绕组。

机座一般用导磁性能较好的铸钢件或钢板焊接而成,也可直接用于无缝钢管加工制作。机座有两方面的作用,一方面起导磁作用,作为电机磁路的一部分;另一方面起支撑作用,通过端盖支撑转子部分。

2. 转子

转子又称电枢。电枢的作用是在主磁场的作用下感应出电动势和电流,产生电磁转矩,实现电能量转换。转子由电枢铁心和电枢绕组、换向器、轴和风扇等组成。

电枢铁心是主磁路的一部分,放置电枢绕组。电枢转动时,铁心中的磁通方向不断变化,会产生涡流和磁滞损耗。为了减少损耗,电枢铁心一般采用厚 0.5mm 的表面有绝缘层的硅钢片叠压而成。

电枢绕组由带绝缘的导线绕制而成,按一定的规律嵌放在电枢铁心的槽内,利用绝缘材料进行电枢绕组和铁心之间的绝缘处理。电枢绕组的作用是通过电流产生感应电动势和电磁转矩实现能量转换。

换向器由特殊形状的梯形铜片和起绝缘作用的云母片一片隔一片地叠成圆筒形,凸起的一端称为升高片，用来与电枢绕组端头相连。下面有燕尾槽，利用换向器套筒、压圈将换向片及云母片紧固成一个整体。在换向片与套筒、压圈之间用云母环绝缘，换向器压在转轴上。换向器的作用是将电枢中的交流电动势和交流电流转换成电刷间的直流电动势和直流电流。

转轴一般用合金钢锻压加工而成。转轴的作用是传递转矩。

二、直流电动机的基本工作原理

直流电动机的工作原理图如图 4-11 所示。

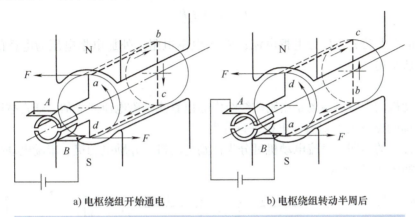

a) 电枢绕组开始通电　　　　b) 电枢绕组转动半周后

图 4-11　直流电动机的工作原理图

定子上的励磁绕组通过直流电流（称为励磁电流 I_f）产生恒定磁场 Φ（称为励磁磁场，或称为主磁场），将直流电源 U、I_a 通过电刷和换向器接入电枢绕组，使电枢导体中有电流通过。载流的转子（即电枢）将受到电磁力 F 的作用（左手定则），所有导体产生的电磁力作用于转子，可产生电磁转矩 T。如果电磁转矩能克服电枢轴上的制动力矩，电动机就能以转速 $n(\text{r/min})$ 转动起来。

电枢转动以后，导体 ab 和 cd 在磁极下交换位置，由于换向器的作用，使与它们相连的电刷也同时改变。这样进入 N 极下的导体的电流方向总是流入的，进入 S 极下的导体电流方向总是流出的，保证了电动机产生的电磁力矩始终不变而一直转动下去。

由此归纳出直流电动机的工作原理如下：直流电动机在外加电压作用下，在导体中产生电流，载流导体在磁场中将受电磁力的作用，由于换向器的换向作用，导体进入异性磁极时导体中的电流方向相应改变，保证了电磁转矩的方向不变，使直流电动机能连续旋转，把直流电转换成机械能输出。

三、直流电动机的基本方程式

1. 转矩方程式

$$T = K_t \Phi I_a \tag{4-6}$$

式中，T 为电磁转矩，方向与 n 相同；K_t 为与电动机结构有关的常数；Φ 为一对磁极的磁通；I_a 为电枢电流。

稳态时的转矩平衡：

$$T = T_L + T_0 \tag{4-7}$$

式中，T_L 为负载转矩；T_0 为空载损耗转矩。

2. 电动势方程式

$$E = K_e \Phi n \tag{4-8}$$

式中，E 为反电动势，它与外加电压产生的电流 I_a 方向相反；K_e 为与电动机结构有关的常数；Φ 为一对磁极的磁通；n 为电枢转速。

3. 电压平衡方程式

$$U = E + I_a R_a \tag{4-9}$$

式中，E 为电枢电动势；I_a 为电枢电流；R_a 为电枢电阻。外加电枢电压为电枢的反电动势和电阻压降所平衡。

四、直流电动机的分类

直流电动机的主磁极磁场是由励磁绕组中通以直流励磁电流建立的。通常按励磁绕组的连接方式（即励磁方式）对直流电机进行分类。

按励磁方式的不同，直流电动机可分为他励电动机、并励电动机、串励电动机和复励电动机 4 类，如图 4-12 所示。

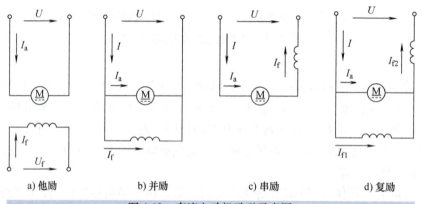

图 4-12 直流电动机励磁示意图

励磁电流由其他直流电源单独供给的直流电动机称为他励直流电动机，如图 4-12a 所示。他励直流电动机的特点是励磁绕组接在独立的励磁电源上，与电枢绕组无关。调节励磁电源电压及串励的可调电阻的大小，可调节励磁电流。

并励电动机的特点是励磁绕组与电枢绕组的两端并联，励磁绕组匝数多，导线截面面积较小，如图 4-12b 所示。电动机本身发出来的端电压供给励磁。励磁绕组与电枢共用同一个电源，与他励直流电动机没有本质的区别。

串励电动机的特点是励磁绕组与电枢绕组串联，励磁电流等于电枢电流，励磁绕组匝数少，导线较粗，如图 4-12c 所示。

复励电动机主磁极的绕组分为两部分，一部分与电枢绕组并联，另一部分与电枢绕组串联，如图 4-12d 所示。两部分励磁绕组产生的磁通方向一致时称为积复励，方向相反时称为差复励。

励磁电流由电动机自身供给的直流电动机称为自励直流电动机。并励、串励和复励电动机都属于自励直流电动机。

五、直流电动机的机械特性

当电动机的电源电压、励磁电流、电枢回路总电阻都等于常数时，转速与电磁转矩之间的关系称为直流电动机的机械特性。

1. 并励电动机的机械特性

并励电动机的机械特性如图 4-13 所示，是一条稍向下倾斜的直线。

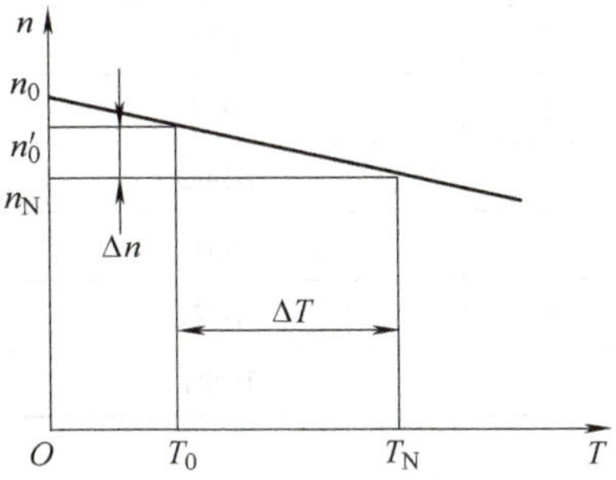

在电源电压、励磁电流均为额定值，电枢回路不串入附加电阻的条件下的特性称为自然机械特性。并励直流电动机的自然机械特性具有硬的机械特性，即电动机负载转矩增大时，转速的下降并不大，具有恒转速特性。电动机的转速调整率 Δn 为

$$\Delta n = \frac{n_0 - n_N}{n_N} \times 100\% \quad (4-10)$$

式中，n_N 为电动机的额定转速。

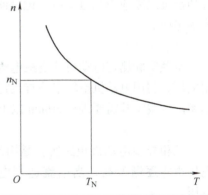

图 4-13 并励电动机的机械特性

一般并励电动机的转速调整率 Δn 为 3%～8%。这种特性适用于在负载变化时要求转速比较稳定的场合，常用于金属切削机床等要求恒速的地方。

由于并励电动机的励磁绕组与电枢绕组并联，共用一个电源，电枢电压的变化会影响励磁电流的变化，使机械特性比他励电动机的机械特性稍软。

2. 串励直流电动机的机械特性

在磁极未饱和的条件下，串励直流电动机的机械特性如图 4-14 所示。串励直流电动机的转速随转矩变化而剧烈变化，这种机械特性称为软特性。在轻负载时，电动机转速很快；负载转矩增加时，转速较慢，

图 4-14 串励直流电动机的机械特性

具有恒功率特性。它适用于负载转矩变化很大且不可能空载运行的场合，如地铁电动车组、城市电车、起重机等。

任务四 三相笼型异步电动机的工作特性

一、任务目标

1）掌握三相异步电动机的空载、堵转和负载试验的方法。
2）测取三相笼型异步电动机的工作特性。

二、器材工具

本任务采用 DDSZ-1 电机教学实验台，具体器材工具见表 4-2。

表 4-2 器材工具

序号	组件号	名称	数量
1	DD03	导轨、测速发电机及转速表	各1
2	DJ23	校正过的直流电动机	1
3	DJ16	三相笼型异步电动机	1
4	D33	交流电压表	1
5	D32	交流电流表	1
6	D34-3	单三相智能功率表、功率因数表	各1
7	D31	直流电压表、电流表	各1
8	D42	三相可调电阻器	1
9	DD01	电源控制屏	1

三、原理分析

1. 测量定子绕组的冷态直流电阻

将电动机在室内放置一段时间，用温度计测量电动机绕组端部或铁心的温度（与冷却介质温度之差应不超过2K）。记录此时的温度，测量定子绕组的直流电阻，此阻值即为冷态直流电阻。

2. 空载实验

空载实验测定电动机的空载电流和空载损耗功率。在电动机定子绕组上加上三相平衡额定电压，利用电动机空转来检查运行情况。空载实验应测量三相电压、三相电流及三相输入功率。空载实验需要进行 30min 以上，应注意实验过程中电流的变化。

3. 短路实验

三相异步电动机短路实验是用制动设备将电动机转子固定不转，将三相调压器的输出电压由零逐渐升高，当电流达到电动机的额定电流时停止升压。此时的电压称为短路电压。

四、任务实施

1. 测量定子绕组的冷态直流电阻

用伏安法测量定子绕组电阻，测量电路如图 4-15 所示。直流电源使用电源控制屏上的电枢电源，先调到 50V。开关 S_1、S_2 选用 D51 挂箱，R 选用 D42 挂箱上的 1800Ω 可调电阻。

量程的选择：测量时，电流应小于额定电流的 20%，约为 50mA，直流电流表的量程用 200mA 档。三相笼型异步电动机定子一相绕组的电阻约为 50Ω，当流过的电流为 50mA 时，两端电压约为 2.5V，所以直流电压表的量程用 20V 档。

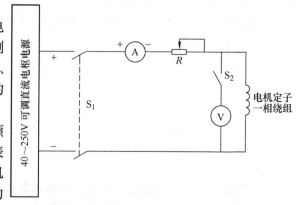

图 4-15 三相交流绕组电阻测量电路

按图 4-15 所示电路接线。把 R 调至最大位置，合上开关 S_1，调节直流电源及 R 阻值使试验电流不超过电动机额定电流的 20%，以防因试验电流过大而引起绕组的温度上升。读取电流值，再接通开关 S_2 读取电压值。读完后，先打开开关 S_2，再打开开关 S_1。

调节 R 使电流表读数分别为 50mA、40mA、30mA，测量 3 次，取其平均值，测量定子三相绕组（绕组Ⅰ、绕组Ⅱ、绕组Ⅲ）的电压值和电阻值，采集数据，填入表 4-3。

表 4-3 定子三相绕组的电压值和电阻值

	绕组Ⅰ			绕组Ⅱ			绕组Ⅲ		
I/mA									
U/V									
R/Ω									

2. 空载实验

1）按图 4-16 所示电路接线。电动机绕组为三角形联结（U_n = 220V），直接与测速发电机同轴连接，负载电动机不接。

2）把三相调压交流电源调至电压最小位置，接通电源，逐渐升高电压，使电动机起动旋转，观察电动机的旋转方向，并使电动机旋转方向符合要求（如果电动机旋转方向不符合要求而需要调整相序时，必须切断电源）。

3）保持电动机在额定电压下空载运行数分钟，使机械损耗达到稳定后进行试验。

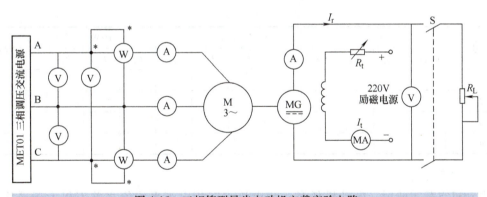

图 4-16 三相笼型异步电动机空载实验电路

4）调节电压，由 1.2 倍额定电压开始逐渐降低电压，直至电流或功率显著增大为止。在这范围内读取空载电压、空载电流、空载功率。

5）将测得的空载实验数据 U_{AB}、U_{BC}、U_{CA}、I_A、I_B、I_C、P_1、P_2 填入表 4-4 中。在额定电压附近多测几个点，共取数据 5 组。

表中空载电压 $U_{0L} = \dfrac{U_{AB}+U_{BC}+U_{CA}}{3}$，空载电流 $I_{0L} = \dfrac{I_A+I_B+I_C}{3}$，空载功率 $P_0 = P_1+P_2$，空载功率因数 $\cos\varphi_0 = \dfrac{P_0}{\sqrt{3}\,U_{0L}I_{0L}}$。

表 4-4 空载实验数据

序号	U/V				I/A				P/W			$\cos\varphi_0$
	U_{AB}	U_{BC}	U_{CA}	U_{0L}	I_A	I_B	I_C	I_{0L}	P_1	P_2	P_0	
1												
2												
3												
4												
5												

3. 短路实验

1）测量接线图同图 4-16，用制动工具把三相电动机堵住。

2）调压器退至零，接上交流电源，调节调压器使之逐渐升压到短路电流、到 1.2 倍额定电流，再逐渐降压至短路电流到额定电流的 30% 为止。

3）在这范围内读取 U_{AB}、U_{BC}、U_{CA}、I_A、I_B、I_C、P_1、P_2，填入表 4-5 中，共取数据 4 组。

表中短路电压 $U_{KL} = \dfrac{U_{AB}+U_{BC}+U_{CA}}{3}$，短路电流 $I_{KL} = \dfrac{I_A+I_B+I_C}{3}$，短路功率 $P_K = P_1+P_2$，短路功率因数 $\cos\varphi_K = \dfrac{P_K}{\sqrt{3}U_{KL}I_{KL}}$。

表 4-5 短路实验数据

序号	U/V				I/A				P/W			$\cos\varphi_K$
	U_{AB}	U_{BC}	U_{CA}	U_{KL}	I_A	I_B	I_C	I_{KL}	P_1	P_2	P_K	
1												
2												
3												
4												

五、注意事项

电动机空载实验时，电动机任意一相电流与三相电流平均值之差不得大于平均值的 10%。若超过 10%，必须查清楚原因。

六、报告要求

1）根据实验数据，作出空载特性曲线 $I_{0L}=f(U_{0L})$，$P_0=f(U_{0L})$。

2）根据实验数据，作出短路特性曲线 $I_{KL}=f(U_{KL})$，$P_K=f(U_{KL})$。

【习题四】

1. 电机和变压器常用的铁心材料为_____。

2. 直流电动机的电枢绕组的元件中的电动势和电流是_____的。（选填"直流""交流"）

3. 直流电动机电刷放置的原则是：_____。

4. 当三相异步电动机定子绕组接于 50Hz 的电源上作为电动机运行时，定子电流的频率为_____，定子绕组感应电动势的频率为_____，如果转差率为 s，此时转子绕组感应电动势的频率为_____，转子电流的频率为_____。

5. 一台三相八极异步电动机的电网频率为 50Hz，空载运行时转速为 735r/min，此时转差率为_____，转子电动势的频率为_____。当转差率为 0.04 时，转子的转速为_____，转子电动势的频率为_____。

6. 三相异步电动机转速为 n，定子旋转磁场的转速为 n_1，当 $n<n_1$ 时为_____运行状态；当 $n>n_1$ 时为_____运行状态；当 n 与 n_1 反向时，为_____运行状态。

7. 电机的磁路常采用什么材料制成？这种材料有哪些主要特性？

8. 在直流电动机中换向器—电刷的作用是什么？

9. 直流电动机电枢绕组为什么必须是闭合的？

10. 有一台三相异步电动机，其额定转速 $n=1400$r/min，电源频率 $f=50$Hz，求电动机的极对数和额定负载时的转差率 s。

项目五

半导体器件基础知识

半导体是导电能力介于导体和绝缘体之间的一种物体。半导体的导电能力会随温度、光照及所含杂质不同而显著变化。二极管和晶体管等半导体器件是构成电子电路的主要部件，它的特点是体积小、重量轻、使用寿命长、可靠性高等，在现代电子技术中得到了广泛的应用。本项目主要介绍PN结的原理，二极管、晶体管的结构和特性，扩展介绍一部分场效应晶体管的原理。

学习目标

1. 知识目标

1）了解半导体的基本知识和分类。
2）掌握PN结的形成过程和单向导电性。
3）掌握二极管的特性曲线和工作特点。
4）掌握晶体管的电流分配、放大作用和3种工作状态。
5）掌握场效应晶体管的原理和结构。
6）掌握二极管、晶体管的结构和分类。

2. 能力目标

1）能够根据已知条件分析晶体管的类型和工作状态。
2）能够进行二极管和晶体管的常见参数计算。
3）能够进行绝缘栅型场效应晶体管的特性曲线分析及参数计算。

课题一　PN结

一、半导体基本知识

在日常生活中，经常看到或用到各种各样的物体，它们的性质是各不相同的。有些物体，如金、银、铜、铁、锡、铝等，具有良好的导电性能，被称为导体。有些物体，如金刚石、琥珀、陶瓷、玻璃、橡胶和塑料等，不易导电，被称为绝缘体（或非导体）。还有一些物体，如锗、硅、砷化镓及大多数的金属氧化物和金属硫化物，它们既不像导体那样容易导电，也不像绝缘体那样不易导电，导电能力介于导体和绝缘体之间，被称为半导体。绝大多数半导体都是晶体，它们内部的原子都按照一定的规律排列着。因此，人们往往把半导体材料称为晶体，这也是晶体管名称的由来。与导体和绝缘体相比，半导体材料的发现是最晚的，直到20世纪30年代，当材料的提纯技术改进以后，半导体的存在才真正被学术界认可。

半导体的导电机理不同于其他物质，所以它具有以下不同于其他物质的特点。

1）**热敏性**：当受外界热的作用时，导电能力明显变化的特性。利用热敏性，半导体通常可以做成热敏元件，如热敏电阻等。

2）**光敏性**：当受外界光的作用时，导电能力明显变化的特性。利用光敏性，半导体可以做成光电二极管、光敏电阻等。

3）**掺杂性**：往纯净的半导体中掺入某些杂质，会使它的导电能力明显改变。利用掺杂性，半导体可以做成二极管、晶体管和场效应晶体管等。

半导体材料一般可以分为本征半导体和杂质半导体两类。

1. 本征半导体

完全纯净的、结构完整的半导体晶体称为本征半导体。它在物理结构上呈单晶体形态。

最常用的本征半导体是硅和锗。在硅和锗晶体中，每个原子都处在正四面体的中心，而4个其他原子位于四面体的顶点，每个原子与其相邻的原子之间形成共价键，共用一对价电子，如图5-1所示。

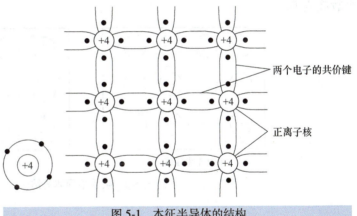

图 5-1 本征半导体的结构

受温度、光照等环境因素的影响，半导体共价键中的价电子获得足够的能量而挣脱共价键的束缚，成为自由电子的现象，称为本征激发（热激发）。在原来共价键的相应位置上就留下了一个空位，这个空位称为空穴。显然，本征半导体中，自由电子和空穴是成对出现的（它们的数量总是相等的），称为电子—空穴对。

空穴容易吸引相邻原子的价电子来填补，电子离开后所留下的空位吸引相邻的价电子，使相邻原子中又出现空穴，而这个新出现的空穴，又会吸引别的电子去填充。电子这样不断地填充空穴，就使空穴的位置不断地在原子间转移。空穴的转移，实际上也是电子（电荷）的运动，所以就形成了电流，称为空穴流。而原来失去的电子，在晶体中运动，形成了电子流。由于空穴和电子都带有电荷，它们的运动都形成电流，所以统称为载流子。形成的电子流和空穴流，两者之和是总的电流。

如果没有外界电场作用，电子和空穴的这种运动是杂乱无章的，电子流和空穴流方向也是不定的，结果互相抵消，没有净电流出现。在电场作用下，这种半导体两端就出现电压，电子向正端方向运动,空穴向负端方向运动,形成了定向电流,半导体内就产生了电流。

本征半导体因电场作用而产生的导电现象称为本征导电。本征半导体的导电能力取决于载流子的浓度。温度越高,载流子的浓度越高,因此本征半导体的导电能力越强。温度是影响半导体性能的一个重要的外部因素,这是半导体的一大特点。

2. 杂质半导体

在本征半导体中掺入微量的杂质形成的半导体称为杂质半导体。根据掺杂元素的性质,杂质半导体分为P型(空穴型)半导体和N型(电子型)半导体。由于掺杂元素的影响,半导体的导电性能发生显著的改变。

1) P型半导体:在本征半导体中掺入微量三价元素的杂质形成的半导体,如图5-2a所示。常用的三价元素的杂质有硼、铟等。P型半导体在产生空穴的同时,并不产生新的自由电子,所以控制掺杂的浓度便可控制空穴的数量。在P型半导体中,空穴的浓度远大于自由电子的浓度,称为多数载流子,简称多子;自由电子为少数载流子,简称少子。

2) N型半导体:在本征半导体中掺入微量五价元素的杂质形成的半导体,如图5-2b所示。常用的五价元素的杂质有磷、砷和锑等。因为五价元素的杂质在半导体中能够产生多余的电子,故称为施主杂质或N型杂质。在N型半导体中,自由电子为多数载流子,空穴为少数载流子。

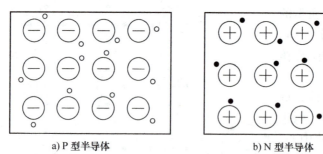

a) P型半导体　　　b) N型半导体

图5-2　杂质半导体的结构

二、PN结

1. PN结的形成

在同一片半导体基片上,分别制造P型半导体和N型半导体,经过载流子的扩散,在它们的交界面处就形成了PN结。电子和空穴带有相反的电荷,它们在扩散过程中要产生中和,结果使P区和N区中原来的电中性被破坏。P区失去空穴留下带负电的离子,N区失去电子留下带正电的离子,这些离子因物质结构的关系不能移动,称为空间电荷。它们集中在P区和N区的交界面附近,形成了一个很薄的空间电荷区,这就是PN结,如图5-3所示。

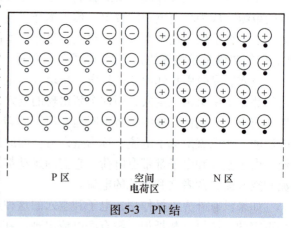

图5-3　PN结

在这个区域内，多数载流子或已扩散到对方区，或被对方区扩散过来的多数载流子（到了本区域后即成为少数载流子了）复合掉了，即多数载流子被消耗尽了，所以又称此区域为耗尽层。它的电阻率很高，为高电阻区。

P 区一侧呈现负电荷，N 区一侧呈现正电荷，因此空间电荷区出现了方向由 N 区指向 P 区的电场。由于这个电场是载流子扩散运动形成的，而不是外加电压形成的，故称为内电场。内电场是由多子的扩散运动引起的，伴随着它的建立，将带来两方面的影响：一是内电场将阻碍多子的扩散，二是 P 区和 N 区的少子一旦靠近 PN 结，便在内电场的作用下漂移到对方区，使空间电荷区变窄。

综上所述，PN 结中存在着两种载流子的运动：一种是多子克服电场阻力的扩散运动，另一种是少子在内电场的作用下产生的漂移运动。因此，只有当扩散运动与漂移运动达到动态平衡时，空间电荷区的宽度和内建电场才能相对稳定。

扩散运动使空间电荷区加宽，内电场增强，有利于少子的漂移而不利于多子的扩散；漂移运动使空间电荷区变窄，内电场减弱，有利于多子的扩散而不利于少子的漂移。当扩散运动和漂移运动达到动态平衡时，交界面形成稳定的空间电荷区，即 PN 结处于动态平衡。

2. PN 结的单向导电性

当外加电压使 PN 结中 P 区的电位高于 N 区的电位时，称为加正向电压，简称正偏；反之，称为加反向电压，简称反偏。

（1）PN 结加正向电压 PN 结加正向电压时，呈现低电阻，具有较大的正向扩散电流，PN 结导通。其示意图如图 5-4 所示。此时，外加电压在阻挡层内形成的电场（简称为外电场）与内建电场（简称为内电场）方向相反，空间电荷区两端电压变小，这样就打破了原有的动态平衡状态，扩散运动多于漂移运动，有电流从 P 区流向 N 区，即多子的扩散电流（包括电子扩散电流和空穴扩散电流）形成正向电流。加正向电压使 P 区中的多数载流子（空穴）和 N 区中的多数载流子（电子）都要向空间电荷区运动。当 P 区的空穴和 N 区的电子进入空间电荷区后，就要分别中和一部分负离子和正离子，使空间电荷量减少，空间电荷区宽度变窄。

（2）PN 结加反向电压 PN 结加反向电压时，呈现高电阻，具有很小的反向漂移电流，PN 结截止。其示意图如图 5-5 所示。此时，外加电压在阻挡层内形成的电场与内建电场方

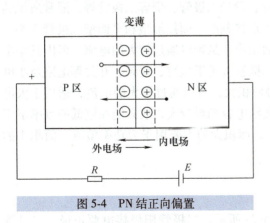

图 5-4　PN 结正向偏置

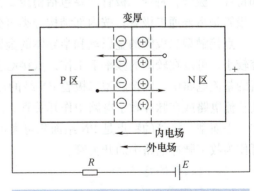

图 5-5　PN 结反向偏置

向相同,空间电荷区两端电压变大,打破了原有的动态平衡状态,漂移运动多于扩散运动,少子的漂移电流(包括电子漂移电流和空穴漂移电流)形成反向电流,电流从 N 区流向 P 区,由于常温下少子的数量很少,所以反向电流很小。与正向偏置情况相反,空间电荷区变厚。当外加电压在一定范围内变化时,它几乎不随外加电压的变化而变化,因此反向电流又称为反向饱和电流。当反向电流可以忽略时,就可认为 PN 结处于截止状态。

综上所述,PN 结加正向电压(正偏)时导通,加反向电压(反偏)时截止。这个特性称为 PN 结的单向导电性。

课题二　二极管

一、二极管的外形、结构与符号

二极管是由半导体制成的。二极管是有一个 PN 结构的半导体器件,将一个 PN 结加上两条电极引线做成管芯,并用管壳封装而成。它的外形、内部结构和图形符号如图 5-6 所示。

二极管

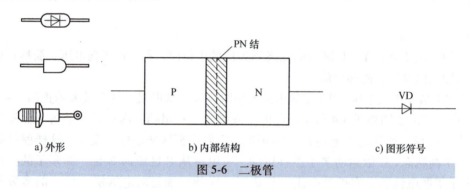

图 5-6　二极管

二极管由 P 型半导体一侧引出的引脚称为阳极,在二极管图形符号中体现为三角形一端。二极管由 N 型半导体一侧引出的引脚称为阴极,在二极管图形符号中体现为短竖线一端。

半导体按所用半导体材料分类可分为硅二极管和锗二极管,它们的正向导通电压(PN 结电压)差别较大,锗管为 0.2~0.3V,硅管为 0.6~0.7V;按用途分类可分为普通二极管和特殊二极管,特殊二极管主要包括稳压二极管、发光二极管、变容二极管等,通常所说的二极管是指普通二极管;按内部结构分类可分为点接触型、面接触型和平面型二极管 3 类。

点接触型二极管的金属丝和半导体的金属面很小,虽难以通过较大的电流,但因其结电容较小,可以在较高的频率下工作;点接触型二极管可用于检波、变频、开关等电路及小电流的整流电路中。面接触型二极管 PN 结的接触面积大,可以通过较大的电流,适用于大电流整流电路或在脉冲数字电路中作开关管,因其结电容相对较大,故只能在较低的频率下工作。平面型二极管的特点是 PN 结面积可大可小,面积大的主要用于大功率整流,面积小的可作为数字脉冲电路中的开关管。

二、二极管的特性曲线

1. 正向偏置与导通状态

二极管正向电流、电压关系实验电路如图 5-7a 所示,二极管阳极接电源正极,二极管阴极接电源负极，二极管处于正向偏置状态，根据 PN 结的单向导电性可知，二极管内的 PN 结呈导通状态，电路中灯泡处于亮灯状态。下面具体分析导通过程。

调节串联滑动变阻器 RP 电阻大小，二极管在不同电压下具有不同的电阻值，记录每个电压下对应的电流值，从而描绘成曲线，即得到如图 5-7b 所示的二极管正向电流、电压关系特性曲线。

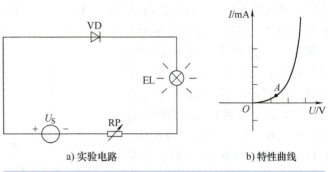

图 5-7 二极管正向电流、电压关系

1) 二极管 VD 两端正向电压小于 0.5V 时，电路中几乎没有电流，对应的电压称为二极管的死区电压或阈值电压。死区电压的大小与二极管的材料及温度等因素有关。在室温情况下，硅管的死区电压约为 0.5V，锗管的约为 0.2V。

2) 当二极管两端正向电压大于 0.5V（图 5-7b 中 A 点）后，二极管呈现电阻很小，电路中电流迅速增大，二极管正向导通。

3) 随着二极管电流增大，二极管两端电压维持在 0.6~0.7V 不再增大（硅管为 0.6~0.7V，锗管为 0.2~0.3V）。

2. 反向偏置与截止状态

二极管反向电流、电压关系实验电路如图 5-8a 所示，二极管阳极接电源负极，二极管阴极接电源正极，二极管反向偏置。根据 PN 结的单向导电性可知，二极管内的 PN 结呈截止状态，电路中灯泡处于灭灯状态。下面具体分析截止过程。

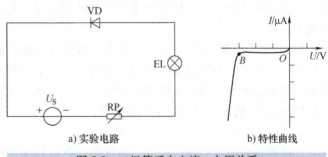

图 5-8 二极管反向电流、电压关系

调节串联滑动变阻器 RP 电阻大小，即使二极管两端反向电压较高时，电路中仍然几乎没有电流，当二极管两端反向电压达到足够大时（各种二极管数值不同），二极管会突然导通，并造成二极管的永久损坏。记录每个电压下对应的电流值，从而描绘成曲线，即得到图 5-8b 所示的二极管反向电流、电压关系特性曲线。

1) 二极管加反向电压时，当反向电压不超过一定范围，反向电流十分微小并且不会随电压增大而变化。这个电流称为反向饱和电流，通常可以忽略不计。

2) 当反向电压增加到一定数值（图 5-8b 中 B 点）时，反向电流将急剧增大，称为反向击穿。此时，二极管失去单向导电性，二极管损坏，这种状态是不可逆的。此时的电压称为反向击穿电压。

综上所述，二极管具有正向电压导通、反向电压截止的特性，同 PN 结相同。这个特性称为二极管的单向导电性。

二极管的导通与截止两个状态，可以用理想开关的闭合与断开两个状态来模拟，但要注意它们之间的差异。二极管正向导通时，相当于开关闭合；二极管反向截止时，相当于开关断开。但是二极管不能简单地用开关模拟，一是因为二极管的"开关"特性具有方向性，即是单向导通的，在理想开关中这是不存在的；二是正向导通的二极管两端存在一个工作压降，对硅管为 0.6 ~ 0.7V，对锗管为 0.2 ~ 0.3V；三是反向截止的二极管有反向漏电流存在，该电流因数值较小（μA 数量级）常忽略不计。用开关模拟二极管工作示意图如图 5-9 所示。

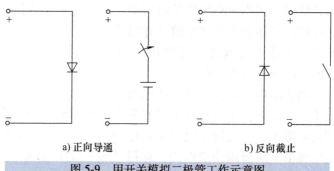

a) 正向导通　　　　b) 反向截止

图 5-9　用开关模拟二极管工作示意图

3. 二极管的主要参数

二极管的参数是选择和使用二极管的依据，其主要参数有以下几个。

1) 最大整流电流 I_F：指二极管长期使用时，允许流过二极管的最大正向电流。在规定的散热条件下，二极管的正向平均电流不能超过最大整流电流。

2) 最大反向工作电压 U_{RM}：指保证二极管不被击穿所允许施加的最大反向电压。若超过此值，二极管可能会被击穿。通常 U_{RM} 的数值为反向击穿电压 U_{BR} 的一半。

3) 最大反向电流 I_{RM}：指二极管在常温下加最大反向工作电压 U_{RM} 而未击穿时的反向电流。反向电流越小，二极管的单向导电性能越好。它受温度影响很大，温度越高，电流数值越大。

4) 最高工作频率 f_M：指允许加在二极管两端的交流电压最高频率。由于 PN 结有结电容存在，当工作频率超过某一值时，它的单向导电性将变差。f_M 主要取决于 PN 结结电容的大小。结电容越大，最高工作频率越低。点接触式二极管的 f_M 值较高，大于 100MHz；整流二极管的 f_M 较低，一般不高于几千赫兹。

4. 温度对二极管伏安特性的影响

二极管是对温度敏感的器件，温度的变化对其伏安特性的影响主要表现为：随着温度的升高，其正向特性曲线左移，即正向压降减小；反向特性曲线下移，即反向电流增大。一般在室温附近，温度每升高 1℃，其正向压降减小 2 ~ 2.5mV；温度每升高 10℃，反向电流大约增大 1 倍。

综上所述，二极管的伏安特性具有以下特点：

1) 二极管的伏安特性具有非线性。

2) 二极管的伏安特性与温度有关。

三、特殊二极管

1. 稳压二极管

稳压二极管是一种特殊的面接触型硅二极管，是利用 PN 结反向击穿特性所表现出的稳压性能制成的器件。稳压二极管也称为齐纳二极管或反向击穿二极管，在电路中起稳定电压作用。其击穿后的特性曲线很陡，这说明流过稳压二极管的反向电流在很大范围内（从几毫安到几十甚至上百毫安）变化时，稳压二极管两端的电压基本不变。使用稳压二极管对电路进行稳压，正是利用了这一特性。稳压二极管的反向击穿是可逆的，这与一般二极管不一样。只要去掉反向电压，稳压二极管就会恢复正常。它既具有普通二极管的单向导电特性，又可工作于反向击穿状态。在反向电压较低时，稳压二极管截止；当反向电压达到一定数值时，反向电流突然增大，稳压二极管进入击穿区，此时即使反向电流在很大范围内变化，稳压二极管两端的反向电压也能保持基本不变。若反向电流增大到一定数值，稳压二极管会被彻底击穿而损坏。

由于硅管的热稳定性比锗管好，所以稳压二极管一般都是硅管，称为硅稳压管。稳压二极管的伏安特性曲线和图形符号如图 5-10 所示。

图 5-10 中主要包括以下几个主要参数：

1）稳定电压 U_Z：即 PN 结的击穿电压，它随工作电流和温度的不同而略有变化。

2）稳定电流 I_Z：稳压二极管工作时的参考电流值，它的工作范围是 $I_{ZK} \sim I_{ZM}$。

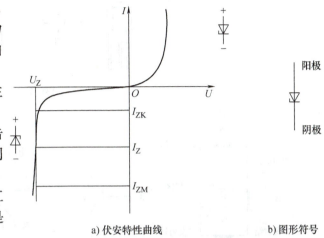

a) 伏安特性曲线　　　　b) 图形符号

图 5-10　稳压二极管的伏安特性曲线和图形符号

稳压二极管的最主要的用途是稳定电压。在要求精度不高、电流变化范围不大的情况下，可选用与需要的稳压值最为接近的稳压二极管直接与负载并联。在稳压、稳流电源系统中一般用于构成基准电源，也可在集成运放中用于平移直流电平。其缺点是噪声系数较高，稳定性较差。

2. 发光二极管

发光二极管（LED）是一种由磷化镓（GaP）等半导体材料制成的、能直接将电能转变成光能的发光显示器件。当其内部有电流通过时，它就会发光。图 5-11 是发光二极管的图形符号。

图 5-11　发光二极管的图形符号

发光二极管与普通二极管一样是由 PN 结构成的，也具有单向导电性。它广泛应用于各种电子电路、家电、仪表等设备中，作电源指示或电平指示。普通发光二极管具有体积小、工作电压低、工作电流小、发光均匀稳定、响应速度快、使用寿命长等优点，可用各种直流、交流、脉冲等电源驱动。

课题三　晶体管

一、晶体管的结构和分类

晶体管的外形、内部结构示意图和图形符号如图 5-12 所示。图形符号中的箭头方向表示发射结正向偏置时的电流方向。晶体管分为 NPN 型管和 PNP 型管两种。为了收集载流子以及便于散热，要求集电结面积较大，发射区多数载流子的浓度比集电区大，因此使用时集电极与发射极不能互换。

NPN 型晶体管发射极电极（符号箭头向外）形象地指出发射极电流的流动方向是由管内流向管外，而基极电流和集电极电流是流入管内的；PNP 型晶体管的情况正好相反（符

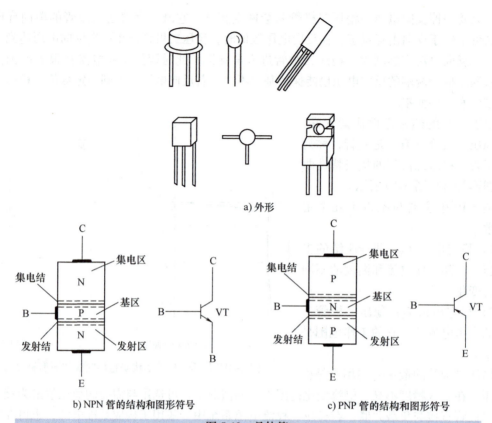

图 5-12 晶体管

号箭头向内），电流由发射极流入，由集电极和基极流出。

二、晶体管的电流分配和放大原理

晶体管放大作用实验电路如图 5-13 所示，为共发射极放大电路，发射极作为公共端接地。根据串联电路电阻分压原理，可知 $U_{CC} > U_{BB}$。

在基极回路电源 U_{BB} 的作用下，发射结正向偏置（即基极电位高于发射极电位）。

在集电极回路电源 U_{CC} 的作用下，集电结反向偏置（即集电极电位高于基极电位）。

调节电阻 RP，观察基极电流 I_B、集电极电流 I_C 和发射极电流 I_E，并将其数据填入表格内，得到实验数据，见表 5-1。

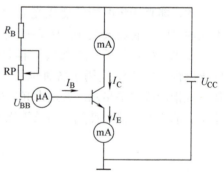

图 5-13 晶体管的放大作用实验电路

表 5-1 实验数据

I_B/mA	0	0.02	0.04	0.06	0.08	0.10
I_C/mA	<0.01	0.70	1.50	2.30	3.10	3.95
I_E/mA	<0.01	0.72	1.54	2.36	3.18	4.05

根据实验数据分析可知：

1）I_B 变化（增大或减小），I_C 和 I_E 都会随之相应地变化（增大或减小）。

2）$I_E = I_B + I_C = (1+\beta)I_B$，且 $I_C \gg I_B$。

3）I_C 和 I_E 的比值基本为一个常数，称为晶体管的电流放大系数，用字母 β 表示。

$$\beta = \frac{I_C}{I_B} \text{ 或 } I_C = \beta I_B \tag{5-1}$$

4）发射结电压在 0.5V 以下时，$I_C \approx I_E \approx 0$，这种情况下晶体管处于截止状态。

5）基极电流 I_B 增加到一定数值时，集电极电流 I_C 基本不随基极电流 I_B 增大而增大。这种情况下晶体管处于饱和状态。

结合分析得出实验结论：当调节电位器 RP 使 I_B 有一个微小变化时，会引起 I_C 较大的变化，这表明基极电流 I_B（小电流）控制着集电极电流 I_C（大电流），所以晶体管是一个电流控制器件，这种现象称为晶体管的电流放大现象。

三、晶体管的特性曲线

晶体管的特性曲线能反映晶体管的性能，是分析放大电路的重要依据。晶体管的特性曲线分为输入特性曲线和输出特性曲线。下面以共发射极放大电路为例来介绍晶体管的特性曲线。

1. 输入特性曲线

输入特性是指当集电极与发射极之间的电压 U_{CE} 为某一常数时，输入回路中加在晶体管基极与发射极之间的电压 u_{BE} 与基极电流 i_B 之间的关系曲线，如图 5-14 所示。

当 U_{CE} 等于零时，集电极与发射极短接，晶体管相当于两个二极管并联，U_{BE} 为加在并联二极管上的正向电压，所以晶体管的输入特性曲线与二极管伏安特性曲线的正向特性相似。

由图 5-14 可知，晶体管的输入特性中存在死区电压，只有发射结外加电压大于死区电压时，晶体管才会产生基极电流。硅管的死区电压为 0.5~0.7V，锗管的死区电压为 0.1~0.3V。

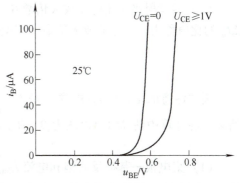

图 5-14　晶体管输入特性曲线

2. 输出特性曲线

（1）截止区　一般将 $I_B \leq 0$ 的区域称为截止区，在图 5-15 所示输出特性曲线中为 $I_B = 0$ 的一条曲线的以下部分。此时 I_C 近似为零。由于各极电流都基本上等于零，因而此时晶体管没有放大作用。其实 $I_B = 0$ 时，I_C 并不等于零，而是等于穿透电流 I_{CEO}。当发射结反向偏置时，发射区不再向基区注入电子，则晶体管处于截止状态。所以发射结反偏，集电结反向偏置。

（2）放大区　处于放大区时发射结正向偏置，集电结反向偏置。放大区在输出特性曲线上是比较平坦的部分，表示当 I_B 一定时，I_C 的值基本上不随 U_{CE} 变化。在这个区域内，当基极电流发生微小的变化量 ΔI_B 时，相应的集电极电流将产生较大的变化量 ΔI_C，体现了晶体管的电流放大作用。I_C 与 I_B 成正比关系。

（3）饱和区　靠近纵轴附近，各条输出特性曲线的上升部分属于饱和区。在这个区域，

不同 I_B 值的各条特性曲线几乎重叠在一起，即当 U_{CE} 较小时，晶体管的集电极电流 I_C 基本上不随基极电流 I_B 变化，这种现象称为饱和。发射结和集电结均处于正向偏置。晶体管失去放大作用，I_C 处于饱和状态。U_{CEO} 称为晶体管的饱和压降，此值很小，约为 0.3V。

（4）击穿区　当 I_C 大于某一值后，U_{CEO} 开始剧增，这个现象称为一次击穿。一次击穿过程是可逆的。

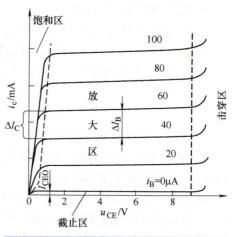

图 5-15　晶体管输出特性曲线

四、晶体管的主要参数

1. 电流放大倍数

（1）共发射极直流电流放大倍数 $\bar{\beta}$　静态时，集电极电流 I_C 与基极电流 I_B 的比值称为共发射极静态电流放大倍数，即直流电流放大倍数。

$$\bar{\beta} = \frac{I_C}{I_B} \tag{5-2}$$

（2）共发射极交流电流放大倍数 β　动态时，集电极电流变化量 ΔI_C 与基极电流变化量 ΔI_B 的比值称为动态电流放大倍数，即交流电流放大倍数。

$$\beta = \frac{\Delta I_C}{\Delta I_B} \tag{5-3}$$

需要注意的是，$\bar{\beta}$ 和 β 的含义是不同的，但是实验中发现，这两个数据的值非常接近，所以，在计算中估算时可以认为 $\bar{\beta} = \beta$。

2. 极间反向电流

（1）集电极—基极反向饱和电流 I_{CBO}　I_{CBO} 是晶体管的发射极开路时，集电极和基极间的反向漏电流，又称为反向饱和电流。小功率硅管的 $I_{CBO} < 1\mu A$，锗管的 I_{CBO} 约为 $10\mu A$。

（2）集电极—发射极穿透电流 I_{CEO}　I_{CEO} 为基极开路时，由集电区穿过基区流入发射区的穿透电流，它是 I_{CBO} 的 $(1+\bar{\beta})$ 倍，即

$$I_{CEO} = (1 + \bar{\beta})I_{CBO} \tag{5-4}$$

而集电极电流 I_C 为

$$I_C = \bar{\beta} I_B + I_{CEO} \tag{5-5}$$

I_{CEO} 是衡量晶体管质量好坏的重要参数，其值越小越好。

3. 极限参数

（1）集电极最大允许电流 I_{CM}　指当 β 值下降到正常值的 2/3 时的集电极电流。使用时，若 $I_C > I_{CM}$，晶体管并不一定会损坏，但 β 值将降低。

（2）集电极—发射极反向击穿电压 $U_{(BR)CEO}$　指基极开路时，加于集电极与发射极间的反向击穿电压，一般为几十伏至几百伏以上。

（3）发射极—基极反向击穿电压 $U_{(BR)EBO}$　指集电极开路时，允许加在发射极—基极之

间的最高反向电压,一般为几伏至几十伏。

(4) 集电极最大允许功耗 P_{CM} 集电极电流在流经集电结时将产生热量,从而引起晶体管参数变化。当晶体管受热引起参数变化不超过允许值时,集电极所消耗的最大功率称为集电极最大允许功耗 P_{CM}。

$$P_{CM} = I_C U_{CE} \tag{5-6}$$

课题四 场效应晶体管

一、场效应晶体管的结构

场效应晶体管(Field Effect Transistor,FET)简称场效应管。一般的晶体管是由两种极性的载流子(即多数载流子和反极性的少数载流子)参与导电,因此称为双极型晶体管,而 FET 仅是由多数载流子参与导电,也称为单极型晶体管。场效应晶体管可分为结型场效应晶体管(JFET)和绝缘栅型场效应晶体管(MOS 管)两种。

按沟道半导体材料的不同,结型和绝缘栅型场效应晶体管可分为 N 沟道和 P 沟道两种;按导电方式分,场效应晶体管可分为耗尽型与增强型,在正常情况下导通的称为耗尽型场效应晶体管,正常情况下断开的称为增强型场效应晶体管。结型场效应晶体管均为耗尽型,绝缘栅型场效应晶体管既有耗尽型的,也有增强型的。由于 MOS 管使用更广泛,发展更快,所以本课题只介绍 MOS 管。

1. N 沟道增强型 MOS 管的结构

MOS 管以一块掺杂浓度较低的 P 型硅片做衬底,在衬底上通过扩散工艺形成两个高掺杂的 N 型区,并引出两个极作为源极(S)和漏极(D);在 P 型硅表面制作一层很薄的二氧化硅(SiO$_2$)绝缘层,在二氧化硅表面再喷上一层金属铝,引出栅极(G)。这种场效应晶体管栅极、源极、漏极之间都是绝缘的,所以称为绝缘栅场效应晶体管。其结构如图 5-16 所示。

增强型 MOS 管的图形符号如图 5-17a、b 所示,箭头方向表示沟道类型,箭头指向管内表示为 N 沟道 MOS 管(图 5-17a),否则为 P 沟道 MOS 管(图 5-17b)。

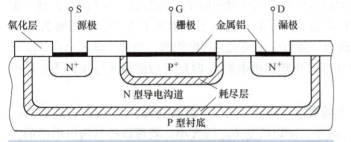

图 5-16 增强型 MOS 管的结构

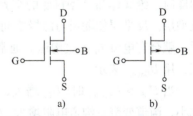

图 5-17 增强型 MOS 管的图形符号

2. N 沟道耗尽型 MOS 管的结构

N 沟道耗尽型 MOS 管的结构如图 5-18a 所示,图形符号如图 5-18b 所示。同理,如果是 P 沟道,则将图形符号中的箭头改为向右即可。

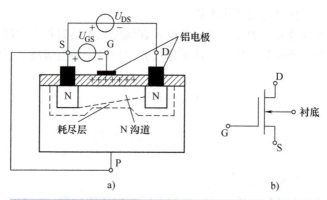

图 5-18　N 沟道耗尽型 MOS 管的结构和图形符号

二、MOS 管的工作原理

1. N 沟道增强型 MOS 管的工作原理

图 5-19a 是 N 沟道增强型 MOS 管的工作原理示意图，图 5-19b 是相应的电路。工作时，栅极与源极之间加正向电源电压 U_{GS}，漏极与源极之间加正向电源电压 U_{DS}，并且源极与衬底连接，衬底是电路中最低的电位点。

当 $U_{GS}=0$ 时，漏极与源极之间没有原始的导电沟道，漏极电流 $I_D=0$。这是因为当 $U_{GS}=0$ 时，漏极与衬底以及源极之间形成了两个反向串联的 PN 结，当 U_{DS} 加正向电压时，漏极与衬底之间的 PN 结反向偏置的缘故。

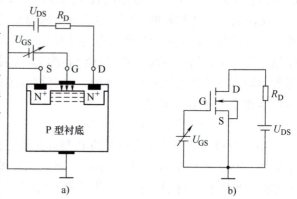

图 5-19　N 沟道增强型 MOS 管的工作原理和电路

当 $U_{GS}>0$ 时，栅极与衬底之间产生了一个垂直于半导体表面、由栅极（G）指向衬底的电场。这个电场的作用是排斥 P 型衬底中的空穴而吸引电子到表面层。当 U_{GS} 增大到一定程度时，绝缘体和 P 型衬底的交界面附近积累了较多的电子，形成了 N 型薄层，称为 N 型反型层。反型层使漏极与源极之间成为一条由电子构成的导电沟道，当加上漏源电压 U_{GS} 之后，就会有电流 I_D 流过沟道。通常将刚刚出现漏极电流 I_D 时所对应的栅源电压称为开启电压，用 $U_{GS(th)}$ 表示。

当 $U_{GS}>U_{GS(th)}$ 时，U_{GS} 增大，电场增强，沟道变宽，沟道电阻减小，I_D 增大；反之，U_{GS} 减小，沟道变窄，沟道电阻增大，I_D 减小。所以改变 U_{GS} 的大小，就可以控制沟道电阻的大小，从而控制电流 I_D 的大小。随着 U_{GS} 的增强，导电性能也跟着增强，故称为增强型。

2. N 沟道耗尽型 MOS 管的工作原理

N 沟道耗尽型 MOS 管在制造时，在二氧化硅绝缘层中掺入了大量的正离子，由于这些正离子的存在，使得 $U_{GS}=0$ 时，就有垂直电场进入半导体，并吸引自由电子到半导体的表层而形成 N 型导电沟道。

如果在栅极与源极之间加负电压，U_{GS} 所产生的外电场就会削弱正离子所产生的电场，使沟道变窄，电流 I_D 减小；反之，电流 I_D 增加。故这种 MOS 管的栅源电压 U_{GS} 可以是正的，也可以是负的。改变 U_{GS}，就可以改变沟道的宽窄，从而控制漏极电流 I_D。

三、特性曲线

1. N 沟道增强型 MOS 管的特性曲线

（1）转移特性曲线

$$I_D = f(U_{GS}) \tag{5-7}$$

式中，U_{GS} 为常数。

由图 5-20 所示的转移特性曲线可见，当 $U_{GS} < U_{GS(th)}$ 时，导电沟道没有形成，$I_D = 0$。当 $U_{GS} \geq U_{GS(th)}$ 时，开始形成导电沟道，并随着 U_{GS} 的增大，导电沟道变宽，沟道电阻变小，电流 I_D 增大。

（2）输出特性曲线

$$I_D = f(U_{DS}) \tag{5-8}$$

式中，U_{DS} 为常数。

图 5-21 所示为输出特性曲线，分为可变电阻区、恒流区（放大区）和截止区。可变电阻区是输出特性曲线的最左侧部分。在这个区域，U_{DS} 较小，沟道尚未夹断，I_D 随 U_{DS} 的增大而线性增大。此时，MOS 管近似一个线性电阻，所以这个区域称为可变电阻区。

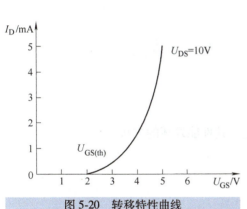

图 5-20 转移特性曲线

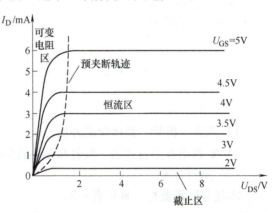

图 5-21 输出特性曲线

恒流区又称为线性放大区，是输出特性曲线的中间部分。在这个区域，沟道预夹断，I_D 基本上不随 U_{DS} 发生变化。因此使用 MOS 管放大电路时，应工作在恒流区。

截止区又称为夹断区，是输出特性曲线下面的部分。在这个区域，沟道完全夹断，$I_D = 0$。

2. N 沟道耗尽型 MOS 管的特性曲线

（1）转移特性曲线　N 沟道耗尽型 MOS 管的转移特性曲线如图 5-22 所示。从图中可以看出，这种 MOS 管可正可负，且栅源电压 U_{GS} 为零时，灵活性较大。

当 $U_{GS} = 0$ 时，靠绝缘层中正离子在 P 型衬底中感应出足够的电子，而形成 N 型导电沟道。

当 $U_{GS} > 0$ 时，垂直电场增强，导电沟道变宽，电流 I_D 增大。

当 $U_{GS} < 0$ 时,垂直电场减弱,导电沟道变窄,电流 I_D 减小。
当 $U_{GS} = U_{GS(th)}$ 时,导电沟道全夹断,$I_D = 0$。

(2)输出特性曲线 N 沟道耗尽型 MOS 管的输出特性曲线如图 5-23 所示,曲线可分为可变电阻区、恒流区(放大区)和截止区。

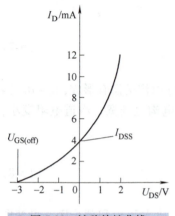

图 5-22 转移特性曲线

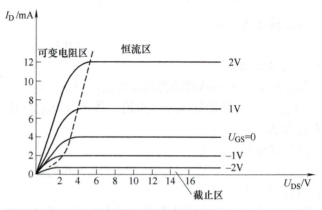

图 5-23 输出特性曲线

任务五 二极管和晶体管的识别与检测

一、任务目标
1)熟悉二极管、晶体管的外形。
2)掌握用万用表判别二极管和晶体管的极性及其性能好坏的方法。

二、器材工具
本任务所需器材工具见表 5-2。

表 5-2 器材工具

序号	名称	型号与规格	数量
1	万用表	VC890D	1
2	二极管	不同类型	若干
3	晶体管	不同类型	若干

三、原理分析
二极管原理详见本项目课题二,晶体管原理详见本项目课题三,这里不再赘述。

四、任务实施
1. 用万用表测试二极管

(1)鉴别正、负极性 将万用表电阻档的量程拨到 $R \times 100$ 或 $R \times 1k$ 档,并将两支表笔分别接到二极管的两端,如图 5-24 所示,即红表笔接二极管负极、黑表笔接二极管正极,则二极管处于正向偏置状态，因而呈现出低电阻，万用表指示的电阻通常小于几千欧。反之，若将红表笔接二极管的正极、黑表笔接二极管的负极，则二极管被反向偏置，万用表指示的电阻值将达几百千欧。

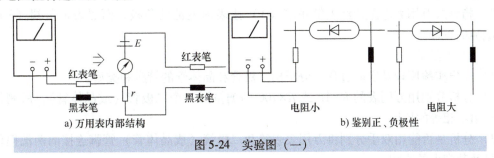

图 5-24 实验图（一）

（2）测试性能　将万用表的黑表笔接二极管正极、红表笔接二极管负极，可测得二极管的正向电阻，此电阻值一般在几千欧以下。通常要求二极管的正向电阻越小越好。将红表笔接二极管正极、黑表笔接二极管负极，可测出反向电阻。一般要求二极管的反向电阻大于 $200k\Omega$。

若反向电阻太小，则二极管失去单向导电作用。如果正、反向电阻都为无穷大，表明二极管已开路；反之，两者都为零，表明二极管短路。

2. 利用万用表测试小功率晶体管

（1）判定基极和晶体管类型　由于基极与发射极、基极与集电极之间分别是两个 PN 结，而 PN 结的反向电阻值很大，正向电阻值很小，因此，可用万用表的 $R \times 100$ 或 $R \times 1k$ 档进行测试。先将黑表笔接晶体管的某一极，然后将红表笔先后接其余两个极，若两次测得的电阻都很小，则黑表笔接的是 NPN 型晶体管的基极，如图 5-25 所示。若测得电阻都很大，则黑表笔所接的是 PNP 型晶体管的基极。若两次测得的阻值为一大一小，则黑表笔所接的电极不是晶体管的基极，应另接一个电极重新测量，以便确定基极。

（2）判断集电极和发射极　判断集电极和发射极的基本原理是把晶体管接成基本单管放大电路，利用测得的晶体管电流放大系数 β 值的大小来判定集电极和发射极。以 NPN 型晶体管为例，如图 5-26 所示。基极确定以后，用万用表两支表笔分别接另外两个极，用 $100k\Omega$ 的电阻一端接基极、一端接黑表笔，若万用表指针偏转较大，则黑表笔所接的一端为集电极，红表笔接的是发射极。也可用手捏住基极与黑表笔（不能使两者相碰），以人体电阻代替 $100k\Omega$ 电阻。

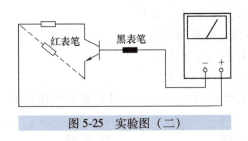

图 5-25 实验图（二）

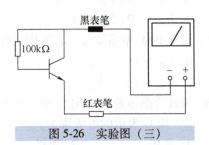

图 5-26 实验图（三）

五、注意事项

1）使用万用表对器件进行检测时，一般应使用该表的 $R \times 1k$ 或 $R \times 100$ 档，用其他档位会造成晶体管损坏。

2）指针式万用表电阻档红表笔正端（+）按表内电池的负极，而黑表笔负端（-）接表内电池的正极。

六、报告要求

1）写出实验原理及实验过程，分析出二极管和晶体管的管脚和类型。

2）分析分别用万用表的 $R \times 1k$ 或 $R \times 100$ 档测量同一个二极管（或晶体管），所测得的正向电阻不相等的原因。

3）分析是否能用双手分别将万用表表笔和二极管（或晶体管）管脚连接的两端捏住进行测量及其产生的影响。

【习题五】

1. 半导体导电的载流子是_____，金属导电的载流子是_____。
   A. 电子　　　　B. 空穴　　　　C. 电子和空穴　　　　D. 原子核

2. 在纯净半导体中掺入微量三价元素形成的是_____型半导体。
   A. P　　　　B. N　　　　C. PN　　　　D. 电子导电

3. N 型半导体中，多数载流子是_____，少数载流子是_____；P 型半导体中，多数载流子是_____，少数载流子是_____。
   A. 空穴　　　　B. 电子　　　　C. 原子核　　　　D. 中子

4. 用万用表测量二极管的极性，将红、黑表笔分别接二极管的两个电极，若测得的电阻很小（几千欧以下），则黑表笔所接电极为二极管的_____。
   A. 正极　　　　B. 负极　　　　C. 无法确定

5. 晶体管的主要特征是具有_____作用。
   A. 电压放大　　　　B. 单向导电　　　　C. 电流放大　　　　D. 电流与电压放大

6. 晶体管处于放大状态时，_____。
   A. 发射结正偏，集电结反偏　　　　B. 发射结正偏，集电结正偏
   C. 发射结反偏，集电结反偏　　　　D. 发射结反偏，集电结正偏

7. NPN 型晶体管工作在放大状态时，其两个结的偏置为_____。
   A. $U_{BE} > 0$、$U_{BE} < U_{CE}$　　　　B. $U_{BE} < 0$、$U_{BE} < U_{CE}$
   C. $U_{BE} > 0$、$U_{BE} > U_{CE}$　　　　D. $U_{BE} < 0$、$U_{CE} > 0$

8. 对于 PNP 型晶体管，为实现电流放大，各极电位必须满足_____。
   A. $U_C > U_B > U_E$　　　　B. $U_C < U_B < U_E$
   C. $U_B > U_C > U_E$　　　　D. $U_B < U_C < U_E$

9. 场效应晶体管 3 个电极中，用 D 表示的电极称为_____，用 S 表示的电极称为_____，用 G 表示的电极称为_____。
   A. 栅极　　　　B. 源极　　　　C. 基极　　　　D. 漏极

10. 晶体管输出特性曲线分为_____区、_____区和_____区。

11. 晶体管的 3 个管脚电流关系是 I_E = _____，直流电流放大系数的定义式 $\bar{\beta}$ = _____，交流电流放大系数的定义式 β = _____。

12. 绝缘栅场效应晶体管分为_____型和_____型两类，各类分为_____沟道和_____沟道两种。

13. 图 5-27 中，各管均为硅管，试判断其工作状态。

14. 测得某晶体管各极电流如图 5-28 所示，试判断 1、2、3 分别是什么极，说明是 PNP 型晶体管还是 NPN 型晶体管，并计算 $\bar{\beta}$。

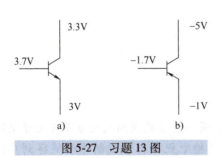

图 5-27　习题 13 图

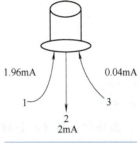

图 5-28　习题 14 图

项目六

基本放大电路

二极管、晶体管等器件是各种电子电路的基础,而晶体管构成的放大电路是电子电路的最基本组成部分。目前,放大电路在通信、检测、广播电视和自动控制等领域得到广泛应用。掌握放大电路的原理和性能可为后续电子电路的学习打下基础。

本项目首先介绍放大电路的基础知识,然后重点对共射极放大电路进行动态和静态分析,并进一步分析和对比 3 种组态放大电路的特点和应用;然后引入多级放大电路,分析其组成和性能。最后,介绍两种常用放大电路:差动放大电路和功率放大电路。

学习目标

1. 知识目标
1) 理解放大电路的基本概念和组成。
2) 掌握共射极放大电路的工作原理和分析方法。
3) 掌握多级放大电路的组成和分析方法。
4) 熟悉差动放大电路和功率放大电路的特点。

2. 能力目标
1) 能对基本放大电路进行动态和静态分析。
2) 能进行简单电路计算,确定其性能指标。
3) 能使用仪器仪表对基本放大电路进行功能测试。

放大电路的基础知识

课题一 放大电路的基础知识

一、放大电路的基本概念

在工业控制中,经常需要将微弱的电信号(电压、电流、功率等)放大成幅度足够大,并且与原来信号变化规律一致的电信号,然后带动负载或设备工作。这些微弱的电信号包括微弱的光信号、声信号等转化的电信号。

能够将微弱的电信号进行放大的电子电路就是放大电路。下面以一个简单的广播系统为例介绍放大电路的应用。广播系统主要由音源、音频放大器和扬声器几部分组成，其中音频放大器包括信号放大电路、功率放大电路等。音源的小音频信号，经各级放大电路放大处理后，带动扬声器发出声音，进行广播。

放大电路框图如图 6-1 所示，其中 u_i 为输入电压，i_i 为输入电流，u_o 为输出电压，i_o 为输出电流，u_S 为交流信号源，R_S 为信号源内阻，R_L 为负载电阻。图 6-2 所示为放大电路的等效电路，其中 r_i 为输入电阻，r_o 为输出电阻，u_{oc} 为开路电压。

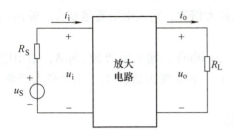

图 6-1　放大电路框图

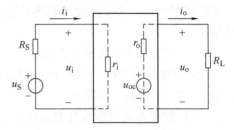

图 6-2　放大电路的等效电路

二、放大电路的性能指标

实际应用中，对放大电路的要求有以下 3 点：①要能满足放大的要求，即放大倍数要高；②一般要求放大电路的输出和输入信号变化一致，因此要求输出失真尽可能小；③放大电路要工作稳定，噪声小。

根据这 3 点要求，提出了放大电路的几个性能指标。

1. 放大倍数

放大倍数是指放大电路在输出信号不失真的情况下，输出量与输入量之比。放大倍数有电压放大倍数 A_u、电流放大倍数 A_i 和功率放大倍数 A_P。工程上，还经常采用放大电路的增益，单位为分贝（dB）。其中，

$$A_u = \frac{u_o}{u_i} \tag{6-1}$$

$$A_u(\mathrm{dB}) = 20\lg|A_u| \tag{6-2}$$

$$A_i = \frac{i_o}{i_i} \tag{6-3}$$

$$A_i(\mathrm{dB}) = 20\lg|A_i| \tag{6-4}$$

$$A_P = \frac{P_o}{P_i} \tag{6-5}$$

$$A_P(\mathrm{dB}) = 10\lg|A_P| \tag{6-6}$$

2. 输入电阻

放大电路的输入电阻是从输入端看进去的等效电阻，即图 6-2 所示等效电路中的 r_i。它定义为放大电路输入电压和输入电流之比，即

$$r_i = \frac{u_i}{i_i} \tag{6-7}$$

3. 输出电阻

放大电路的输出电阻是从输出端看进去的等效电阻，即图 6-2 所示等效电路中的 r_o。它定义为负载 R_L 开路，且信号源 $u_S=0$ 时，放大电路输出电压和输出电流之比，即

$$r_o = \frac{u_o}{i_o} \tag{6-8}$$

实际应用中，一般要求放大电路有较高的电压放大倍数，输入电阻要尽量大，输出电阻要尽量小。

例 6-1 已知图 6-1 所示放大电路中，输入电压为 10mV，输入电流为 20μA，输出电压为 10V，输出电流为 2mA。1) 计算电压放大倍数 A_u、电流放大倍数 A_i、功率放大倍数 A_P 及各增益。2) 计算输入电阻 r_i。

解： 1) 根据各放大倍数及增益计算公式，可得

$$A_u = \frac{u_o}{u_i} = \frac{10V}{10mV} = 1000$$

$$A_u(dB) = 20lg|A_u| = 20lg1000dB = 20 \times 3dB = 60dB$$

$$A_i = \frac{i_o}{i_i} = \frac{2mA}{20\mu A} = 100$$

$$A_i(dB) = 20lg|A_i| = 20lg100dB = 40dB$$

$$A_P = \frac{P_o}{P_i} = \frac{u_o}{u_i}\frac{i_o}{i_i} = A_u A_i = 100000$$

$$A_P(dB) = 10lg|A_P| = 10lg100000dB = 50dB$$

2) 根据输入电阻计算公式，可得

$$r_i = \frac{u_i}{i_i} = \frac{10mV}{20\mu A} = 500\Omega$$

三、放大电路的分类

放大电路按照用途，可分为电压放大电路、电流放大电路和功率放大电路；按照电路结构，可分为直流放大电路和交流放大电路；按照频率，可分为低频放大电路和高频放大电路；按照放大器件，可以分为晶体管放大电路和场效应晶体管放大电路。

按照输入、输出回路公共端的不同，晶体管放大电路可分为 3 种组态：共射极放大电路、共基极放大电路和共集电极放大电路；场效应晶体管放大电路主要有共源极放大电路、共漏极放大电路两种，分别如图 6-3 所示。在构成多级放大电路时，这几种电路常常需要组合使用。

项目六 基本放大电路

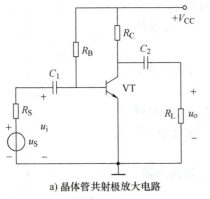
a) 晶体管共射极放大电路

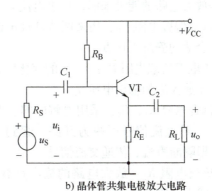
b) 晶体管共集电极放大电路

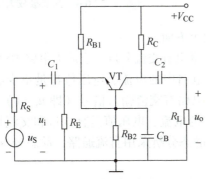
c) 晶体管共基极放大电路

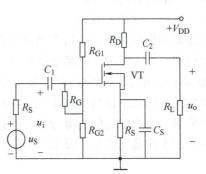
d) 场效应晶体管共源极放大电路

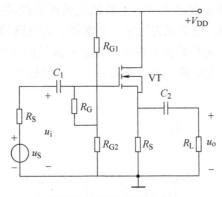
e) 场效应晶体管共漏极放大电路

图 6-3 放大电路的不同组态

课题二 共射极放大电路

本课题以晶体管共射极放大电路为例,介绍放大电路的组成和分析方法。典型的共射极放大电路如图 6-4 所示。

共射极放大电路

一、共射极放大电路的组成

1) 晶体管 VT：放大电路的核心器件,起电流放大作用,即 $i_C = \beta i_B$。
2) 直流电源 V_{CC}：与电阻配合,使晶体管的发射结正偏、集电结反偏,处在放大状态；

同时，是放大电路的能量来源，提供电流 i_B 和 i_C。

3）基极偏置电阻 R_B：用来调节基极电流 i_B，使晶体管有一个合适的静态工作点。

4）集电极负载电阻 R_C：将 i_C 的变化转换为电压的变化，以获得放大后的输出电压 u_o。

5）耦合电容 C_1、C_2：采用电解电容。对交流信号可视为短路，对直流信号可视为开路，起到"隔直通交"的作用，即隔断直流、传递交流信号。

6）负载电阻 R_L：放大电路的输出负载，如扬声器、继电器，或下一级放大电路等。

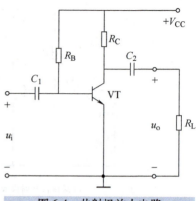

图 6-4 共射极放大电路

二、共射极放大电路的分析

放大电路的分析分为静态分析和动态分析两个方面。

放大电路在正常工作时，电路中既有直流分量也有交流分量。当放大电路中没有交流输入信号（即 $u_i=0$）时，电路中只有直流分量，电路中的电流、电压值都是不变的直流量，此时放大电路的工作状态称为"静态"；当放大电路有交流输入信号（即 $u_i \neq 0$）时，电路中既有直流分量，也有变化的交流分量，电路中的电流、电压值是直流量和交流量的叠加，此时放大电路的工作状态称为"动态"。因此，静态分析采用直流通路，动态分析采用交流通路。

1. 直流通路和交流通路

（1）直流通路 直流通路是指放大电路中直流电流所流经的通路。画直流通路的原则是：将电路中的电容视为开路，电感视为短路。共射极放大电路的直流通路如图 6-5a 所示。

（2）交流通路 交流通路是指放大电路的交流信号流经的路径。画交流通路的原则是：将电路中的电容和直流电源视为短路，电感视为开路。共射极放大电路的交流通路如图 6-5b 所示。

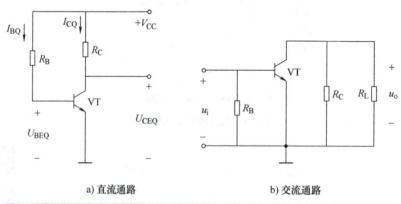

a）直流通路　　　　　　　　b）交流通路

图 6-5 共射极放大电路的直流通路和交流通路

2. 静态分析

静态分析用来确定放大电路的静态工作点，并判断工作点是否合适。静态分析时，先画直流通路，然后确定其静态工作点。

静态时，晶体管基极电流 I_B、集电极电流 I_C 和集电极电压 U_{CE} 分别用 I_{BQ}、I_{CQ}、U_{CEQ} 表

示。它们在晶体管特性曲线上可确定一个点，称为静态工作点，用 Q 表示，如图 6-6 所示。合适的静态工作点应保证晶体管始终处于放大状态，输出波形不失真。

静态工作点 Q 的确定有估算法和图解法两种。

（1）静态工作点的估算法　由图 6-5a 所示直流通路，可得

$$I_{BQ} = \frac{V_{CC} - U_{BEQ}}{R_B}$$

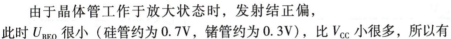

图 6-6　静态工作点

由于晶体管工作于放大状态时，发射结正偏，此时 U_{BEQ} 很小（硅管约为 0.7V，锗管约为 0.3V），比 V_{CC} 小很多，所以有

$$I_{BQ} \approx \frac{V_{CC}}{R_B} \tag{6-9}$$

根据晶体管电流放大关系，可得

$$I_{CQ} = \beta I_{BQ} \tag{6-10}$$

由直流通路可得

$$U_{CEQ} = V_{CC} - I_{CQ}R_C \tag{6-11}$$

例 6-2　图 6-4 所示共射极放大电路中，已知 $V_{CC} = 12\text{V}$，$R_C = 2\text{k}\Omega$，$R_B = 400\text{k}\Omega$，$\beta = 100$。求该电路的静态工作点参数。

解：1) 画出放大电路的直流通路，如图 6-5a 所示。

2) 求静态工作点参数：

$$I_{BQ} \approx \frac{V_{CC}}{R_B} = \frac{12\text{V}}{400\text{k}\Omega} = 0.03\text{mA}$$

$$I_{CQ} = \beta I_{BQ} = 100 \times 0.03\text{mA} = 3\text{mA}$$

$$U_{CEQ} = V_{CC} - I_{CQ}R_C = 12\text{V} - 3 \times 10^{-3} \times 2000\text{V} = 6\text{V}$$

（2）静态工作点的图解法　图解法利用晶体管的输出特性曲线，通过作图的方法对放大电路的性能指标进行分析，并确定其静态工作点。如图 6-7 所示，图解法确定工作点 Q 的方法如下：

1) 用估算法求出基极电流 I_{BQ}（如 40μA）。

2) 根据 I_{BQ} 在输出特性曲线中找到对应的曲线。

3) 作直流负载线。根据关系式 $U_{CE} = V_{CC} - I_C R_C$ 可画出一条直线，该直线在纵轴上的截距为 V_{CC}/R_C，在横轴上的截距为 V_{CC}，其斜率为 $-1/R_C$，称为直流负载线。

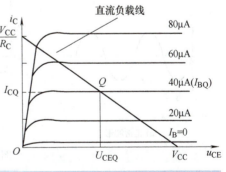

图 6-7　静态工作点的图解法

4) 求静态工作点 Q，并确定 U_{CEQ}、I_{CQ} 的值。I_{BQ} 对应的曲线和直流负载线的交点就是静态工作点 Q，该点在坐标轴上对应的值即为 I_{CQ} 和 U_{CEQ}。

（3）波形失真与静态工作点的关系　由前面介绍可知，放大电路要正常工作，晶体管要始终处于放大状态，从而保证输出不失真。当静态工作点 Q 设置不合适时，可能使晶体

管进入饱和或截止区,信号不能正常放大,而产生失真,即非线性失真。

1)当 Q 点过高时,在输入信号的正半周,晶体管进入饱和区,使 i_C 产生顶部失真,由于输出电压 $u_o = -R_C i_C$,即 u_o 与 i_C 反相,导致输出底部失真,也称为饱和失真,如图 6-8a 所示。这时,可以增大 R_B 以减小 I_{BQ},或减小 R_C 以增大 U_{CE_1Q},使 Q 点下移。

2)当 Q 点过低时,在输入信号的负半周,晶体管进入截止区,使 i_B 和 i_C 产生底部失真,导致输出 u_o 顶部失真,也称为截止失真,如图 6-8b 所示。这时,可以减小 R_B 或提高基极电源以增大 I_{BQ},使 Q 点上移。

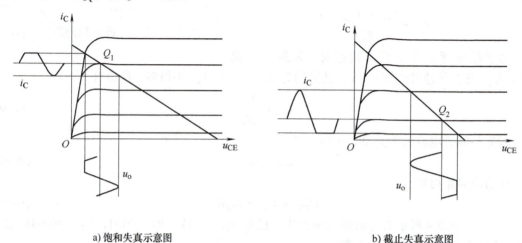

a)饱和失真示意图　　　　　　　　　b)截止失真示意图

图 6-8　波形失真与 Q 点的关系

由上分析可见,合适的静态工作点非常重要,一般 Q 点应设置在放大区的中间区域,保证输入的整个周期内输出不失真。正常输出波形与失真输出波形如图 6-9 所示。

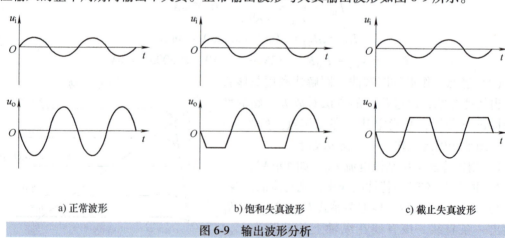

a)正常波形　　　　　　b)饱和失真波形　　　　　　c)截止失真波形

图 6-9　输出波形分析

3. 动态分析

动态分析时先画交流通路,然后求放大电路的动态参数,如放大倍数、输入电阻、输出电阻等。动态分析常用微变等效电路法。

微变等效电路分析法就是在一定条件下,将晶体管等效为线性器件,然后用求解线性电路的方法来分析晶体管放大电路。这里所说的条件是指输入为小信号时,晶体管工作在静态工作点附近一个很小的变化范围内，这时可近似认为晶体管工作在线性区。

（1）晶体管的微变等效电路　当放大电路的输入信号很小时，i_B在静态工作点附近一个很小的范围内变化，在晶体管的输入特性曲线上，这一小段曲线可近似为一段直线，如图6-10所示。这时u_{be}与i_B近似为线性关系，所以输入回路可以等效为一个电阻r_{be}，它的大小和静态工作点Q有关，其近似计算公式为

$$r_{be} = \frac{\Delta u_{BE}}{\Delta i_B} \approx 300 + (1+\beta)\frac{26}{I_{EQ}} \tag{6-12}$$

式中，r_{be}的单位为Ω；I_{EQ}的单位为mA。

由于晶体管工作在放大区时，集电极电流i_c的大小仅受基极电流i_b控制，即输出回路可等效为一个受控电流源，电流大小为$i_c=\beta i_b$。综上所述，将输入、输出回路分别等效后，可得到晶体管的微变等效电路如图6-11所示。

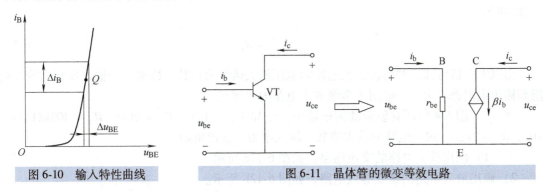

图6-10　输入特性曲线　　　　　图6-11　晶体管的微变等效电路

（2）放大电路的微变等效电路分析法　下面以图6-4所示放大电路为例，用微变等效电路分析法求放大电路的动态参数。

1）画出放大电路的交流通路。按照前述画交流通路的原则，画出交流通路如图6-12a所示。

2）画出放大电路的微变等效电路。将交流通路中的晶体管VT用图6-11的微变等效电路代替，注意B、C、E 3个极的位置，即得到放大电路的微变等效电路，如图6-12b所示。

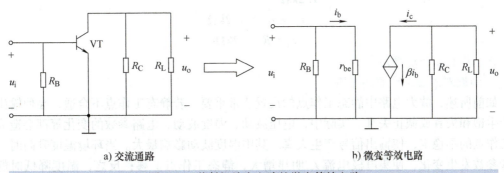

a）交流通路　　　　　　　　　b）微变等效电路

图6-12　共射极放大电路的微变等效电路

3）求出放大电路的动态参数。根据放大电路的微变等效电路，利用线性电路的分析方法计算放大电路的动态参数，包括放大倍数、输入电阻、输出电阻等。

① 求电压放大倍数A_u。由图6-12b可知

$$u_i = i_b r_{be}$$
$$u_o = -i_c R_C = -\beta i_b (R_C /\!/ R_L)$$

可得

$$A_u = \frac{u_o}{u_i} = -\frac{\beta(R_C /\!/ R_L)}{r_{be}} \tag{6-13}$$

② 求输入电阻 r_i。

$$r_i = \frac{u_i}{i_i} = R_B /\!/ r_{be}$$

一般 $R_B \gg r_{be}$，所以

$$r_i \approx r_{be} \tag{6-14}$$

③ 求输出电阻 r_o。根据输出电阻的定义，当负载开路且 $u_S = 0$（则 $u_i = 0$）时，由图 6-12b 可知

$$r_o = \frac{u_o}{i_o} = R_C \tag{6-15}$$

由以上分析可知，共射极放大电路的电压放大倍数为负数，即输出与输入反相，输入电阻和输出电阻都不大，一般用于多级放大电路的中间级。

例 6-3 图 6-4 所示共射极放大电路中，已知 $V_{CC} = 12V$，$R_C = 2k\Omega$，$R_B = 400k\Omega$，$\beta = 100$，$R_L = 2k\Omega$。求该电路的放大倍数、输入电阻、输出电阻。

解：1）画出放大电路的交流通路，如图 6-12a 所示。
2）画出放大电路的微变等效电路，如图 6-12b 所示。
3）求出动态参数。由例 6-2 已经求出的电路的静态工作点，可知

$$I_{EQ} \approx I_{CQ} = 3mA$$

则可得

$$r_{be} \approx 300\Omega + (1+\beta)\frac{26mV}{I_{EQ}} \approx 1.2k\Omega$$

$$A_u = -\frac{\beta(R_C /\!/ R_L)}{r_{be}} = -\frac{100 \times (2k\Omega /\!/ 2k\Omega)}{1.2k\Omega} \approx -83.3$$

$$r_i \approx r_{be} = 1.2k\Omega$$

$$r_o = R_C = 2k\Omega$$

三、静态工作点稳定电路

1. 温度对静态工作点的影响

如前所述，放大电路中静态工作点的设置非常重要，若静态工作点不合适，会使输出信号产生饱和失真或截止失真。实际中，电压波动、温度波动、电路参数的变化等都会造成静态工作点的不稳定，使输出信号产生失真。其中温度波动影响最大。当环境温度升高时，晶体管参数发生变化，使集电极电流 I_c 明显增大，静态工作点上移；反之，温度降低时静态工作点下移。实际中，常采用分压式偏置放大电路来稳定静态工作点。

2. 电路结构及特点

分压式偏置电路如图 6-13a 所示，其中 R_{B1} 和 R_{B2} 为基极偏置电阻，R_E 为发射极电阻，C_E 为旁路电容，图 6-13b 为其直流通路。

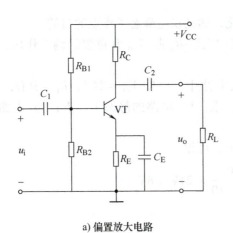 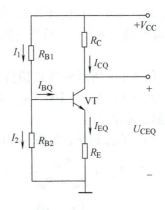

a) 偏置放大电路　　　　　　　　b) 直流通路

图 6-13　分压式偏置放大电路

由直流通路可得

$$I_1 = I_2 + I_{BQ}$$

一般 I_{BQ} 很小，当 $I_{BQ} \ll I_2$ 时，则有

$$I_1 \approx I_2 = \frac{V_{CC}}{R_{B1} + R_{B2}}$$

晶体管的基极电位：

$$U_B \approx \frac{R_{B2}}{R_{B1} + R_{B2}} V_{CC} \tag{6-16}$$

可见，基极电位仅取决于电源和偏置电阻，与晶体管的参数无关，不受温度影响。

又因为

$$U_{BEQ} = U_B - U_{EQ} = U_B - I_{EQ} R_E$$

可得

$$I_{CQ} \approx I_{EQ} = \frac{U_B - U_{BEQ}}{R_E}$$

一般 U_{BEQ} 很小，当 $U_B \gg U_{BEQ}$ 时，则有

$$I_{CQ} \approx \frac{U_B}{R_E} \tag{6-17}$$

$$U_{CEQ} = V_{CC} - I_{CQ}(R_C + R_E) \tag{6-18}$$

可见，这时 I_{CQ} 仅取决于基极电位和发射极电阻，与晶体管参数无关，不受温度影响。因此，只要满足 $I_{BQ} \ll I_2$ 和 $U_B \gg U_{BEQ}$ 这两个条件，放大电路就几乎不受温度变化的影响，静态工作点就能基本稳定。

3. 静态工作点的稳定原理

当温度升高时，会影响晶体管的各项参数，如 β 变大，使集电极电流 I_{CQ} 和发射极电流 I_{EQ} 增大，由偏置放大电路可知，R_E 上的电压 U_{EQ} 增大，而 U_B 保持不变，则 U_{BEQ} 降低，造成

I_{BQ} 减小，I_{CQ} 随之减小，从而抵消 I_{CQ} 的变化，达到稳定静态工作点的目的。

温度下降时的道理与以上分析类似，其中电阻 R_E 起着非常重要的调节作用，即电流负反馈作用。

例 6-4 图 6-13a 所示分压式偏置放大电路中，已知 $V_{CC} = 24V$，$R_C = 3k\Omega$，$R_E = 2k\Omega$，$R_{B1} = 30k\Omega$，$R_{B2} = 10k\Omega$，$\beta = 100$，$R_L = 3k\Omega$。求：1) 电路的静态工作点；2) 电路的放大倍数、输入电阻、输出电阻。

解： 1) 画出直流通路，如图 6-13b 所示，可得

$$U_B \approx \frac{R_{B2}}{R_{B1} + R_{B2}} V_{CC} = \frac{10}{30 + 10} \times 24V = 6V$$

$$I_{CQ} \approx \frac{U_B}{R_E} = \frac{6V}{2k\Omega} = 3mA$$

$$I_{BQ} \approx \frac{I_{CQ}}{\beta} = \frac{3mA}{100} = 30\mu A$$

$$U_{CEQ} = V_{CC} - I_{CQ}(R_C + R_E) = 24V - 3mA \times (3 + 2)k\Omega = 9V$$

2) 求电路的放大倍数、输入电阻、输出电阻。

① 画出放大电路的交流通路和微变等效电路，如图 6-14 所示。

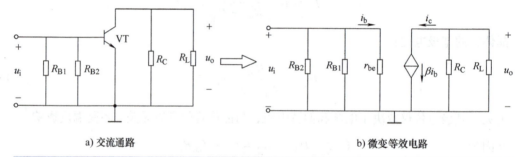

a) 交流通路　　　　　　　　　　b) 微变等效电路

图 6-14　偏置放大电路动态分析

② 求动态参数。由以上分析可知，$I_{EQ} \approx I_{CQ} = 3mA$，则

$$r_{be} \approx 300\Omega + (1 + \beta)\frac{26mV}{I_{EQ}} \approx 300\Omega + (1 + 100) \times \frac{26mV}{3mA} \approx 1.2k\Omega$$

$$A_u = -\frac{\beta(R_C // R_L)}{r_{be}} = -\frac{100 \times (3k\Omega // 3k\Omega)}{1.2k\Omega} \approx -125$$

$$r_i = R_{B1} // R_{B2} // r_{be} \approx r_{be} = 1.2k\Omega$$

$$r_o = R_C = 3k\Omega$$

综上所述，对于共射极放大电路可以得到如下结论：

1) 放大电路要正常工作，必须给晶体管提供一定的直流电压和电流，使电路有合适的静态工作点。为了稳定工作点，往往采用分压式偏置放大电路。

2) 加入交流小信号后，交流信号负载在直流分量之上。在信号的整个周期内，都要保证晶体管处于放大状态，输出波形才不会失真。

3) 共射极放大电路可以放大电压和电流，其输出电压与输入电压相比，频率不变、相位相反。

课题三 3种基本放大电路的比较

在课题一中提到晶体管放大电路可分为共射极、共基极和共集电极放大电路3种基本组态,前面已经讨论了共射极放大电路,本课题重点介绍共集电极放大电路,然后将3种放大电路的特点和应用进行比较。

一、共集电极放大电路

共集电极放大电路如图6-15所示,输入信号u_i从基极引入,输出信号u_o从发射极引出,故也称为射极输出器。

1. 静态分析

先画出共集电极放大电路的直流通路,如图6-16所示,可得
$$V_{CC} = I_{BQ}R_B + U_{BEQ} + I_{EQ}R_E = I_{BQ}R_B + U_{BEQ} + (1+\beta)I_{BQ}R_E$$

整理后得

$$I_{BQ} = \frac{V_{CC} - U_{BEQ}}{R_B + (1+\beta)R_E} \approx \frac{V_{CC}}{R_B + (1+\beta)R_E}$$
$$I_{CQ} = \beta I_{BQ}$$
$$U_{CE} = V_{CC} - I_{EQ}R_E \tag{6-19}$$

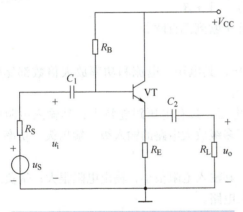

图6-15 共集电极放大电路

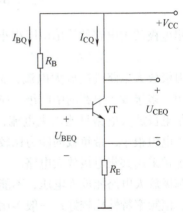

图6-16 共集电极放大电路的直流通路

2. 动态分析

根据共集电极放大电路的交流通路画出其微变等效电路,如图6-17所示,注意其中晶体管3个极的对应位置。

(1)求电压放大倍数A_u 由微变等效电路可知
$$u_o = i_e(R_E // R_L) = (1+\beta)i_b(R_E // R_L)$$
$$u_i = i_b r_{be} + u_o = i_b r_{be} + (1+\beta)i_b(R_E // R_L)$$

可得

$$A_u = \frac{u_o}{u_i} = \frac{(1+\beta)(R_E // R_L)}{r_{be} + (1+\beta)(R_E // R_L)} \tag{6-20}$$

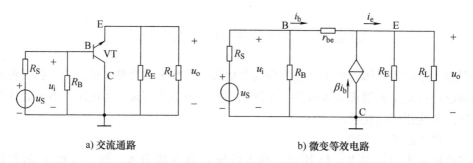

a) 交流通路   b) 微变等效电路

图 6-17 射极输出器动态分析

一般 $r_{be} \ll (1+\beta)(R_E /\!/ R_L)$，所以 $A_u \approx 1$，即 $u_o \approx u_i$。由此可见，共集电极放大电路输出电压与输入电压相位相同，并且输出跟随输入变化，因此也称为射极跟随器。

（2）求输入电阻 r_i

$$r_i = \frac{u_i}{i_i} = R_B /\!/ [r_{be} + (1+\beta)(R_E /\!/ R_L)] \tag{6-21}$$

共集电极放大电路的输入电阻很大，可达几十千欧到几百千欧。

（3）求输出电阻 r_o。输出电阻不再做具体推导，由微变等效电路可得

$$r_o = R_E /\!/ \frac{r_{be}}{(1+\beta)} \approx \frac{r_{be}}{1+\beta} \tag{6-22}$$

共集电极放大电路的输出电阻很小，一般在几十欧到几百欧。

二、3 种基本放大电路的比较

共射极放大电路既能放大电流，又能放大电压，其电压、电流和功率放大倍数都比较大；常用于多级放大电路的中间级，应用最为广泛。

共集电极放大电路只能放大电流，不能放大电压，具有电压跟随特点；其输入电阻很大，输出电阻很小，带负载的能力比较强；常用于多级放大电路的输入级、输出级，功率放大电路也常采用共集电极放大电路。

共基极放大电路能放大电压，不能放大电流，其输入电阻很小，输出电阻很大；带负载能力差，但频率特性比较好；一般多用于高频放大电路。

3 种基本放大电路的性能比较见表 6-1。

表 6-1 3 种基本放大电路的性能比较

特点	共射极放大电路	共集电极放大电路	共基极放大电路
电压放大倍数	$-\dfrac{\beta(R_C /\!/ R_L)}{r_{be}}$	$\dfrac{(1+\beta)(R_E /\!/ R_L)}{r_{be}+(1+\beta)(R_E /\!/ R_L)}$	$\dfrac{\beta(R_C /\!/ R_L)}{r_{be}}$
	高	接近 1（电压跟随）	高
相位关系	反相	同相	同相
输入电阻	$R_B /\!/ r_{be}$	$R_B /\!/ [r_{be}+(1+\beta)(R_E /\!/ R_L)]$	$R_E /\!/ \dfrac{r_{be}}{(1+\beta)}$
	一般	大	小

(续)

特点	共射极放大电路	共集电极放大电路	共基极放大电路
输出电阻	R_C	$\dfrac{r_{be}}{1+\beta}$	R_C
	大	小	大
用途	多级放大电路的中间级；低频放大电路	多级放大电路的输入级、输出级、缓冲级；功率放大电路	高频或宽频带放大电路；恒流源电路

课题四　多级放大电路

单管基本放大电路的电压放大倍数一般只能达到几十到几百，然而在实际应用中，往往要求电子设备有足够大的放大倍数、足够大的输入电阻和足够小的输出电阻，这样才能将非常微弱的信号放大到足够大，并满足信号源和负载的要求。这时就要采用多级放大电路以达到这些要求。

一、多级放大电路的组成

多级放大电路的组成框图如图 6-18 所示，它由输入级、中间级和输出级 3 部分组成。其中，与信号源相连的第一级放大电路称为输入级，与负载相连的末级放大电路称为输出级，输入级和输出级之间的放大电路统称为中间级。

图 6-18　多级放大电路的组成框图

输入级的主要作用是从信号源引入输入信号，并完成小信号放大。为了减小信号源内阻的影响，通常采用高输入电阻的放大电路，如共集电极放大电路。中间级将微弱的输入信号放大到足够大，进行电压放大，常采用共射极放大电路。输出级一般由功率放大电路组成，主要完成大信号放大，并输出一定功率，以带动负载。

二、多级放大电路的耦合方式

多级放大电路级与级之间的连接称为级间耦合，常见的耦合方式有直接耦合、阻容耦合、变压器耦合和光电耦合等。

1. 直接耦合

直接耦合是指将前级放大电路的输出端直接连到后级的输入端，如图 6-19 所示。直接耦合放大电路具有较好的低频特性，电路结构简单，多用于集成电路。但是由于前、后级间无隔离元

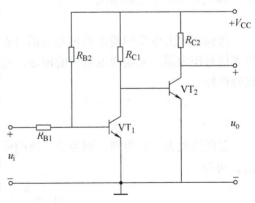

图 6-19　直接耦合多级放大电路

件，所以存在两个问题：

1）前、后级直接相连，使静态工作点相互影响。改进的措施有后级电路加稳压管，采用 NPN、PNP 互补耦合等方式。

2）存在零点漂移现象。零点漂移是指当温度等因素变化时，晶体管参数变化，使输入电压为零时，电路输出不为零的现象。要抑制零点漂移，最有效的方法是采用差动放大电路。关于差动放大电路将在下一个课题中具体介绍。

2. 阻容耦合

将前级放大电路的输出通过电容连接到后级的输入端，称为阻容耦合，如图 6-20 所示。其中，级间耦合电容的作用是隔直流、通交流，使各级之间的静态工作点相互独立，因此不存在零点漂移的问题。耦合电容使放大电路不易于集成，因此阻容耦合放大电路多用于分立元件放大电路中。

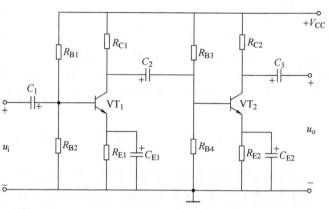

图 6-20　阻容耦合多级放大电路

3. 变压器耦合

将前级放大电路的输出通过变压器连接到后级的输入端，称为变压器耦合，如图 6-21 所示。变压器也有隔直流、通交流的特性，因此变压器耦合放大电路的各级工作点也相互独立。另外，变压器还可以实现阻抗变换，使电路输出功率最大。其不足之处是低频特性较差，体积大不利于电路集成。

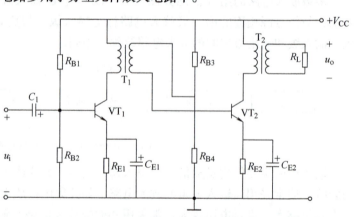

图 6-21　变压器耦合多级放大电路

4. 光电耦合

将前级放大电路的输出通过光电耦合器传送到后级的输入端，称为光电耦合。光电耦合将光信号作为媒质来实现电信号的传送，它的优点是抗干扰能力强，且前、后级间的光电隔离特性好。

三、多级放大电路的分析

1. 电压放大倍数 A_u

以两级放大电路为例，因为前一级的输出就是后一级的输入，即 $u_i = u_{i1}$，$u_{i2} = u_{o1}$，$u_o = u_{o2}$，可得

$$A_u = \frac{u_o}{u_i} = \frac{u_{o2}}{u_{i2}} \cdot \frac{u_{o1}}{u_{i1}} = A_{u1} A_{u2}$$

由此推广，n 级放大电路的总电压放大倍数为各级电压放大倍数的乘积，即

$$A_u = A_{u1}A_{u2}\cdots A_{un} \qquad (6\text{-}23)$$

2. 输入电阻 r_i

多级放大电路的输入电阻为第一级的输入电阻,即

$$r_i = r_{i1} \qquad (6\text{-}24)$$

3. 输出电阻 r_o

多级放大电路的输出电阻为最后一级的输出电阻,即

$$r_o = r_{on} \qquad (6\text{-}25)$$

例 6-5 图 6-20 所示两级阻容耦合放大电路中,已知 $V_{CC}=12V$,$R_{C1}=2k\Omega$,$R_{C2}=3k\Omega$,$R_{B1}=43k\Omega$,$R_{B2}=12k\Omega$,$R_{B3}=47k\Omega$,$R_{B4}=20k\Omega$,$\beta_1=\beta_2=50$,$r_{be1}=r_{be2}=1.2k\Omega$。求该电路的电压放大倍数 A_u、输入电阻 r_i、输出电阻 r_o。

解:

$$R_{L1} = r_{i2} = R_{B3} /\!/ R_{B4} /\!/ r_{be2} \approx r_{be2} = 1.2k\Omega$$

$$A_{u1} = -\frac{\beta_1(R_{C1} /\!/ R_{L1})}{r_{be1}} = -\frac{50 \times (2k\Omega /\!/ 1.2k\Omega)}{1.2k\Omega} = -31.25$$

$$A_{u2} = -\frac{\beta_2 R_{C2}}{r_{be2}} = -\frac{50 \times 3k\Omega}{1.2k\Omega} \approx -125$$

$$A_u = A_{u1}A_{u2} = (-31.25) \times (-125) = 3906.25$$

$$r_i = r_{i1} = R_{B1} /\!/ R_{B2} /\!/ r_{be1} \approx r_{be1} = 1.2k\Omega$$

$$r_o = r_{o2} = R_{C2} = 3k\Omega$$

课题五　差动放大电路

差动放大电路也称为差分放大电路,由于具有良好的抑制零点漂移和共模干扰的能力,得到广泛应用。它是集成运算放大器的基本电路单元,多用于多级放大电路的输入级。

一、典型差动放大电路

1. 电路组成

图 6-22 所示为典型的差动放大电路。它由两个结构完全对称的共射极放大电路组成。其中,$+V_{CC}$ 和 $-V_{EE}$ 为电路的两个电源;两个晶体管 VT_1、VT_2 的特性相同,即 $\beta_1=\beta_2=\beta$,$R_{B1}=R_{B2}=R_B$,$R_{C1}=R_{C2}=R_C$;电路有两个输入端 u_{i1}、u_{i2},双端输出 $u_o=u_{o1}-u_{o2}$,R_E 是发射极公共电阻,主要用来抑制零点漂移,并确定电路的静态工作点。

2. 静态分析

由于电路左右完全对称,所以静态工作点各参数均相同,而静态时输入信

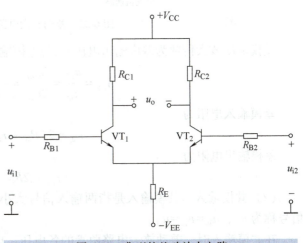

图 6-22　典型的差动放大电路

号为零，即 $u_{i1} = u_{i2} = 0$，由图 6-22 可得

$$I_{BQ}R_B + U_{BEQ} + 2I_{EQ}R_E = 0 - (-V_{EE}) = V_{EE}$$

$$I_{BQ} = \frac{V_{EE} - U_{BEQ}}{R_B + 2(1+\beta)R_E} \approx \frac{V_{EE}}{2(1+\beta)R_E}$$

$$I_{CQ} = \beta I_{BQ} \approx \frac{V_{EE}}{2R_E}$$

$$U_{CEQ} = U_{CQ} - U_{EQ} = V_{CC} - I_{CQ}R_C + U_{BEQ} \approx V_{CC} - I_{CQ}R_C \tag{6-26}$$

当输入信号为零时，输出 $u_o = U_{CE1} - U_{CE2} = 0$；当温度或电源电压等变化时，由于电路左右完全对称，所以两管的静态电流、电压同时变化，输出仍然为零，虽然各管的零点漂移还存在，但是整个电路的零点漂移得到抑制。

3. 动态分析

差动放大电路的输入可分为差模输入和共模输入两种情况，下面分别进行介绍。

（1）差模输入　差模输入是指两个输入端的信号大小相等、相位相反，即 $u_{i2} = -u_{i1}$，差模输入信号定义为两个输入信号之差，记为 u_{id}，即 $u_{id} = u_{i1} - u_{i2} = 2u_{i1}$。这时，两个晶体管上的电压、电流各量都相反，即 $i_{b1} = -i_{b2}$，$i_{e1} = -i_{e2}$，因此流过 R_E 上的动态电流相互抵消，即发射极的电位保持不变，所以对于差模信号，R_E 可视为短路。差动放大电路的交流通路和微变等效电路如图 6-23 所示。

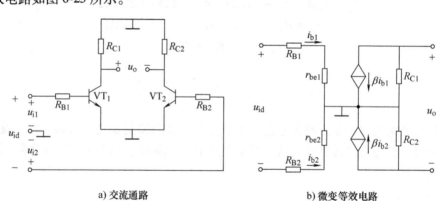

图 6-23　差动放大电路动态分析

差模电压放大倍数为差模输出电压 u_{od} 与差模输入电压 u_{id} 之比，由图 6-23 可得

$$A_{ud} = \frac{u_{od}}{u_{id}} = \frac{2u_{o1}}{2u_{i1}} = -\frac{\beta R_C}{R_B + r_{be}} \tag{6-27}$$

差模输入电阻为

$$r_{id} = 2(R_B + r_{be}) \tag{6-28}$$

差模输出电阻为

$$r_{od} = 2R_C \tag{6-29}$$

（2）共模输入　共模输入是指两输入信号大小相等、相位相同，即 $u_{i2} = u_{i1}$。共模输入信号称为 u_{ic}，$u_{ic} = u_{i2} = u_{i1}$。

在共模输入时，差动放大电路两管的各电压、电流量均相同，因而共模输出 $u_{oc} = u_{c1} - u_{c2} = 0$，共模电压增益为

$$A_{uc} = \frac{u_{oc}}{u_{ic}} = 0$$

实际中，差动放大电路很难达到完全对称，这时就有了共模输出，使电路有一定的共模电压增益。为了衡量差分放大电路对差模信号的放大能力和对共模信号的抑制能力，引入了共模抑制比 K_{CMR}。它定义为差模电压放大倍数与共模电压放大倍数之比的绝对值，即

$$K_{CMR} = \left| \frac{A_{ud}}{A_{uc}} \right| \tag{6-30}$$

显然，K_{CMR} 越大，表示电路抑制共模信号的能力越强。理想情况下，差分放大电路的 K_{CMR} 为无穷大。

二、差动放大电路的 4 种连接方式

差动放大电路有双端输入—双端输出、双端输入—单端输出、单端输入—双端输出、单端输入—单端输出 4 种连接方式。只要输出方式相同，其放大作用就相同，相应的性能指标就相同。4 种连接方式的性能比较见表 6-2。

表 6-2 差动放大电路 4 种连接方式的性能比较

输出方式	双端输出		单端输出	
输入方式	双端输入	单端输出	双端输入	单端输入
差模电压放大倍数	$A_{ud} = -\dfrac{\beta R_C}{R_B + r_{be}}$		$A_d = -\dfrac{1}{2}\dfrac{\beta R_C}{R_B + r_{be}}$	
共模电压放大倍数	$A_{uc} \to 0$		$A_{uc} \approx -\dfrac{R_C}{2R_E}$	
共模抑制比	$K_{CMR} \to \infty$		$K_{CMR} \approx \dfrac{\beta R_E}{R_B + r_{be}}$	
差模输入电阻	$r_{id} = 2(R_B + r_{be})$		$r_{id} = 2(R_B + r_{be})$	
输出电阻	$2R_C$		R_C	

课题六 功率放大电路

多级放大电路的输入级和中间级多采用电压放大电路，而输出级多采用功率放大电路，以输出一定的功率来带动负载。本课题介绍功率放大电路的特点和分类，重点分析互补对称功率放大电路，最后介绍几种常用的集成功率放大器。

一、功率放大电路概述

1. 功率放大电路与电压放大电路的比较

1）在实际的电子电路中，这两种放大电路的使用位置不同，如图 6-24 所示。

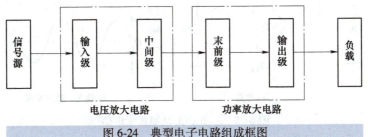

图 6-24 典型电子电路组成框图

2）两者的任务不同。功率放大电路要求输出足够大的功率，电压放大电路要求输出足够大的不失真电压。

3）前者工作在大信号状态，后者工作在小信号状态。

2. 功率放大电路的特点

1）输出功率要尽可能大。为了获得足够大的输出功率，晶体管在接近极限的条件下工作，但不能超过极限参数。

2）效率要尽可能高。效率是指输出功率与直流电源供给的功率之比，即

$$\eta = \frac{P_o}{P_V} \tag{6-31}$$

3）非线性失真要小。在输出尽可能大的情况下要尽量减少失真。

4）电路散热要好。由于功率放大电路中，晶体管工作电流较大，温度升高晶体管容易烧坏，所以要有散热保护措施。

3. 功率放大电路的分类

1）按晶体管的工作状态不同，分为甲类、乙类和甲乙类 3 种功率放大器。

甲类功率放大电路的静态工作点在放大区的中部，在输入信号的整个周期内，晶体管都在导通状态，其静态功耗大、效率低、输出失真小；乙类功率放大电路的静态工作点在截止区，在输入信号的半个周期，晶体管都在导通状态，另半个周期在截止状态，其静态功耗小、效率高，但是输出失真严重；甲乙类功率放大电路的静态工作点比乙类稍高，它弥补了前两者的缺点，失真较乙类轻，并且静态功耗小、效率高。

2）按电路结构不同，分为单管功率放大器、变压器耦合功率放大器、无输出变压器（OTL）功率放大器、无输出电容（OCL）功率放大器和桥式推挽（BTL）功率放大器等。其中，互补对称式 OCL 和 OTL 功率放大器在集成功率放大器中广泛使用，而 BTL 功率放大器在音频放大、放大滤波电路中应用较多。

二、乙类互补对称式 OCL 功率放大电路

电路如图 6-25 所示，其中 VT_1 和 VT_2 的参数相同，型号相异，即 $\beta_1 = \beta_2 = \beta$，一个是 NPN 管，一个是 PNP 管。两个基极相连作为输入，两个发射极相连后接负载 R_L 作为输出。

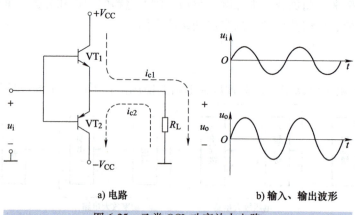

a) 电路　　　　　　b) 输入、输出波形

图 6-25　乙类 OCL 功率放大电路

1. 静态分析

因两管都没有偏置电路，所以静态时 $u_i=0$，两管都没有偏置电压，$I_{B1}=I_{B2}=0$，VT_1、VT_2 都截止，因此属于乙类状态。这时，发射极电压为零，输出电压、电流均为零。

2. 动态分析

当输入正弦信号 u_i 在正半周时，VT_1 导通，VT_2 截止，这样电流 i_{C1} 经 VT_1 流向 R_L，在 R_L 上获得正半周输出电压；当输入在负半周时，VT_1 截止，VT_2 导通，电流 i_{C2} 经 R_L 流向 VT_2，在 R_L 上获得负半周输出电压。

在 u_i 的整个周期内，两个晶体管交替导通，轮流工作，从而在 R_L 上获得完整的输出电压 u_o，因此该电路称为互补对称功率放大电路。

3. 主要性能参数

（1）输出功率 P_o

$$P_o = u_o i_o = \frac{U_{CEm}}{\sqrt{2}} \times \frac{I_{Cm}}{\sqrt{2}} = \frac{1}{2} \frac{U_{CEm}^2}{R_L}$$

当输入信号足够大时，$U_{CEm} \approx V_{CC}$，可知最大输出功率为

$$P_{om} \approx \frac{1}{2} \frac{V_{CC}^2}{R_L} \tag{6-32}$$

（2）直流电源功率 P_V 由于两管轮流工作半个周期，每个直流电源只提供半个周期的电流，所以各管的平均电流为

$$I_C = I_{C1} = I_{C2} = \frac{1}{2\pi} \int_0^\pi I_{Cm} \sin\omega t \, d(\omega t) = \frac{I_{Cm}}{\pi}$$

两个电源提供的总功率为

$$P_V = 2I_C V_{CC} = \frac{2I_{Cm} V_{CC}}{\pi}$$

当输出电压最大时，$U_{CEm} \approx V_{CC}$，则最大电源功率为

$$P_{Vm} = \frac{2I_{Cm} V_{CC}}{\pi} = \frac{2V_{CC}^2}{\pi R_L} \tag{6-33}$$

（3）最大效率 η_m

$$\eta_m = \frac{P_{om}}{P_{Vm}} = \frac{\frac{1}{2} \frac{V_{CC}^2}{R_L}}{\frac{2V_{CC}^2}{\pi R_L}} = \frac{\pi}{4} \approx 78.5\%$$

（4）管耗 P_T 电源提供的功率一部分转换为输出功率，剩余的消耗在晶体管上，即晶体管的管耗 P_T，显然 $P_T = P_V - P_o$。对于单只晶体管，有 $P_{Tm} = 0.2 P_{om}$。

4. 交越失真

乙类互补功率放大电路的优点是效率高，缺点是输出波形在过零处有失真。前面是以理想状态分析，实际中，当输入信号小于晶体管的开启电压时，两个晶体管同时截止，输出为

零,这种过零处的失真称为交越失真,如图 6-26 所示。

三、甲乙类互补对称功率放大电路

1. 甲乙类 OCL 功率放大电路

为了克服交越失真,电路中需设置基极偏置电路,可以在两管基极间加入电阻、二极管,使静态时两个晶体管处于微导通的甲乙类工作状态,即消除了交越失真,又不会产生过大的功耗,如图 6-27 所示。

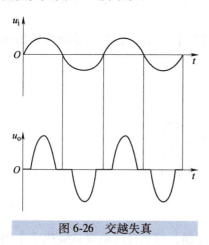

图 6-26 交越失真

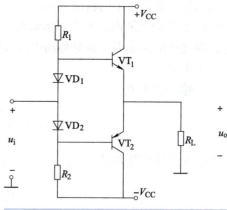

图 6-27 甲乙类 OCL 功率放大电路

电路中,直流电源给电阻 R_1、R_2 和两个二极管 VD_1、VD_2 提供直流电流,由于电路完全对称,静态时两个晶体管的电流相等,负载中无电流,发射极电位为零。而二极管两端的正向导通电压刚好等于晶体管的开启电压,这样只要有输入信号,就可以使晶体管迅速进入放大区,从而消除了交越失真。

2. 甲乙类 OTL 功率放大电路

上述甲乙类 OCL 功率放大电路虽然结构简单,但是需要双电源供电,且电源利用率低。为了提高电源利用效率,出现了单电源的 OTL 功率放大电路,如图 6-28 所示。

静态时,调节 RP 使两管发射极电位为 $V_{CC}/2$,则输出电容 C 上的电压等于 $V_{CC}/2$,电路工作于甲乙类状态。在输入的正半周,VT_1 导通,VT_2 截止,得到正半周输出电压;在输入的负半周,VT_1 截止,VT_2 导通,电容 C 放电,获得负半周输出电压。

四、集成功率放大器

集成功率放大器由集成运算放大器发展而来,它的

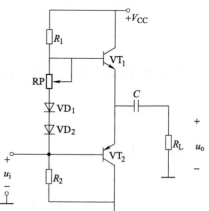

图 6-28 甲乙类 OTL 功率放大电路

内部电路一般由前置输入级、中间级、输出级和偏置电路组成。为了保证在大功率状态下安全工作,集成功率放大器还有过电压、过电流及过热保护电路。

目前,常用的集成功率放大器有很多种,比如 D2006、DG810、LM386、LM1875 等,主要用于音频视频设备,在广播系统、电视系统、信号系统中被广泛应用。

任务六 基本放大电路的测试

一、任务目标
1）掌握放大电路的静态工作点和电压放大倍数的测量方法。
2）理解电路元件参数改变对静态工作点及电压放大倍数的影响。

二、器材工具
本任务所需的器材工具见表6-3。

表 6-3 器材工具

序号	名称	型号与规格	数量
1	模拟电路实验箱	THDM-1	1
2	双踪示波器	GDS-1102	1
3	信号发生器	AFG3000	1
4	数字万用表	VC9804A	1
5	晶体管	3DG6	1
6	电阻	20kΩ 两个、2.4kΩ 两个、1kΩ 一个	5
7	可调电阻	500kΩ	1
8	电解电容	10μF 两个、50μF 一个	3

三、原理分析

图6-29所示为基本放大电路的测试电路。该电路是分压偏置式共射极放大电路，电阻 R_{B1}、R_{B2} 和 R_E，用以稳定静态工作点。输入小信号 u_i 经电路放大后，得到输出信号 u_o。

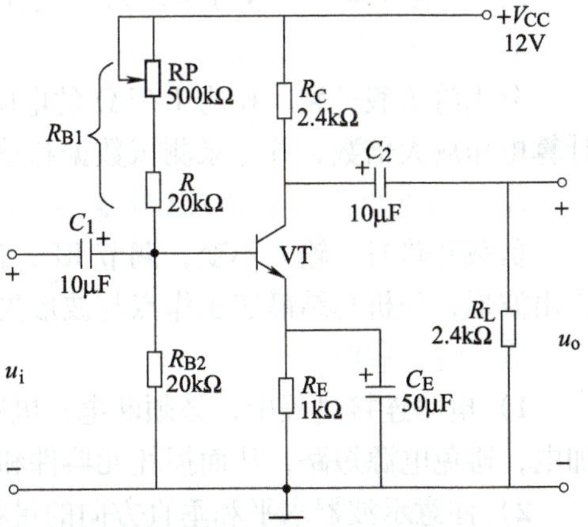

1. 电路的静态和动态分析

（1）静态工作点估算 详见本项目课题二中静态工作点稳定电路的分析。

（2）放大电路的电压放大倍数

$$A_u = -\frac{\beta(R_C // R_L)}{r_{be}}$$

图6-29 基本放大电路的测试电路

2. 元件参数改变对电路性能指标的影响

（1）偏置电阻对静态工作点的影响 $U_B \approx \dfrac{R_{B2}}{R_{B1}+R_{B2}}V_{CC}$，而 $R_{B1} = R + R_{RP}$，可见，调节可调电阻RP可以改变基极电位，从而影响静态工作点。

（2）负载电阻 R_L 对电压放大倍数的影响 由 A_u 的计算公式可知，当 R_L 增大时，A_u 的绝对值增大，当负载开路时，A_u 的绝对值最大。共射极电路 A_u 为负数，所以输入、输出反相，两路波形频率相同、相位相反。

(3) 静态工作点与波形失真的关系　当 Q 点过高时，导致输出波形底部失真；当 Q 点过低时，导致输出波形顶部失真。

四、任务实施

1. 调试和测量静态工作点

1）按照图 6-29 连接电路，注意晶体管 3 个极的位置。

2）检查连接好的电路，确认无误后，接通+12V 直流电源。

3）调节信号发生器的频率和幅值旋钮，使之输出 1000Hz、10mV 的交流信号，作为放大电路输入 u_i，然后调节 RP，使放大电路输出波形幅值最大且不失真。

4）去掉输入信号 u_i 并将输入短路，用万用表测量各静态值，分别填入表 6-4。

表 6-4　静态工作点测试数据

静态量	RP	U_B	I_{CQ}	I_{BQ}	U_{CEQ}
计算值	—				
测量值					

2. 观察偏置电阻对静态工作点的影响

改变可调电阻 RP，保持输出波形不失真，重新测试各静态值，并记录数据。根据测试结果，分析总结 RP 对静态工作点的影响。

3. 测量电压放大倍数

1）重新将 1000Hz、10mV 的交流信号输入 u_i，并将 u_i 和 u_o 分别接示波器的两个通道，同时观察输入、输出波形，保持输出幅值最大且不失真。

2）在示波器上（或万用表），分别读出输入、输出的幅值，求出电压放大倍数 A_u。

4. 分析负载对放大倍数的影响

分别将负载开路、换为 1.2kΩ 的电阻，保持波形不失真，重新测量输入、输出的大小，计算电压放大倍数，并记录测试数据和波形。

5. 分析波形失真与静态工作点的关系

负载开路时，输入不变，调节 RP，使波形分别产生饱和失真和截止失真，记录输入和输出波形，分析总结静态工作点与波形失真的关系。

五、注意事项

1）电路连接过程中，必须断电；电路连接完成后，一定要在确认电源正、负极正确后加电，避免电源短路，从而损坏元器件和实验箱。

2）注意示波器水平和垂直方向的量程选择，当观察输入、输出两路波形时，最好将两路选择同样量程，以便于比较和记录。

3）注意实验箱的电流测试孔是断开的，当不用时需要用导线连接。

六、报告要求

1）画出测试电路，并将测量数据填入表 6-4。

2）根据实验数据，分析放大电路静态工作点和电压放大倍数的计算和测量方法。

3）总结电路元器件参数改变对静态工作点及电压放大倍数的影响。

4）总结本次实验的收获。

【习题六】

1. 能够将微弱的电信号进行放大的电子电路是_____。
2. 放大电路的性能指标主要有_____、_____和输出电阻。
3. _____是指放大电路在输出信号不失真的情况下,输出量与输入量之比。
4. 按照输入输出回路公共端的不同,晶体管放大电路可分为3种基本组态:共基极放大电路、_____、_____。
5. _____是放大电路的核心元件,起放大电流的作用。
6. 画交流通路的原则是:电路中的电容和直流电源视为_____,电感视为_____。
7. 静态工作点 Q 的确定有_____和_____两种方法。
8. 当 Q 点过高时,导致输出底部失真,也称为_____。
9. 实际中,常采用_____放大电路来稳定静态工作点。
10. 共射极放大电路可以放大电压和电流,其输出电压与输入相比,频率_____、相位_____。
11. 共集电极放大电路输出电压跟随输入变化,因此也称为_____。
12. 多级放大电路常见的耦合方式有直接耦合、_____、_____和光电耦合等。
13. 多级放大电路的电压放大倍数为_____,输入电阻为_____。
14. 差动放大电路有良好的抑制_____和共模干扰的能力。
15. 差分放大电路的输入可分为_____输入和_____输入两种情况。
16. _____定义为差模电压放大倍数与共模电压放大倍数之比的绝对值。
17. 多级放大电路的输入级和中间级多采用_____电路,输出级多采用_____电路。
18. _____是指输出功率与直流电源供给的功率之比。
19. 按晶体管的工作状态不同,分为_____、_____和_____3种功率放大器。
20. 功率放大电路中,当输入信号小于晶体管的开启电压时,两个晶体管同时截止,输出为零,这种过零处的失真称为_____。
21. 什么是微变等效电路分析法?
22. 多级放大电路由哪几部分组成?简述各部分作用。
23. 多级放大电路有几种耦合方式?简述各耦合方式的优缺点。
24. 功率放大电路的特点有哪些?
25. 已知某放大电路中,输入电压为50mV,输入电流为40μA,输出电压为5V,输出电流为4mA,求:
    1) 电压放大倍数 A_u、电流放大倍数 A_i、功率放大倍数 A_P 及各增益;
    2) 放大电路的输入电阻 r_i。
26. 图6-4所示共射极放大电路中,已知 $V_{CC}=12V$,$R_C=2kΩ$,$R_B=220kΩ$,$β=50$,$R_L=2kΩ$。求:
    1) 电路的直流通路;
    2) 电路的静态工作点参数;

3）交流通路和微变等效电路；

4）电路的放大倍数、输入电阻、输出电阻。

27. 图 6-13a 所示的分压式偏置放大电路中，已知 $V_{CC}=12V$，$R_C=2.5k\Omega$，$R_E=1k\Omega$，$R_{B1}=22k\Omega$，$R_{B2}=4.7k\Omega$，$\beta=50$，$r_{be}=1k\Omega$。求：

1）电路的静态工作点，并画出电路的微变等效电路；

2）空载时的放大倍数、输入电阻、输出电阻。

28. 图 6-20 所示两级阻容耦合放大电路中，已知 $V_{CC}=12V$，$R_{C1}=2k\Omega$，$R_{C2}=3k\Omega$，$R_{B1}=40k\Omega$，$R_{B2}=20k\Omega$，$R_{B3}=100k\Omega$，$R_{B4}=30k\Omega$，$r_{be1}=r_{be2}=1.5k\Omega$，$\beta_1=\beta_2=100$。求：

1）各级的电压放大倍数和总电压放大倍数；

2）电路的输入电阻、输出电阻。

29. OCL 功率放大电路如图 6-25 所示，已知电源 $V_{CC}=20V$，负载 $R_L=8\Omega$，求：

1）当输入电压 $u_i=10V$（有效值）时，输出电压 u_o 的大小；

2）电路的输出功率、电源供给功率和效率。

项目七

集成运算放大器

学习导入

将大量的各种单个元器件（二极管、晶体管、场效应晶体管等）和它们之间的连接导线同时制作在一块半导体芯片上，组成一个整体，再加上外壳封装引脚便成了高密度的固体电路，称为集成电路。与分立元件电路相比，集成电路的优点很多，在科学技术上意义重大。用集成电路制造的电子产品，体积小、重量轻、功能强、精度高、工作可靠、使用方便、价格便宜。集成电路的出现开辟了微电子技术时代，并促进了许多学科和领域的发展。集成电路的类型有模拟集成电路和数字集成电路。本项目主要介绍模拟集成电路。

本项目主要介绍3个方面内容：一是介绍集成运算放大器的基本组成、传输特性、主要参数、理想化模型以及它的分析依据；二是介绍运算放大电路中的负反馈和负反馈对放大电路工作性能的改善；三是介绍集成运算放大电路构成的各种应用电路，如信号运算电路、信号处理电路等。

学习目标

1. 知识目标

1）掌握负反馈放大电路的概念、分类和作用。
2）了解集成运算放大器的结构、特点及主要参数。
3）掌握理想运算放大器的分析方法。
4）熟知集成运算放大器在线性应用和非线性应用中的典型电路。

2. 能力目标

1）能够解释负反馈的概念。
2）能够进行理想运算放大器的基本分析。
3）能够分析集成运算放大器主要线性应用和非线性应用电路。

课题一　集成运算放大器概述

集成运算放大器概述

一、集成运算放大器的组成和主要参数

目前集成运算放大器（以下简称集成运放）的放大倍数可高达 10^7 倍（140dB）。集成运放工作在放大区时，其输入和输出呈线性关系，所以又称为线性集成电路。

1. 集成运放的基本组成

近年来，集成运放得到迅速发展，出现了各种不同类型和不同结构的集成运放，其基本结构是相同的。集成运放的电路可分为输入级、中间级、输出级和偏置电路 4 个基本组成部分，如图 7-1 所示。

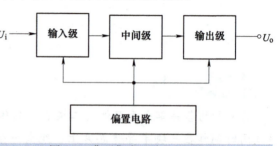

图 7-1　典型集成运放的原理框图

（1）输入级　输入级是提高运算放大器质量的关键部分，要求其输入电阻高，能减小零点漂移和抑制共模干扰信号，因此，输入级都采用具有恒流源的差动放大电路。它具有同相和反相两个输入端。

（2）中间级　集成运放的总增益主要由中间级提供，要求中间级有较高的电压放大倍数，因此，中间级一般采用带有恒流源负载的共射放大电路，其放大倍数可达几千倍以上。

（3）输出级　输出级与负载相接，要求其输出电阻低，带负载能力强，能输出足够大的电压和电流，因此，输出级一般采用互补对称电路或射极输出器。

（4）偏置电路　偏置电路为上述各级电路提供稳定和合适的偏置电流，决定各级的静态工作点，由各种恒流源电路组成。

此外，集成运放还有一些辅助电路，如电平偏移电路、过电流保护电路等。

2. 集成运放的符号

μA741 为应用广泛的一种集成运放，它的外壳封装有双列直插式、圆壳式和扁平式 3 种形式。图 7-2a 所示为 μA741 集成运放双列直插式的引脚排列。其电路的 8 只引脚序号按逆时针方向排列，从结构特征（凹口或定位销）开始依次为 1、2、…、8。不同类型集成运放的外引脚排列是不同的，必须查阅产品手册来确定。

μA741 集成运放的各引脚功能如下。

1、5——外接调零电位器（通常为 10kΩ）的两个端子。

2——反相输入端，其电压值标为 u_o。如果信号由该端输入，则输出信号的相位与输入信号相反。

3——同相输入端，其电压值标为 u_o。如果信号由该端输入，则输出信号的相位与输入信号相同。

4——负电源端。

6——输出端，其电压值标为 u_o。

7——正电源端。

8——空脚。

电路图中集成运放的符号如图 7-2b 所示,在图形符号中,通常只画出输入和输出端,其余各端可不画。

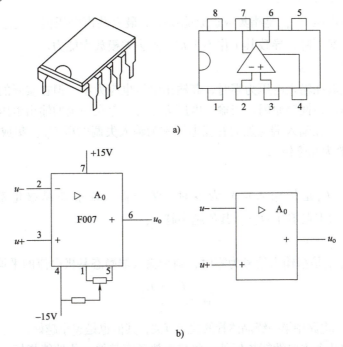

a)

b)

图 7-2　μA741 集成运放双列直插式的引脚排列和符号

二、集成运放的主要性能指标

集成运放的性能指标是评价其性能优劣的主要标志,也是选用集成运放的主要依据。因此,必须熟悉这些性能指标的含义和数值范围。

1. 开环差模电压放大倍数 A_{ud}

开环差模电压放大倍数 A_{ud} 是指集成运放在开环状态(无外加反馈回路)下的差模电压放大倍数。对于集成运放,希望 A_{ud} 大且稳定。目前,集成运放的 A_{ud} 一般为 60~140dB。

最大输出电压 U_{oPP} 是指在一定的电源电压下,集成运放最大不失真输出电压的峰值。

2. 差模输入电阻 r_{id}

差模输入电阻 r_{id} 是指集成运放在输入差模信号时的输入电阻。对信号源来说,差模输入电阻 r_{id} 越大,对其影响越小。一般集成运放的 r_{id} 为几百千欧至几兆欧。

3. 开环输出电阻 r_o

开环输出电阻 r_o 是指集成运放在开环状态且负载开路时的输出电阻。其数值越小,带负载的能力越强。

4. 共模抑制比 K_{CMR}

共模抑制比 K_{CMR} 与差动放大电路中的定义相同,常用分贝值表示。K_{CMR} 值越大,表示集成运放对共模信号的抑制能力越强。

5. 最大差模输入电压 $U_{id\ max}$

最大差模输入电压 $U_{id\ max}$ 是指集成运放的反相和同相两个输入端之间能承受的最大电压值。超过这个电压值，会使集成运放的性能显著恶化，甚至可能造成永久性损坏。

6. 最大共模输入电压 $U_{ic\ max}$

最大共模输入电压 $U_{ic\ max}$ 是指集成运放能承受的最大共模电压值。超过这个电压值，它的共模抑制比将明显下降，导致其工作不正常，失去差模放大能力。

7. 输入失调电压 U_{IO}

理想的集成运放在输入电压为零时，其输出电压也应为零。但在实际的集成运放中，由于元器件参数的不对称性等原因，当输入电压为零时，存在一定的输出电压。为了使集成运放的输出电压为零，在输入端应加的补偿电压称为输入失调电压 U_{IO}。集成运放的 U_{IO} 越小，质量越好。U_{IO} 一般为几毫伏。

8. 输入失调电流 I_{IO}

输入失调电流 I_{IO} 是指输入信号为零时，两个输入端静态基极电流之差，即 $I_{IO} = |I_{B1} - I_{B2}|$。$I_{IO}$ 一般为零点零几微安，其值越小越好。

9. 输入偏置电流 I_{IB}

输入偏置电流 I_{IB} 是指输入信号为零时，两个输入端静态基极电流的平均值，即

$$I_{IB} = \frac{I_{B1} + I_{B2}}{2} \tag{7-1}$$

它的大小主要和电路中第一级晶体管的性能有关，其值也是越小越好，一般为零点几微安。

除上述介绍的几个主要性能指标外，集成运放还有其他一些性能指标，使用时可查阅集成运放电路手册。

三、集成运放的理想模型

理想集成运放是指将集成运放的各项技术指标理想化，以便于在分析估算应用电路的过程中，抓住事物本质，忽略次要因素，简化分析过程。

理想化的条件主要有：

1）开环差模电压放大倍数 $A_{ud} \rightarrow \infty$。
2）差模输入电阻 $r_{id} = \infty$。
3）开环输出电阻 $r_o = 0$。
4）共模抑制比 $K_{CMR} = \infty$。
5）输入失调电压、失调电流及它们的温漂均为零。
6）带宽足够大。

由于实际集成运放的上述技术指标接近理想化的条件，因此，在分析时用理想集成运放代替实际集成运放所引起的误差并不严重，在工程上是允许的，这就大大简化了分析过程。在本书中，若无特别说明，均将集成运放作为理想集成运放来考虑。

表示集成运放输出电压与输入电压之间关系的特性曲线称为传输特性，如图 7-3 所示。图中，BC 段为集成运放工作的线性区，AB 段和 CD 段为集成运放工作的非线性区（饱和区）。由于集成运放的电压放大倍数极高，BC 段十分接近纵轴。在理想情况下，可认为 BC 段与纵轴重合，用 $B'C'$ 段表示理想集成运放工作在线性区，AB' 段和 $C'D$ 段表示理想集成运

放工作在非线性区。

（1）工作在线性区　当集成运放工作在线性区时，作为一个线性放大元件，其输出信号和输入信号是线性关系，即

$$u_o = A_{ud}u_i = A_{ud}(u_+ - u_-) \quad (7\text{-}2)$$

由于理想集成运放的 $A_{uo} \to \infty$，而 u_o 是有限值，所以可认为

$$u_+ - u_- \approx 0$$
$$u_+ \approx u_- \quad (7\text{-}3)$$

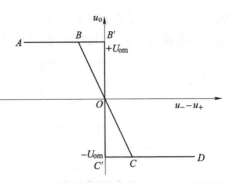

图 7-3　集成运放的传输特性

满足此条件称为虚短，即两个输入端之间的电压近似为零，相当于短路，但不是真正的短路。

由于理想集成运放的 $r_{id} = \infty$，所以可认为两个输入端的电流近似为零，即

$$i_+ = i_- \approx 0 \quad (7\text{-}4)$$

满足此条件称为虚断，即输入端相当于开路，但不是真正的开路。

利用虚短和虚断这两个结论分析各种运算及处理电路的线性工作情况十分简便。

（2）工作在非线性区　当集成运放处于开环状态或同相输入端和输出端有通路（正反馈）时，集成运放工作在非线性区。

课题二　放大电路的负反馈

放大电路的负反馈

一、反馈的基本概念

1. 什么是反馈

将放大电路（或电路系统）输出端信号（电压或电流）的一部分（或全部）通过某种电路（该电路称为反馈电路）引回至输入端，称为反馈。引入反馈的放大电路称为闭环放大电路，如图 7-4a 所示。

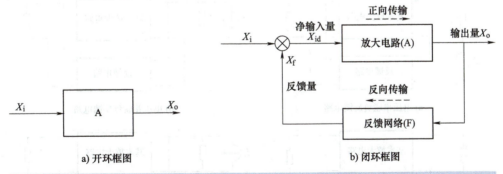

图 7-4　开环和闭环放大电路框图

2. 正反馈和负反馈

若引回的反馈信号使放大电路的净输入信号减弱，则称之为负反馈，如图 7-5 所示。反之，若使净输入信号增强，称之为正反馈，如图 7-6 所示。为提高放大电路的稳定性，一般采用负反馈。带有负反馈的放大电路有两部分：一个是无反馈的放大电路 A（单级或多

级）；另一个是反馈电路 F（由电阻、电容元件组成，也可以是一个电路），F 把输出电路和输入电路联系起来，对放大电路的影响非常大。

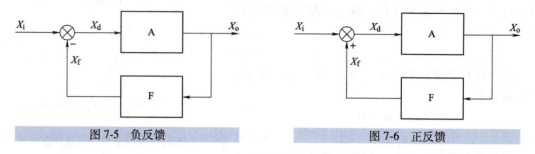

图 7-5　负反馈　　　　　　　　　　　图 7-6　正反馈

图 7-5 中，$X_d = X_i - X_f$；图 7-6 中，$X_d = X_i + X_f$。

3. 电压反馈和电流反馈

在放大电路的输出端，有两个物理量可供反馈：输出电压和输出电流。

电压反馈：反馈信号 X_f 取自 u_o 并与之成正比。

电流反馈：反馈信号 X_f 取自 i_o 并与之成正比。

4. 串联反馈和并联反馈

在放大电路的输入端，输入电路和反馈电路可以有两种连接方式：串联和并联。

串联反馈：反馈信号 X_f 电路与输入信号 X_i 电路是以串联形式产生净输入信号 X_d 的，列电压方程（KVL）有

$$u_i = u_d + u_f$$

并联反馈：反馈信号 X_f 电路与输入信号 X_i 电路是以并联形式产生净输入信号 X_d 的，列电流方程（KCL）有

$$i_i = i_d + i_f$$

由以上可以看出，放大电路有 4 种类型：电压串联负反馈、电压并联负反馈、电流串联负反馈和电流并联负反馈，分别如图 7-7a~d 所示。

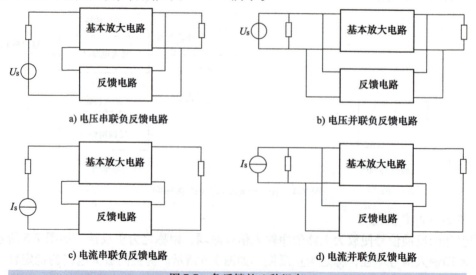

a) 电压串联负反馈电路　　　　　　b) 电压并联负反馈电路

c) 电流串联负反馈电路　　　　　　d) 电流并联负反馈电路

图 7-7　负反馈的 4 种组态

二、反馈的判别

1. 有无反馈的判别

在图 7-8 所示电路中，图 7-9a 所示电路只有信号的正向传递，没有反向的回馈，所以是无反馈电路；图 7-9b 所示电路有信号的正向传递，还有信号的回馈（通过 R_f），在运放的输入端与输入信号进行比较，为有反馈的电路；图 7-9c 所示电路有信号的正向传递，反馈电阻 R_f 的左端接地，反馈回来的信号为零，为无反馈电路。

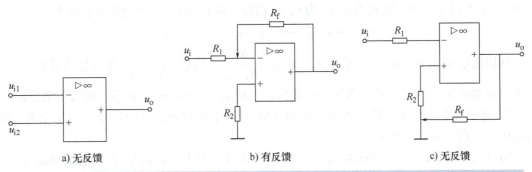

图 7-8　是否有反馈电路

2. 反馈类型的判别

反馈类型的判别包括 3 方面内容：①正反馈和负反馈的判别；②电压反馈和电流反馈的判别；③串联反馈和并联反馈的判别。

下面通过例题说明具体的判别方法。

例 7-1　判别图 7-9a 所示电路中的反馈类型。

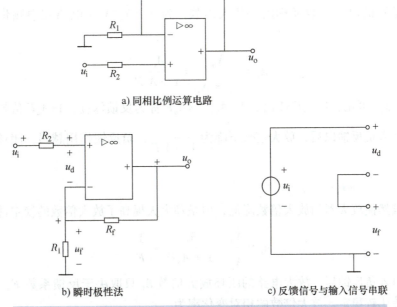

图 7-9　反馈类型判断例题

解：图 7-9a 为同相比例运算电路，为便于判别反馈类型，将其改画成图 7-9b。

1) 正反馈和负反馈的判别——采用瞬时极性法。首先设定输入信号 u_i 在某瞬时电位的极性（高于零电位为正，用+表示；低于零电位为负，用-表示），然后逐点判断有关各点电位的极性和输出信号 u_o 的极性，最后找到反馈信号 u_f 的极性。

若反馈信号 u_f 使净输入信号 u_d 减弱，为负反馈；若反馈信号 u_f 使净输入信号 u_d 增强，为正反馈。

在图 7-9b 上使用瞬时极性法：设 u_i 电位为上升趋势，用+表示，则 u_i 为+，同相输入端 u_+ 为+，输出端 u_o 为+，经 R_f 反馈 u_f 为+，反相输入端 u_- 为+，以上过程可表示为

$$u_i \uparrow \to u_+ \uparrow \to u_o \uparrow \to u_f \uparrow \to u_- \uparrow$$

反馈电压 u_f 与输出电压 u_o 成正比，即 $u_f = \dfrac{R_1}{R_1+R_f} u_o$，式中 $\dfrac{R_1}{R_1+R_f}$ 称为反馈系数，u_f 与 u_i 的对比如图 7-9c 所示。可以看出，u_f 使净输入量 u_d（$u_d = u_i - u_f$）减弱，所以是负反馈。

2) 电压反馈和电流反馈的判别。由图 7-9b 可清楚地看出，反馈信号 u_f 取自运放的输出电压 u_o，所以是电压反馈。

3) 串联反馈和并联反馈的判别。由图 7-9b 还可以看出，反馈信号 u_f 电路和输入信号 u_i 电路是以串联形式进行比较，得出净输入信号 u_d 的，如图 7-9c 所示，所以是串联反馈。

综合起来，图 7-9a 所示电路为串联电压负反馈。

三、负反馈对放大器性能的影响

1. 降低了放大倍数

由图 7-4 可见，设开环放大倍数（又称基本放大器放大倍数）为 A_o，反馈网络的反馈系数 $F = \dot{X}_f / \dot{X}_o$，则有

$$\dot{X}_o = (\dot{X}_i - \dot{X}_f) A_o = (\dot{X}_i - \dot{X}_o F) A_o$$

负反馈放大电路的放大倍数又称闭环放大倍数，为 $A_f = \dot{X}_o / \dot{X}_i$（电路在中频带时，均为实数）。

$$A_f = \frac{\dot{X}_o}{\dot{X}_d + \dot{X}_f} = \frac{A_o}{1 + A_o F} \tag{7-5}$$

从式 (7-5) 可见，$1 + A_o F > 1$ 时，$A_f < A_o$，$1 + A_o F$ 称为反馈深度，$1 + A_o F$ 值越大，反馈越深。可见，引入负反馈以后，放大倍数下降为 $\dfrac{1}{1 + A_o F}$，负反馈作用越强，闭环放大倍数下降越多。

2. 提高了放大倍数的稳定性

负反馈虽然使放大器的放大倍数降低，但是却大大提高了放大倍数的稳定性。

$$A_f = \frac{\dot{X}_o}{\dot{X}_i} = \frac{A_o}{1 + A_o F} \approx \frac{1}{F} \tag{7-6}$$

也就是说，引入负反馈后，放大电路的闭环放大倍数 A_f 只取决于反馈系数 F，即引入负反馈后放大倍数比较稳定。放大倍数的相对变化率为

$$\frac{dA_f}{A_f} = \frac{1}{1 + A_o F} \cdot \frac{dA_o}{A_o} \tag{7-7}$$

式（7-7）说明：放大电路闭环放大倍数的相对变化量只有开环放大倍数相对变化量的 $\dfrac{1}{1+A_oF}$。

3. 减小非线性失真

由于晶体管是非线性器件，在输入信号较大时，其工作范围可能会进入特性曲线的非线性部分，使输出波形产生非线性失真，如图 7-10 所示，图中 x_i 为正弦波，x_o（波形 1）则产生或轻或重的失真，例如正半周幅度大、负半周幅度小。

引入负反馈如图 7-10b 所示，可将已经产生的失真信号 x_o（波形 1）通过负反馈电路以反馈信号 x_f 的形式回馈到输入端（x_f 波形的失真程度与 x_o 相同）。x_f 与输入信号 x_i 相减得到净输入信号 x_d，x_d 的波形是正半周幅度小、负半周幅度大，刚好与 x_o 相反。这样，经过放大后，x_o 信号的正、负半周波形得到了一定程度的补偿，如波形 2 所示。从根本上说，上述办法就是利用失真的 x_f 来改善 x_o 的失真。所谓改善失真，是指引入负反馈只能减少失真，但不能完全消除失真。

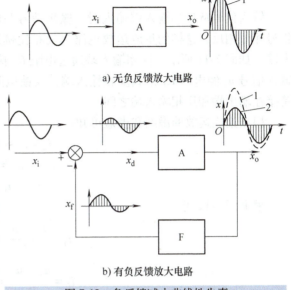

图 7-10　负反馈减小非线性失真

4. 改变输入、输出电阻

负反馈信号引入输入端以后，输入电阻的变化规律取决于反馈信号加到输入端的方式。如果反馈信号 $\dot{X}_f$ 与输入信号 $\dot{X}_i$ 是串联，则输入电阻增加；如果反馈信号 $\dot{X}_f$ 与输入信号 $\dot{X}_i$ 是并联，则输入电阻减小。

输出回路的反馈取样信号不同，将影响放大器的输出电阻的大小。放大器对输出端而言，可以看成一个有内阻的电压源，这个内阻就是放大器的输出电阻，输出电阻越小，输出电压越稳定。电压反馈可以稳定输出电压，即具有恒压输出的特性。

同样，放大电路的输出端对负载而言，可以看成是一个具有内阻的电流源，其内阻很大。电流负反馈具有稳定输出电流的作用，即具有恒流输出的特性。

课题三　集成运算放大电路的线性应用

集成运算放大器实现的基本运算有比例、加、减、积分和微分等，其实质是集成运放的线性应用。集成运放必须工作在线性范围内，才能保证输出与输入间具有一定的函数关系；同时，由于开环电压增益很高，必须引入深度负反馈，才能利用不同的反馈电路实现不同的数字运算。因此在分析这些电路时，一方面要注意输入方式，判别反馈类型；另一方面要正确利用虚短、虚断的特征，使分析简化。

在基本运算电路中，所有输入电压、输出电压均是对地而言的。

一、比例运算放大电路

比例运算放大电路有同相比例运算电路和反相比例运算电路两种,下面分别介绍两种运算电路的组成和工作原理。

1. 反相比例运算电路

输入信号从反相输入端输入时,输出信号与输入信号相位相反,这样的集成运放电路为反相比例运算电路。如图 7-11 所示,同相输入端通过电阻 R_2 接地,输入信号 u_i 经电阻 R_1 送到反相输入端,反馈电阻 R_f 跨接在输出端和反相输入端之间。

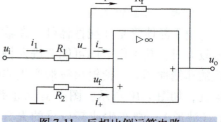

图 7-11 反相比例运算电路

根据集成运放的虚断和虚短可知:

$$i_+ = i_- \approx 0$$
$$u_+ \approx u_- = 0$$
$$i_1 \approx i_f$$

根据图 7-11 可得

$$i_1 = \frac{u_i - u_-}{R_1} = \frac{u_i}{R_1}$$

$$i_f = \frac{u_- - u_o}{R_f} = -\frac{u_o}{R_f}$$

$$\frac{u_i}{R_1} = -\frac{u_o}{R_f}$$

所以

$$u_o = -\frac{R_f}{R_1} u_i \qquad (7\text{-}8)$$

闭环电压放大倍数为

$$A_{uf} = \frac{u_o}{u_i} = -\frac{R_f}{R_1} \qquad (7\text{-}9)$$

式(7-9)表明,输出电压与输入电压是比例关系,电路的电压放大倍数只与外围电阻有关,而与集成运放本身的参数无关,这就保证了放大电路放大倍数的精确和稳定。式中的-号表示输出电压与输入电压反相。

图 7-11 中,R_2 为平衡电阻,$R_2 = R_1 /\!/ R_f$,其作用是消除静态电流对输出电压的影响。
当 $R_f = R_1$ 时,$u_o = -u_i$,$A_{uf} = -1$,此时电路称为反相器。

2. 同相比例运算电路

如果输入信号从同相输入端引入,集应运放电路就成了同相比例运算电路,如图 7-12 所示。

根据集成运放的虚断和虚短可知

$$i_+ = i_- \approx 0$$
$$u_+ \approx u_- = u_i$$
$$i_1 \approx i_f$$

于是

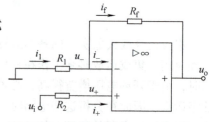

图 7-12 同相比例运算电路

$$i_1 = \frac{0 - u_-}{R_1} = -\frac{u_i}{R_1}, \quad i_f = \frac{u_- - u_o}{R_f} = \frac{u_i - u_o}{R_f}, \quad -\frac{u_i}{R_1} = -\frac{u_i - u_o}{R_f}$$

整理得
$$u_o = \left(1 + \frac{R_f}{R_1}\right) u_i \tag{7-10}$$

为后面引用方便，式（7-10）还可以表示为
$$u_o = \left(1 + \frac{R_f}{R_1}\right) u_+ \tag{7-11}$$

闭环电压放大倍数为
$$A_{uf} = \frac{u_o}{u_i} = 1 + \frac{R_f}{R_1} \tag{7-12}$$

静态平衡电阻为 $R_2 = R_1 /\!/ R_f$。

式（7-12）表明，输出电压与输入电压的比例关系与集成运放本身的参数无关，放大倍数的精度和稳定性都很高。同相比例运算电路的电压放大倍数 $A_{uf} \geqslant 1$，为正值，表示输出电压与输入电压同相。

当 $R_1 = \infty$ 或 $R_f = 0$ 时，$A_{uf} = 1$，此时电路为同相器或电压跟随器，如图 7-13 表示。由于集成运放的性能优良，所以，由它构成的电压跟随器不仅精度高，而且输入电阻大、输出电阻小，比射极输出器的跟随效果好得多，可作为各种电路的输入级、中间级或缓冲等。

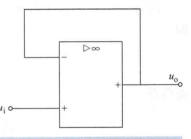

图 7-13 电压跟随器

例 7-2 在图 7-14 所示运算电路中，已知 $u_i = 1\text{V}$，$R_1 = R_{f1} = 10\text{k}\Omega$，$R_4 = 20\text{k}\Omega$，$R_{f2} = 100\text{k}\Omega$。求输出电压 u_o 及平衡电阻 R_2 和 R_3。

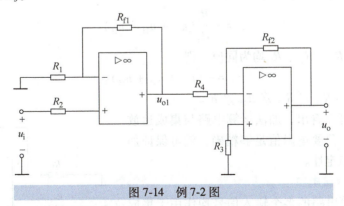

图 7-14 例 7-2 图

解： 这是两级运算。第一级为同相比例运算电路，输出电压为
$$u_{o1} = \left(1 + \frac{R_{f1}}{R_1}\right) u_i = \left(1 + \frac{10}{10}\right) \times 1\text{V} = 2\text{V}$$

第二级为反比例运算电路，输出电压为
$$u_o = -\frac{R_{f2}}{R_4} u_{i2} = -\frac{R_{f2}}{R_4} u_{o1} = -\frac{100}{20} \times 2\text{V} = -10\text{V}$$

静态平衡电阻 $R_2 = R_1 /\!/ R_{f1} = 10\text{k}\Omega /\!/ 10\text{k}\Omega = 5\text{k}\Omega$，$R_3 = R_{f2} /\!/ R_4 = 20\text{k}\Omega /\!/ 100\text{k}\Omega =$

16.7kΩ。

二、加法运算电路

在反相比例运算电路的基础上增加几条输入支路，便可构成反相加法运算电路，又称为反相加法器。在同相比例运算电路的基础上增加几条输入支路，便可构成同相加法运算电路，又称为同相加法器。

1. 反相加法运算电路

如图 7-15 所示，根据集成运放的虚断和虚短，可列出

$$i_{i1} = \frac{u_{i1}}{R_{11}}$$

$$i_{i2} = \frac{u_{i2}}{R_{12}}$$

$$i_{i3} = \frac{u_{i3}}{R_{13}}$$

因为 $i_{i1} + i_{i2} + i_{i3} = i_f$

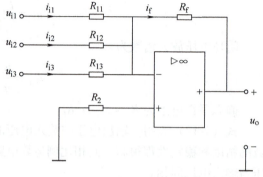

图 7-15 反相加法运算电路

即

$$\frac{u_{i1}}{R_{11}} + \frac{u_{i2}}{R_{12}} + \frac{u_{i3}}{R_{13}} = -\frac{u_o}{R_f}$$

整理得

$$u_o = -\left(\frac{R_f}{R_{11}}u_{i1} + \frac{R_f}{R_{12}}u_{i2} + \frac{R_f}{R_{13}}u_{i3}\right) \tag{7-13}$$

如果取 $R_{11} = R_{12} = R_{13} = R_1$，则

$$u_o = -\frac{R_f}{R_1}(u_{i1} + u_{i2} + u_{i3})$$

如果取 R_{11}、R_{12}、R_{13}、R_f 均为同值，则

$$u_o = -(u_{i1} + u_{i2} + u_{i3})$$

静态平衡电阻 $R_2 = R_{11} /\!/ R_{12} /\!/ R_{13} /\!/ R_f$。

由以上 3 式可以看出，加法运算电路与集成运放本身的参数无关，只要电阻值足够精确，就可保证加法运算的精度和稳定性。

2. 同相加法运算电路

同相加法运算电路的多个输入信号均作用于集成运放的同向输入端，如图 7-16 所示。

实际上，这是个多输入信号的同相比例运算电路，可知

$$u_o = \left(1 + \frac{R_f}{R_1}\right)u_+$$

式中，u_+ 由节点电压法写出，即

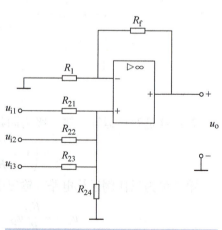

图 7-16 同相加法运算器

$$u_+ = \frac{\dfrac{u_{i1}}{R_{21}} + \dfrac{u_{i2}}{R_{22}} + \dfrac{u_{i3}}{R_{23}}}{\dfrac{1}{R_{21}} + \dfrac{1}{R_{22}} + \dfrac{1}{R_{23}} + \dfrac{1}{R_{24}}} = \frac{\sum \dfrac{u_{ii}}{R_{2i}}}{\sum \dfrac{1}{R_{2i}}}$$

所以

$$u_o = \left(1 + \frac{R_f}{R_1}\right) \frac{\dfrac{u_{i1}}{R_{21}} + \dfrac{u_{i2}}{R_{22}} + \dfrac{u_{i3}}{R_{23}}}{\dfrac{1}{R_{21}} + \dfrac{1}{R_{22}} + \dfrac{1}{R_{23}} + \dfrac{1}{R_{24}}} = \left(1 + \frac{R_f}{R_1}\right) \frac{\sum \dfrac{u_{ii}}{R_{2i}}}{\sum \dfrac{1}{R_{2i}}}$$

平衡电阻

$$R_1 \parallel R_f = R_{21} \parallel R_{22} \parallel R_{23} \parallel R_{24}$$

三、减法运算电路

图 7-17 所示为用来实现两个电压 u_{i1} 和 u_{i2} 相减的减法运算电路，两个输入端都有信号输入，实际为差动放大电路。

由图 7-17 可列出

$$u_- = u_{i1} - R_1 i_i = u_{i1} - \frac{R_1}{R_1 + R_f}(u_{i1} - u_o)$$

$$u_+ = \frac{R_3}{R_2 + R_3} u_{i2}$$

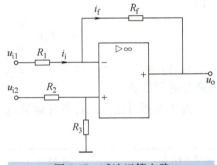

图 7-17 减法运算电路

因 $u_- \approx u_+$，故可得

$$u_o = u_{o1} + u_{o2} = \left(1 + \frac{R_f}{R_1}\right) \frac{R_3}{R_2 + R_3} u_{i2} - \frac{R_f}{R_1} u_{i1}$$

(7-14)

当 $R_1 = R_2$、$R_f = R_3$ 时，式（7-14）为

$$u_o = \frac{R_f}{R_1}(u_{i2} - u_{i1}) \tag{7-15}$$

当 $R_f = R_1$ 时，式（7-15）为

$$u_o = u_{i2} - u_{i1} \tag{7-16}$$

由式（7-16）可得闭环电压放大倍数为

$$A_{uf} = \frac{u_o}{u_{i2} - u_{i1}} = \frac{R_f}{R_1} \tag{7-17}$$

由于电路存在共模电压，为保证运算精度，应当选用共模抑制比较高的集成运放或选用阻值合适的电阻。

四、积分运算电路

在反相比例运算电路中，用电容 C_f 代替电阻 R_f 就构成了积分运算电路，如图 7-18 所示。

由于是反相输入，且 $u_- \approx u_+ = 0$，所以

$$i_i = i_f = \frac{u_i}{R_1}$$

$$u_o = -u_C = -\frac{1}{C}\int i_f dt = -\frac{1}{R_1 C}\int u_i dt \quad (7\text{-}18)$$

式（7-18）表明，输出电压与输入电压的积分成比例，负号表示两者反相。$R_1 C$ 称为积分时间常数。

当 u_i 为常数时，有

$$u_o = -\frac{u_i}{R_2 C} t \quad (7\text{-}19)$$

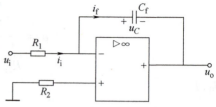

图 7-18　积分运算电路

五、微分运算电路

微分运算是积分运算的逆运算，只需将积分电路中输入端的电阻和反馈电容互换位置就可构成微分运算电路，如图 7-19 所示。

由图 7-19 可列出

$$i_i = C\frac{du_C}{dt} = C\frac{du_i}{dt}$$

$$u_o = -R_f i_f = -R_f i_i$$

所以

$$u_o = -R_f C \frac{du_i}{dt} \quad (7\text{-}20)$$

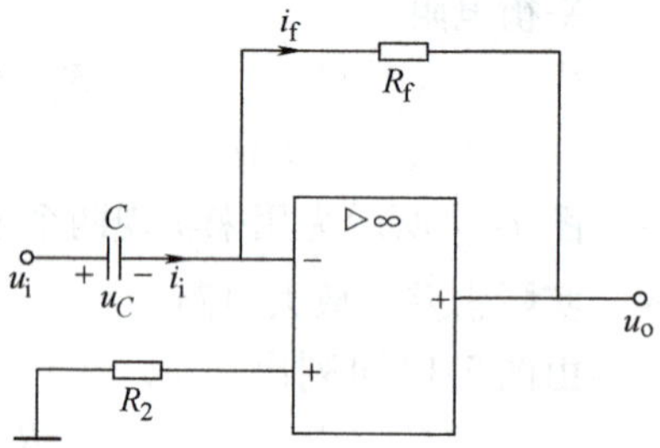

图 7-19　微分运算电路

式（7-20）表明，输出电压与输入电压的一次微分成正比，负号表示两者反相。$R_f C$ 称为微分时间常数。

为了方便对比，现将各种运算电路及其运算式列于表 7-1 中。

表 7-1　基本运算电路

电路名称	电路图	运算关系	平衡电阻
反比例运算电路	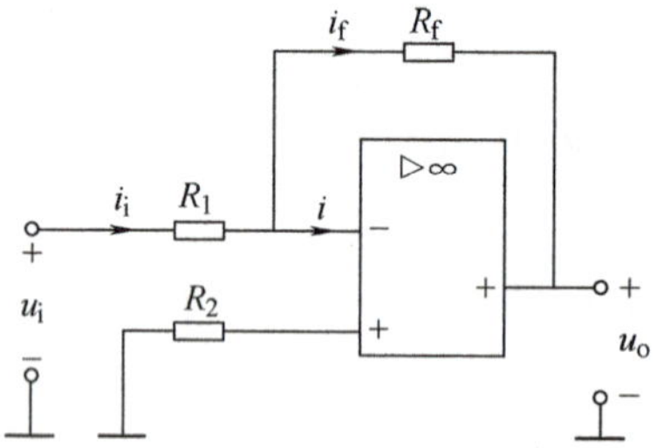	$u_o = -\dfrac{R_f}{R_1} u_i$	$R_2 = R_1 /\!/ R_f$
反比例运算电路的特例：反相器	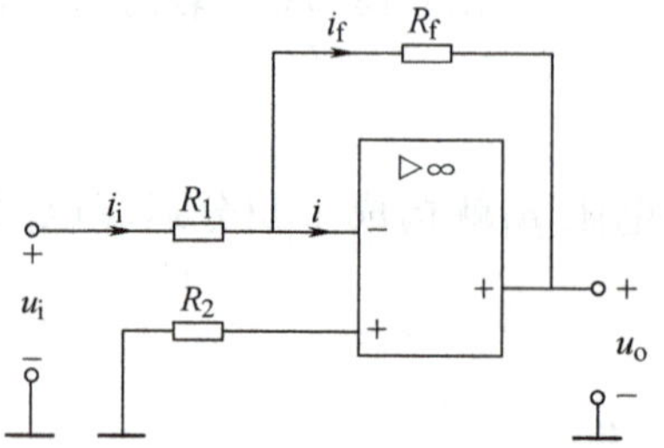	$R_1 = R_f = R$ $u_o = -u_i$	$R_2 = \dfrac{R}{2}$

（续）

电路名称	电路图	运算关系	平衡电阻
同相比例运算器		$u_o = \left(1 + \dfrac{R_f}{R_1}\right) u_i$ $u_o = \left(1 + \dfrac{R_f}{R_1}\right) u_+$	$R_2 = R_1 \mathbin{/\mkern-6mu/} R_f$
同相比例运算器的特例：电压跟踪器		$u_o = u_i$	
反相加法运算器		$u_o = -\left(\dfrac{R_f}{R_{11}}u_{i1} + \dfrac{R_f}{R_{12}}u_{i2} + \dfrac{R_f}{R_{13}}u_{i3}\right)$	$R_2 = R_{11} \mathbin{/\mkern-6mu/} R_{12} \mathbin{/\mkern-6mu/} R_{13} \mathbin{/\mkern-6mu/} R_f$
同相加法运算器		$u_o = \left(1 + \dfrac{R_f}{R_1}\right) \dfrac{\dfrac{u_{i1}}{R_{21}} + \dfrac{u_{i2}}{R_{22}} + \dfrac{u_{i3}}{R_{23}}}{\dfrac{1}{R_{21}} + \dfrac{1}{R_{22}} + \dfrac{1}{R_{23}} + \dfrac{1}{R_{24}}}$ $= \left(1 + \dfrac{R_f}{R_1}\right) \dfrac{\sum \dfrac{u_{ii}}{R_{2i}}}{\sum \dfrac{1}{R_{2i}}}$	$R_1 \mathbin{/\mkern-6mu/} R_f = R_{21} \mathbin{/\mkern-6mu/} R_{22} \mathbin{/\mkern-6mu/} R_{23} \mathbin{/\mkern-6mu/} R_{24}$

(续)

电路名称	电路图	运算关系	平衡电阻
减法运算器	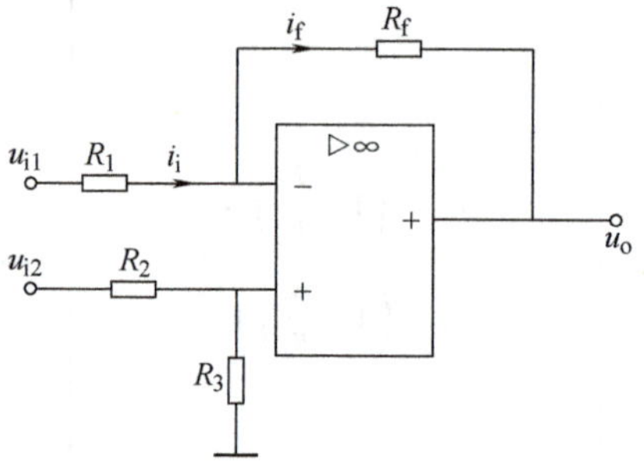 (电路图)	若 $R_1=R_2$，$R_f=R_3$，则 $u_o = \dfrac{R_f}{R_1}(u_{i2}-u_{i1})$	$R_2 \mathbin{/\mkern-6mu/} R_3 = R_1 \mathbin{/\mkern-6mu/} R_f$
积分运算器	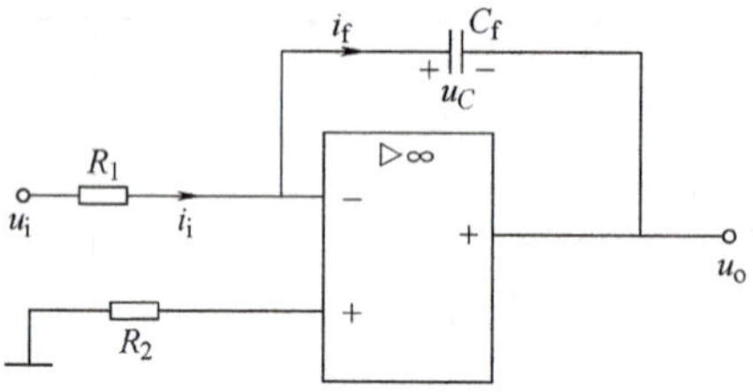 (电路图)	$u_o = -u_C = -\dfrac{1}{C}\int i_f \mathrm{d}t$ $= -\dfrac{1}{R_1 C}\int u_i \mathrm{d}t$	$R_2 = R_1$
微分运算器	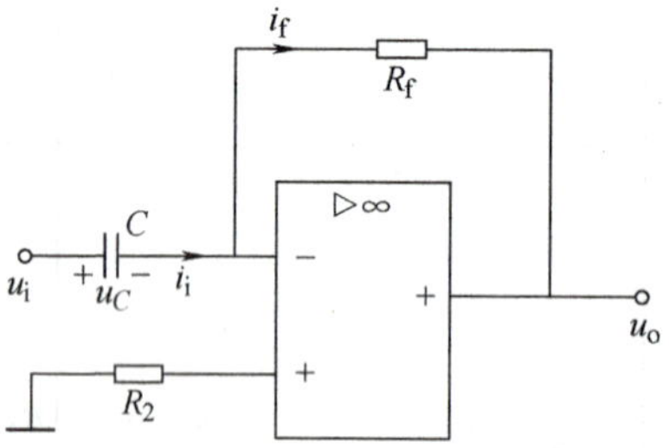 (电路图)	$u_o = -R_f C \dfrac{\mathrm{d}u_i}{\mathrm{d}t}$	$R_2 = R_f$

课题四 集成运算放大电路的非线性应用

集成运放工作在开环状态或引入正反馈时，其输出电压和输入电压的关系是非线的。分析集成运放的非线性应用时，虚短和虚断不再适用。集成运放的非线性应用十分广泛，本节只介绍其在电压比较器中的应用。

电压比较器是指将一个模拟量电压信号和一个参考电压相比较，在两者幅度相等的附近，输出电压产生跃变，相应输出高电平或低电平的电路。

一、过零比较器

过零比较器是参考电压为零的比较器，如图 7-20a 所示，其同相输入端接地，输入信号从反相输入端接入。当 $u_i<0$ 时，$u_o=U_{om}$；当 $u_i>0$ 时，$u_o=-U_{om}$。其电压传输特性如图 7-20b 所示。电压比较器输出电平发生跃变时的输入电压称为门限电压或阈值电压，用 U_{TH} 表示。当输入电压为正弦波电压时，输出电压为矩形波电压，如图 7-20c 所示。

有时为了将输出电压限制在某一特定值，以与接在输出端的数字电路电平配合，在比较

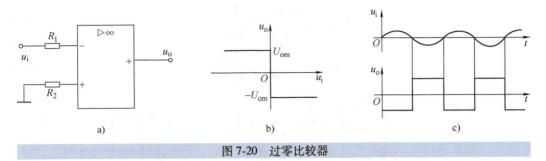

图 7-20 过零比较器

器的输出端与"地"之间跨接一个双向稳压管 VZ，作双向限幅用。其电路和传输特性如图 7-21 所示。u_i 与零电平比较，输出电压 u_o 被限制在 $+U_Z$ 或 $-U_Z$。

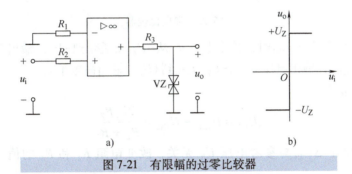

图 7-21 有限幅的过零比较器

如果将过零比较器的接地端改接入一个参考电压 U_R，由于 U_R 的大小与极性均可调整，则电路成为任意电平电路，如图 7-22 所示。当 $u_i < U_R$ 时，$u_o = U_Z$；当 $u_i > U_R$ 时，$u_o = -U_Z$。

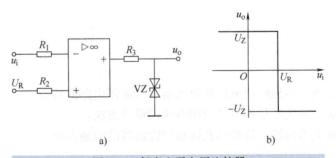

图 7-22 任意电平电压比较器

二、滞回比较器

前面介绍的比较器虽然结构简单、灵敏度高，但抗干扰能力差，当输入电压在门限电压附近稍有波动时，就会使输出电压误动，形成干扰信号。采用滞回比较器可以解决这个问题。

从集成运放电路的输出端引出一个反馈电阻到同相输入端，形成正反馈，就构成了滞回比较器，如图 7-23a 所示。当输入电压 u_i 逐渐增大或减小时，对应的门限电压不同，传输特性呈"滞回"现象。两个门限电压分别为 U_{TH1} 和 U_{TH2}，两者的差值 ΔU_{TH} 称为回差电压或门限宽度。

由于输出电压为 $+U_Z$ 和 $-U_Z$，所以，根据叠加原理可得

$$U_{TH1} = \frac{U_R R_3}{R_2 + R_3} + \frac{U_Z R_2}{R_2 + R_3} \tag{7-21}$$

$$U_{TH2} = \frac{U_R R_3}{R_2 + R_3} - \frac{U_Z R_2}{R_2 + R_3} \tag{7-22}$$

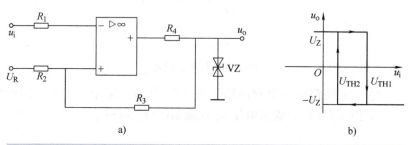

图 7-23 滞回比较器

当 u_i 逐渐增大并等于 U_{TH1} 时，输出电压 u_o 从 $+U_Z$ 飞跃变到 $-U_Z$，输出低电平；当 u_i 逐渐减小并等于 U_{TH2} 时，输出电压 u_o 从 $-U_Z$ 跃变到 $+U_Z$，输出高电平。

回差电压 ΔU_{TH} 为

$$\Delta U_{TH} = U_{TH1} - U_{TH2} = \frac{2U_Z R_Z}{R_2 + R_3} \tag{7-23}$$

可见，回差电压 ΔU_{TH} 与参考电压 U_R 无关，改变电阻 R_2 和 R_3 的值，即可改变门限宽度。

任务七　集成运算放大电路的线性应用验证

一、任务目标

1）通过实验，进一步理解集成运算放大器线性应用电路的特点。
2）掌握集成运算放大器基本线性应用电路的设计方法。
3）了解限幅放大器的转移特性以及转移特性曲线的绘制方法。

二、器材工具

本任务所需器材工具见表 7-2。

表 7-2　器材工具

序号	名称	型号与规格	数量
1	直流稳压电源	HT-1712F，0~30V	1
2	函数信号发生器	YB1602	1
3	示波器	SR-071B	1
4	交流毫伏表	SX-2172	1
5	集成运放块	μA741（LM741）	2

三、原理分析

本实验采用 LM324 集成运算放大器和外接反馈网络构成基本运算电路。LM324 的外部引脚功能如图 7-24 所示。

若反馈网络为线性电路，运算放大器可实现加、减、微分、积分运算。

1. 反相比例运算放大器

图 7-25 所示为反相比例运算放大器，LM324 按理想运算放大器处理，则 $u_o = -\dfrac{R_f}{R_1} u_i$，运算关系为 $u_o = -\dfrac{R_f}{R_1} u_i$。

若 $R_1 = R_f$，则为反相器，即 $u_o = -u_i$。

2. 同相比例运算放大器

图 7-26 所示为同相比例运算放大器，其输出与输入的关系是 $u_o = \left(1 + \dfrac{R_f}{R_1}\right) u_i$，运算关系为 $u_o = \left(1 + \dfrac{R_f}{R_1}\right) u_i$。

若不接 R_1 或将 R_f 短路，可实现跟随器功能，即 $u_o = u_i$。

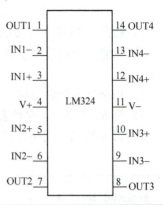

图 7-24　LM324 的外部引脚功能

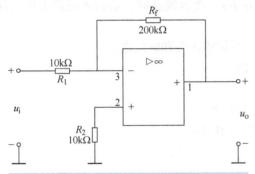

图 7-25　反相比例运算放大器

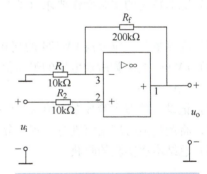

图 7-26　同相比例运算放大器

四、任务实施

1. 验证反相比例运算放大器

1）调整稳压电源，使其输出 ±15V，接在 LM324 的 4 脚和 11 脚上。

2）按图 7-25 所示连接电路。

3）调整低频信号发生器，使其输出 100mV、1kHz 的信号电压，并接在电路的输入端，即 u_i。

4）用毫伏表分别测量 u_i、u_o，并填入表 7-3 中。

表 7-3　反相比例运算放大器　　　　　　　　　　　　（单位：mV）

u_i	u_o（测量值）	$u_o = -\dfrac{R_f}{R_1} u_i$（理论值）

2. 验证同相比例运算放大器

1）按图 7-26 所示连接电路。

2）调整低频信号发生器，使其输出 200mV、1kHz 的信号电压，并接在电路的输入端，即 u_i。

3）用毫伏表分别测量 u_i 和 u_o，并填入表 7-4 中。

4）将 R_1 开路，用毫伏表分别测量 u_i 和 u_o。

5）将 R_f 短路，用毫伏表分别测量 u_i 和 u_o。

表 7-4 同相比例运算放大器　　　　　　　　　　　　（单位：mV）

同相比例运算放大器	u_i	u_o（测量值）	$u_o = \left(1 + \dfrac{R_f}{R_1}\right) u_i$（理论值）
跟随器	$R_1 = \infty$（开路）		
	$R_f = \infty$（短路）		

五、注意事项

1）每次实验前，务必设置"状态"开关，并检查其他开关和旋钮的位置。实验接线完成后，必须经教师审核无误才可开始实验。

2）除非特定的实验操作要求（必要的实验方法），改接线路时，必须先切断系统工作电源。

3）在测量前，应分清 LM324 的同相输入端、反相输入端和输出端。

4）LM324 的 4 脚所加电压的绝对值不超过 32V。

六、报告要求

1）记录、整理实验数据，填入相应表格并绘制波形。

2）将测量值与理论值进行比较，分析产生误差的原因。

3）总结本次实验的收获。

【习题七】

1. 集成运放有两个输入端，其中，标有"－"号的称为_____输入端，标有"+"号的称为_____输入端，∞ 表示_____。

2. 理想运放同相输入端和反相输入端的虚短指的是_____的现象。

3. 将放大器_____全部或部分通过某种方式回送到输入端，这部分信号称为_____信号。使放大器净输入信号减小，放大倍数也减小的反馈，称为_____反馈；使放大器净输入信号增加，放大倍数也增加的反馈，称为_____反馈。放大电路中常用的负反馈类型有_____负反馈、_____负反馈、_____负反馈和_____负反馈。

4. 放大电路为稳定静态工作点，应该引入_____负反馈；为提高电路的输入电阻，应该引入_____负反馈；为了稳定输出电压，应该引入_____负反馈。

5. 理想运算放大器工作在线性区时有两个重要特点：一是差模输入电压_____，称为_____；二是输入电流_____，称为_____。

6. 理想运放的参数具有以下特征：开环差模电压放大倍数 A_{od} = _____，开环差模输入电阻 r_{id} = _____，输出电阻 r_o = _____，共模抑制比 K_{CMR} = _____。

7. 同相比例电路属于_____负反馈电路，反相比例电路属于_____负反馈电路。

8. 集成运放电路由_____、_____、_____、_____ 4 部分组成。

9. 当集成运放处于_____状态时，可运用_____和_____概念。

10. 当反相比例运算放大器的 $R_f = R_1$ 时，称作_____器；当同相比例运算放大器的 $R_f = 0$ 或 R_1 为无穷大时，称作_____器。

11. 反相比例运放是一种电压并联负反馈放大器。（　　）

12. 同相比例运放是一种电流串联负反馈放大器。（　　）

13. 理想运放中的虚地表示两输入端对地短路。（　　）

14. 同相输入比例运算电路的闭环电压放大倍数数值一定大于或等于 1。（　　）

15. 运算电路中一般均引入负反馈。（　　）

16. 当集成运放工作在非线性区时，输出电压不是高电平，就是低电平。（　　）

17. 一般情况下，在电压比较器中，集成运放不是工作在开环状态，就是引入了正反馈。（　　）

18. 简单的单限比较器比滞回比较器抗干扰能力强，而滞回比较器比单限比较器灵敏度高。（　　）

19. 虚短就是两点并不真正短接，但具有相等的电位。（　　）

20. 比较器的输出电压只有两种数值。（　　）

21. 理想运算放大器的开环放大倍数 A_{uo} 为（　　），输入电阻为（　　），输出电阻为（　　）。
　　A. ∞　　　　　　B. 0　　　　　　C. 不定

22. 集成运算放大器能处理（　　）。
　　A. 直流信号　　　B. 交流信号　　　C. 交流信号和直流信号

23. 为使电路输入电阻高、输出电阻低，应引入（　　）。
　　A. 电压串联负反馈　　　　　B. 电压并联负反馈
　　C. 电流串联负反馈　　　　　D. 电流并联负反馈

24. 在由运放组成的电路中，运放工作在非线性状态的电路是（　　）。
　　A. 反相放大器　　B. 差值放大器　　C. 有源滤波器　　D. 电压比较器

25. 集成运放工作在线性放大区，由理想工作条件得出两个重要规律是（　　）。
　　A. $U_+ = U_- = 0$，$i_+ = i_-$　　　　B. $U_+ = U_- = 0$，$i_+ = i_- = 0$
　　C. $U_+ = U_-$，$i_+ = i_- = 0$　　　　D. $U_+ = U_- = 0$，$i_+ \neq i_-$

26. 什么是反馈？

27. 集成运放的理想化条件有哪些？

28. 集成运放一般由哪几部分组成？各部分的作用是什么？

项目八

稳 压 电 源

当今社会人们极大地享受着电子设备带来的便利,任何电子设备都有共同的电路——电源电路。电源功率的大小、电流和电压是否稳定,将直接影响电子设备的工作性能和使用寿命,因此,稳压电源是生活和生产中重要的一个环节。稳压电源的分类方法繁多,按输出电源的类型分有直流稳压电源和交流稳压电源。经过整流、滤波、稳压等步骤,可将交流电源转化为直流电源。本章将重点介绍整流、滤波、稳压的常用电路及其工作原理。

学习目标

1. 知识目标

1) 掌握整流电路的工作原理。
2) 掌握电容、电感、复式滤波电路的工作原理。
3) 掌握稳压电路的工作原理。

2. 能力目标

1) 能够进行整流电路基本物理量的计算。
2) 能够进行电容滤波电路的参数计算。

课题一 二极管整流电路

利用二极管的单向导电特性,将交流电压变换成单向脉动电压的过程称为整流。用来实现这一目的的电路称为整流电路。根据交流电源的相数,整流电路分为单相整流电路和三相整流电路。单相整流电路根据整流电压波形,分为半波整流电路和全波整流电路,其中常用的全波整流电路有单相全波整流电路和单相桥式整流电路,下面将逐一进行介绍。

一、单相半波整流电路

二极管半波整流电路实际上利用了二极管的单向导电特性。当输入电压处于交流电压的正半周时,二极管导通;当输入电压处于交流电压的负半周时,二极管截止,输出电压为0。

图8-1所示为单相半波整流电路。图中，T为电源变压器，由其将电网电压（如220V、50Hz的交流电）变为需要的交流电压；VD为整流二极管；r_1代表电网、变压器和VD总的等效电阻，R_L为负载电阻。其工作原理如下：

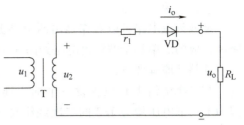

图8-1 单相半波整流电路

当输入电压波形为正半周时（即图示极性），VD导通，有电流i_{VD}流过VD和R_L，在VD上产生电压降u_{VD}，在R_L上产生输出电压u_o。

当输入电压波形为负半周时，VD截止，负载R_L上没有电流流过，因此输出电压为0。

由此可见，在两端得到的电压是单方向的，整流输出的波形只有输入波形的一半，故称为半波整流。由于电网、变压器和VD总的等效电阻很小，因此通常忽略不计，其波形变化如图8-2所示。

半波整流电路负载上得到的整流电压虽然是单方向的（极性一定），但其大小是变化的，这种电压称为脉动直流电压，常用一个周期的平均值来说明它的大小。单相半波整流输出电压U_o的平均值为

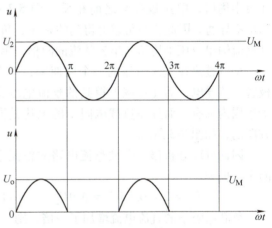

图8-2 单相半波输出电压波形图

$$U_o = \frac{1}{2\pi}\int_0^\pi \sqrt{2}\,U_2\sin\omega t\,\mathrm{d}(\omega t) = \frac{\sqrt{2}}{\pi}U_2 = 0.45U_2 \tag{8-1}$$

式中，U_2为变压器二次电压有效值。

式（8-1）说明，在变压器二次侧用交流电压表测出二次电压为10V（有效值）时，半波整流后，在负载上用直流电压表测得的电压只有4.5V（平均值）。负载电流的平均值可由下式求得

$$I_o = \frac{U_o}{R_L} = 0.45\frac{U_2}{R_L} \tag{8-2}$$

流过二极管的电流和负载电流一样。二极管VD在处于负半周时截止，它两端承受的最大反向电压U_{RM}就是U_2的峰值电压，即

$$I_{VD} = I_O = 0.45\frac{U_2}{R_L} \tag{8-3}$$

$$U_{RM} = \sqrt{2}\,U_2 \tag{8-4}$$

通过上述分析，可以得到半波整流电路的基本特点如下：

1) 半波整流电路输出的是一个脉动直流电压。
2) 半波整流电路的交流利用率为50%。
3) 实际半波整流电路中，二极管和电容的选择必须满足负载对电流的要求。

二、单相全波整流电路

全波整流电路可以看作是由两个半波整流电路组合成的。单相全波整流电路如图 8-3 所示。

其整流原理如下：

在二次绕组中心位置设一个抽头连接电路，因为上、下电压均为 1/2 的二次绕组总电压，为了方便说明，定义这个半电压为 u_2。设交流电的正、负半周以图示为准，在正半周时二次绕组

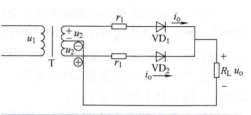

图 8-3　单相全波整流电路

电压极性均为上正下负（因为是同方向绕的），此时 VD_1 导通，VD_2 不导通。二次绕组电压在负半周时，电压极性与之前相反（图 8-3 中带圆圈的正、负号所示），可知 VD_2 导通，VD_1 不导通。因此，在负载上得到的是正、负半周都有整流输出的波形，故称为全波整流。其整流输出电压平均值为半波整流的两倍。单相全波整流的输出电压波形如图 8-4 所示。

全波整流在交流电压的一个周期中，两个二极管轮流导电，而在负载上得到的整流电压在两个半周内都有，而且在负载电阻中的电流是同一方向的，如图 8-3 所示。

因此可以分析出，全波整流电路的整流电压的平均值为

$$U_o = 2 \times 0.45 U_2 = 0.9 U_2 \qquad (8\text{-}5)$$

负载电阻中的直流电流增加了一倍，则

$$I_o = \frac{U_o}{R_L} = 0.9 \frac{U_2}{R_L} \qquad (8\text{-}6)$$

由于两个二极管是轮流导通的，每个二极管的平均电流只有负载直流电流的一半，即

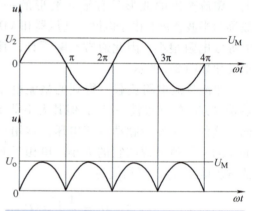

图 8-4　单相全波整流输出电压波形图

$$I_{VD} = \frac{1}{2} I_o = 0.45 \frac{U_2}{R_L} \qquad (8\text{-}7)$$

在全波整流电路中，每个二极管所承受的最高反向电压为变压器二次侧总电压的最大值，而二次侧总电压为 $2U_2$，因此

$$U_{RM} = \sqrt{2} \times 2U_2 = 2\sqrt{2} U_2 \qquad (8\text{-}8)$$

通过上述分析，可以得到全波整流电路的基本特点如下：

1) 全波整流电路输出的是一个直流脉动电压。

2) 全波整流电路的交流利用率为 100%。

3) 实际全波整流电路中，二极管和电容的选择必须满足负载对电流的要求。

三、单相桥式整流电路

单相桥式整流电路如图 8-5 所示。

其工作原理如下：

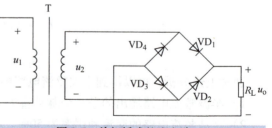

图 8-5　单相桥式整流电路

当变压器二次电压 u_2 为正半周（上正下负）时，二极管 VD_1 与 VD_3 导通，负载电阻上得到一个与 u_2 极性相同的电压波形，是上正下负的。

当 u_2 为负半周（上负下正）时，二极管 VD_2 与 VD_4 导通，负载电阻上得到的波形仍与 u_2 极性相同，并且经过二极管的引导仍为上正下负，负载上得到的是正、负半周都有的单向脉动电压波形。因此，单相桥式整流电路和单相全波整流电路的输出电压波形是相似的，如图 8-6 所示。

桥式整流电路的整流电压和整流电流的大小与全波整流电路是一样的，

$$U_o = 2 \times 0.45 U_2 = 0.9 U_2 \tag{8-9}$$

$$I_o = \frac{U_o}{R_L} = 0.9 \frac{U_2}{R_L} \tag{8-10}$$

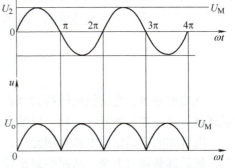

图 8-6 单相桥式整流电路输出电压波形

每两个二极管串联导通半周，因此，每个二极管中流过的平均电流和全波整流一样，为负载电流的一半，即

$$I_{VD} = \frac{1}{2} I_o = 0.45 \frac{U_2}{R_L} \tag{8-11}$$

但是，二极管截止时所承受的最大反向电压与单相全波整流电路不同。截止管所承受的最高反向电压就是变压器二次电压 U_2 的最大值，即

$$U_{RM} = \sqrt{2} U_2 \tag{8-12}$$

通过上述分析，可以得到桥式整流电路的基本特点如下：
1）桥式整流电路输出的是一个直流脉动电压。
2）桥式整流电路的交流利用率为 100%。
3）桥式整流电路二极管的负载电流仅为输出电流的一半。
4）实际电路中，桥式整流电路中二极管和电容的选择必须满足负载对电流的要求。

例 8-1 已知一个单相桥式整流电路如图 8-5 所示，负载电阻 $R_L = 9\Omega$，负载电压 $U_2 = 80V$，求：1）负载上的输出电压 U_o、输出电流 I_o、每只二极管的平均电流 I_{VD} 和其所承受的反向电压 U_{RM}；2）若 VD_2 损坏开路，U_o、I_o 是多少？3）若 VD_2 短路，会出现什么情况？

解： 1）$U_o = 0.9 U_2 = 0.9 \times 80V = 72V$

$$I_o = \frac{U_o}{R_L} = \frac{72V}{9\Omega} = 8A$$

$$I_{VD} = \frac{1}{2} I_o = \frac{1}{2} \times 8A = 4A$$

$$U_{RM} = \sqrt{2} U_2 = \sqrt{2} \times 80V \approx 113V$$

2）当 VD_2 损坏开路的时候，正半周仍可以正常导通，等到负半周时，由于 VD_2 损坏开路，相当于断开电路，负半周无法导通，相当于半波整流电路，因为输出电压、电流都是桥式整流的一半，则

$$U_o = \frac{1}{2} \times 72V = 36V$$

$$I_o = \frac{1}{2} \times 8A = 4A$$

3）当 VD_2 短路时，在正半周时，变压器二次电压从正极出发经过 VD_1 和 VD_2 回到负极，因为二极管正向电压降最多约为 0.7V，因此二次电压降仅有 1.4V，相当于用导线把变压器二次侧短路，所以会造成电流过大而烧毁变压器和二极管。

课题二 滤波电路

整流电路虽会将交流电转换为直流电，但负载上得到的是单方向上的电压，波动很大，需在整流电路之后加滤波电路，以减少输出电压中的脉动成分，使输出的电压更加平滑。

电容和电感是滤波电路常用元件，利用它们的储能特性，在二极管导电时储存一部分能量，然后逐渐释放出来，从而得到比较平滑的波形。或者从另一个角度看，电容和电感对于交流成分和直流成分反映出来的阻抗不同，如果把它们合理地安排在电路中，可以达到降低交流成分、保留直流成分的目的，体现滤波的作用。所以电容和电感是组成滤波电路的主要元件。

滤波电路的形式很多，归纳起来常见的有电容滤波电路、电感滤波电路、复式滤波电路3种。下面将对这3种电路进行介绍。

一、电容滤波电路

1. 空载时的情况

当电路采用电容滤波，输出端空载，如图 8-7a 所示。设初始时电容电压 u_C 为零。接入电源后，当 u_2 在正半周时，通过 VD_1、VD_3 向电容器 C 充电；当在 u_2 的负半周时，通过 VD_2、VD_4 向电容器 C 充电，充电时间常数为 $\tau = RC$。式中，R 包括变压器二次绕组的直流电阻和二极管的正向导通电阻。由于一般很小，电容器很快就充到交流电压 u_2 的最大值，如图 8-7b 的 t_1 时刻。此后，u_2 开始下降，由于电路输出端没接负载，电容器没有放电回路，所以电容电压值 u_C 不变，此时，$u_C > u_2$，二极管两端承受反向电压，处于截止状态，电路的输出电压 $U_o = U_C = \sqrt{2} U_2$，电路输出维持一个恒定值。但是实际上电路总要带一定的负载，下面分析有负载的情况。

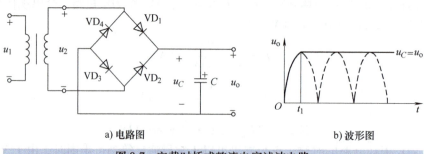

a) 电路图　　　　　　　　b) 波形图

图 8-7　空载时桥式整流电容滤波电路

2. 带载时的情况

图 8-8 给出了电容滤波电路在带电阻负载时的工作情况。接通交流电源后，二极管导通，整流电源同时向电容充电和向负载提供电流，输出电压的波形是正弦波形。在 t_1 时刻，

即达到 u_2 90°峰值时，u_2 开始以正弦规律下降，此时二极管是否关断，取决于二极管承受的是正向电压还是反向电压。

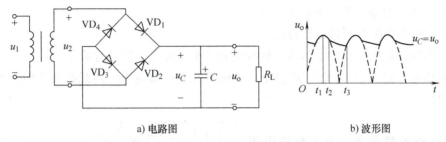

a) 电路图　　　　　　　　　　b) 波形图

图 8-8　带载时桥式整流滤波电路

先设 u_2 达到 90°后，二极管关断，那么只有滤波电容以指数规律向负载放电，从而维持一定的负载电流。但是 u_2 在 90°后指数规律下降的速率快，而正弦波下降的速率小，所以超过 90°以后一段时间内二极管仍然承受正向电压，二极管导通。随着 u_2 的下降，正弦波的下降速率越来越快，u_C 的下降速率越来越慢。所以在超过 90°后的某一点，如图 8-8b 中的 t_2 时刻，二极管开始承受反向电压，二极管关断。此后只有电容器 C 向负载以指数规律放电的形式提供电流，直至下一个半周的正弦波来到，u_2 再次超过 u_C，如图 8-8b 中的 t_3 时刻，二极管重新导电。

以上过程中，电容器的放电时间常数 $\tau_d = R_L C$。

电容滤波电路中，一般负载电流较小，可以满足 τ_d 较大的条件，所以输出电压波形的放电段比较平缓，纹波较小，输出脉动系数 S 小[⊖]，输出平均电压 U_o 大，具有较好的滤波特性。

根据实验分析，一般用以下公式估算电容滤波时的输出电压平均值：

$$U_o = 1.2 U_2 \quad （桥式、全波） \tag{8-13}$$

$$U_o = U_2 \quad （半波） \tag{8-14}$$

电容选择条件：电容的放电时间常数 $\tau_d = R_L C$ 越大越好，放电过程越慢，输出电压越高，脉动成分越少，即滤波效果越好。一般应满足

$$\tau_d = R_L C \geq (3 \sim 5) \frac{T}{2} \quad （桥式、全波） \tag{8-15}$$

$$\tau_d = R_L C \geq (3 \sim 5) T \quad （半波） \tag{8-16}$$

式中，T 为交流电源电压的周期。

整流二极管选择条件：每只二极管的平均电流为

$$I_{VD} = \frac{1}{2} I_o \quad （桥式、全波） \tag{8-17}$$

$$I_{VD} = I_o \quad （半波） \tag{8-18}$$

每只二极管所承受的最高反向电压为

$$U_{RM} = \sqrt{2} U_2 \quad （桥式） \tag{8-19}$$

⊖ 脉动系数 S 等于输出电压交流分量的基波最大值和输出电压的支流分量的比值。此值越小，表明滤波的效果越好。

$$U_{\text{RM}} = 2\sqrt{2}\,U_2 \quad （半波、全波） \tag{8-20}$$

通过上述分析,可以得到电容滤波电路的特点如下:

1) 电容滤波电路适用于小电流负载。
2) 电容滤波电路的外特性比较软。
3) 电容滤波适用于输出电压高、负载电流较小、负载较稳定的场合。
4) 采用电容滤波时,整流二极管中将流过较大的冲击电流,因此必须选用较大容量的整流二极管。

二、电感滤波电路

在大电流的情况下,由于负载电阻 R_L 很小,若采用电容滤波电路,则电容容量势必很大,而且整流二极管的冲击电流非常大,在此情况下应采用电感滤波,如图 8-9 所示。由于电感线圈的电感量要足够大,所以一般需要采用有铁心的线圈。

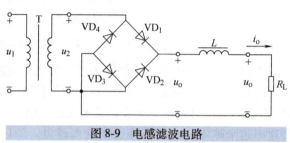

图 8-9 电感滤波电路

电感滤波电路的波形如图 8-10 所示。当流过电感的电流变化时,电感线圈中产生的感应电动势将阻止电流变化。当通过电感线圈的电流增大时,电感线圈产生的自感电动势与电流方向相反,阻止电流的增加,同时将一部分电能转化成磁场能存储于电感之中;当通过电感线圈的电流减小时,自感电动势与电流方向相同,阻止电流的减小,同时释放出存储的能量,以补偿电流的减小。因此经电感滤波后,不但负载电流及电压的脉动减小,波形变得平滑,而且整流二极管的导通角增大。

在电感线圈不变的情况下,负载电阻越小,输出电压的交流分量越小。只有在 $R_\text{L} \gg \omega L$ 时,才能获得较好的滤波效果。L 越大,滤波效果越好。

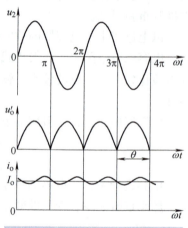

图 8-10 电感滤波电路的波形

另外,由于滤波电感电动势的作用,可以使二极管的导通角接近 π,减小了二极管的冲击电流,平滑了流过二极管的电流,从而延长了整流二极管的使用寿命。

在桥式整流电路中,当 u_2 为正半周时,VD_1、VD_3 导电,电感中的电流将滞后 u_2 不到 $90°$。当 u_2 超过 $90°$ 后开始下降,电感上的反电动势有助于 VD_1、VD_3 继续导电。当 u_2 处于负半周时,VD_2、VD_4 导电,变压器二次电压全部加到 VD_1、VD_3 两端,致使 VD_1、VD_3 反偏而截止,此时电感中的电流将经由 VD_2、VD_4 提供。由于桥式电路的对称性和电感中电流的连续性,4 个二极管 VD_1、VD_3、VD_2、VD_4 的导通角 θ 都是 $180°$,这一点与电容滤波电路不同。

已知桥式整流电路滤波电感的直流电阻为 R,则电感滤波电路输出的电压平均值为

$$U_o = \frac{R_L}{R + R_L} 0.9 U_2 \qquad (8\text{-}21)$$

要注意电感滤波电路的电流必须要足够大，即 R_L 不能太大，当忽略电感电阻时，此时可得出

$$U_o = 0.9 U_2 \qquad (8\text{-}22)$$

$$I_o = 0.9 \frac{U_2}{R_L} \qquad (8\text{-}23)$$

通过上述分析，可以得到电感滤波电路的特点如下：

1) 电感滤波电路适用于大电流负载。
2) 电感滤波电路的外特性比较硬。
3) 由于电感有延长整流管导电角的趋势，因此电流的波形比较平滑，避免了在整流管中产生较大的冲击电流。

三、复式滤波电路

为了得到更好的滤波效果，可以将电感、电容、电阻按照一定的方式组成复式滤波电路。常见的复式滤波电路有下面几种，简单了解即可。

1. Γ 形 LC 滤波电路（图 8-11）

其特点如下：

1) 在负载电流较大或较小时，均有良好的滤波作用。
2) 电感滤波和 LC 滤波电路克服了整流管电流较大的缺点。
3) 外特性比较硬，与电容滤波相比，U_o 较低，电路体积、重量大为增加。

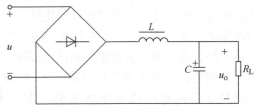

图 8-11　Γ 形 LC 滤波电路

2. Π 形 LC 滤波电路（图 8-12）

Π 形 LC 滤波电路输出电压的脉动系数比仅有 LC 滤波时更小，波形更加平滑，输出直流电压提高了；缺点是整流管的冲击电流比较大，外特性比较软。

3. Π 形 RC 滤波电路（图 8-13）

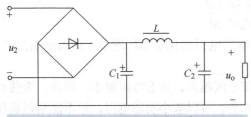

图 8-12　Π 形 LC 滤波电路

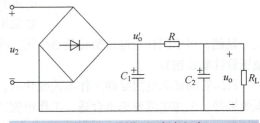

图 8-13　Π 形 RC 滤波电路

优点：可进一步降低输出电压的脉动系数。

缺点：①R 上有直流压降，整流管的冲击电流仍比较大；②外特性比电容滤波较软，只适用于小电流的场合。

课题三 稳压电路

稳压电路

利用电力的调整作用使输出电压稳定的过程称为稳压。交流电经过整流之后变成直流电,但是它的电压不稳定,供电电压的变化或者用电电流的变化都能引起电源电压的波动,要获得稳定不变的直流电源,就需要增加稳压电路。

一般二极管都是正向导通,反向截止;若加在二极管上的反向电压超过二极管的承受能力,二极管就会被击穿损毁。有一种二极管,它的正向特性与普通二极管相同,而反向特性却比较特殊:当反向电压加到一定程度时,虽然二极管呈现击穿状态,通过较大电流,却不损毁,并且这种现象的重复性很好;反过来,只要二极管处在击穿状态,尽管流过二极管的电流变化很大,而二极管两端的电压却变化极小,起到稳压作用。这种特殊的二极管称为稳压二极管,简称稳压管。

稳压管的稳压特性可用图 8-14 所示伏安特性曲线很清楚地表示出来。具体参数在项目五课题二中已有介绍。

稳压管是利用反向击穿区的稳压特性进行工作的,因此,稳压管在电路中要反向连接。稳压管的反向击穿电压称为稳定电压,不同类型稳压管的稳定电压不一样,某一型号的稳压管的稳压值固定在一定范围内。例如,2CW11 的稳压值是 3.2~4.5V,其中某一只稳压管的稳压值可能是 3.5V,另一只管可能是 4.2V。

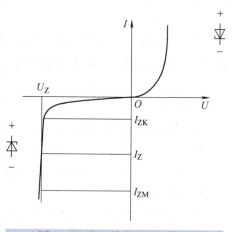

图 8-14 稳压管伏安特性曲线

在实际应用中,如果选择不到稳压值符合需要的稳压管,可以选用稳压值较低的稳压管,然后正向串联一只或几只硅二极管使用,把稳定电压提高到所需数值。这是利用硅二极管的正向压降为 0.6~0.7V 的特点来进行稳压的。因此,二极管在电路中必须正向连接,这是与稳压管不同的。

稳压管稳压性能的好坏,可以用它的动态电阻 r 上升来表示,即

$$r = \frac{电压的变化量\ \Delta U}{电流的变化量\ \Delta I}$$

显然,对于同样的电流变化量 ΔI,稳压管两端的电压变化量 ΔU 越小,动态电阻越小,稳压管性能就越好。

稳压管的动态电阻是随工作电流变化的,工作电流越大,动态电阻越小。因此,为使稳压效果好,工作电流要选得合适。工作电流选得大些,可以减小动态电阻,但不能超过稳压管的最大允许电流(或最大耗散功率)。各种型号稳压管的工作电流和最大允许电流,可以从相关手册中查到。

由硅稳压管组成的简单稳压电路如图 8-15 所示,图中,硅稳压管 VZ 与负载 R_L 并联,R 为限流电阻。

图 8-15 所示电路的稳压原理如下:若电网电压升高,整流电路的输出电压 U_2 随之升

高,引起负载电压 U_o 升高。由于稳压管 VZ 与负载 R_L 并联,只要 U_o 有很少一点增长,就会使流过稳压管的电流急剧增加,使得总电流 I_R 也增大,限流电阻 R 的电压降 U_R 增大,从而抵消了 U_o 的升高,保持负载电压 U_o 基本不变。反之,若电网电压降低,引起 U_2 下降,造成 U_o 下降,则稳压管中的电流急剧减小,使得 I_R 减小,R 上的电压降 U_R 也减小,从而抵消了 U_o 的下降,保持负载电压 U_o 基本不变。

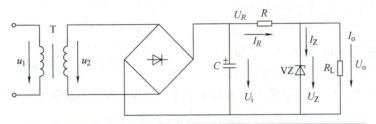

图 8-15 稳压管组成的简单稳压电路

综上所述,稳压管起着电流的自动调节作用,而限流电阻起着电压调整作用。稳压管的动态电阻越小,限流电阻越大,输出电压的稳定性越好。

 项目实施

任务八 测试整流桥

一、任务目标

1) 学会半导体二极管的简单测试,了解其工作性能和作用。
2) 掌握单相桥式整流、滤波电路的工作原理和对应电压波形及测试方法。
3) 掌握输入交流电压与输出直流电压之间的关系。

二、器材工具

本任务所需器材工具见表 8-1。

表 8-1 器材工具

序号	名称	规格与型号	数量
1	电位器	10kΩ	1
2	电阻	330Ω 或者 200Ω,60Ω 或者 100Ω	各1
3	电容	220μF / 50V、470μF / 50V	各1
4	二极管	1N4007	4
5	万用表	VC890C	1
6	示波器	GOS-620	1
7	直流毫安表	C65-mA, 0～150～300mA	1

三、原理分析

单相桥式整流电路原理见本项目课题一,电容滤波原理见本项目课题二,这里不再赘述。

四、任务实施

根据实验室提供的实验设备，完成以下实验内容的设计：

1) 用万用表测量二极管，学会用万用表检查二极管极性和性能的好坏。

2) 根据图 8-16 连接单相桥式整流电路，去掉滤波部分，调节负载电阻，使负载电流分别为 2mA 和 8mA，测量并记录输入交流电压、整流电路的输出直流电压和负载两端的电压，用示波器观察并画出上述电压和二极管两端电压的波形，完成表 8-2。

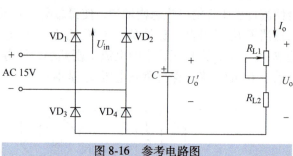

图 8-16　参考电路图

表 8-2　单相桥式整流电路测量数据表

条件值＼电压	U_{in}	U_o'	U_o
I_o = 2mA			
I_o = 8mA			
波形			

3) 根据图 8-16 连接具有滤波的单相桥式整流电路，调节负载电阻，使负载电流分别为 2mA 和 8mA，测量并记录输入交流电压、整流滤波电路的输出直流电压和负载两端的电压，用示波器观察并画出上述电压的波形，完成表 8-3。

表 8-3　单相桥式整流滤波电路测量数据表

条件值＼电压	U_{in}	U_o'	U_o
I_o = 2mA			
I_o = 8mA			
波形			

4) 在上面电路（单相桥式整流、滤波电路）中，若改变滤波电容的容量，输出波形会发生怎样的变化？若改变负载电阻，输出波形会发生怎样的变化？

五、注意事项

1) 切勿用毫安表测量电压。

2) 注意万用表的交直流电压档、电阻档的转换及量程的选择；防止误操作，避免电源短路、烧损二极管和电容。

六、报告要求

1) 将测量数据填入表格。

2) 根据实验数据进行分析，证明整流、滤波电路的公式。

【习题八】

1．利用二极管的_____，可将交流电转变成_____。

2. 为消除整流后直流电中的脉动成分，常将其通过滤波电路，常见的滤波电路有_____、_____和复合滤波电路。

3. 整流是把_____转变为_____。滤波是将_____转变为_____。电容滤波器适用于_____的场合，电感滤波器适用于_____的场合。

4. 将交流电压 u_i 经单相半波整流电路转换为直流电压 U_o 的关系是_____。

A. $U_o = U_i$ 　　B. $U_o = 0.45 U_i$ 　　C. $U_o = 0.5 U_i$ 　　D. $U_o = \sqrt{2} U_i$

5. 在整流电路中，设整流电流平均值为 I_o，则流过每只二极管的电流平均值 $I_{VD} = I_o$ 的电路是_____。

A. 单相桥式整流电路 　　　　　　　B. 单相半波整流电路
C. 单相全波整流电路 　　　　　　　D. 以上都不行

6. 有一个电压为 110V、电阻为 55Ω 的直流负载，采用单相桥式整流电路（不带滤波器）供电，试求变压器二次绕组电压并选用二极管。

7. 在图 8-17 中，已知 $R_L = 80Ω$，直流电压表 V 的读数为 110V，试求：1）直流电流表 A 的读数；2）整流电流的最大值；3）交流电压表 V_1 的读数。二极管的正向压降忽略不计。

8. 图 8-18 所示为变压器二次绕组有中心抽头的单相整流电路，二次绕组两段的电压有效值均为 U。

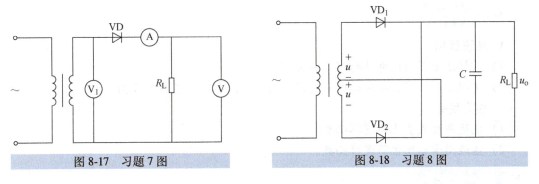

图 8-17　习题 7 图　　　　　　　　图 8-18　习题 8 图

1) 试分析在交流电压正半周和负半周时电流的通路，并标出负载电阻 R_L 上电压 u_o 和滤波极性电容器 C 的极性。

2) 分别画出无滤波电容器和有滤波电容器两种情况下，负载电阻上电压 u_o 的波形，是全波还是半波整流？

3) 如果无滤波电容器，负载整流电压的平均值 U_o 和变压器二次绕组每段的有效值 U 之间的数值关系如何？如果有滤波电容，则又如何？

4) 分别说明有滤波电容器和无滤波电容器两种情况下，截止二极管上所承受的最高反向电压 U_{RM} 是否都等于 $2\sqrt{2} U$。

5) 如果整流二极管 VD_2 虚焊，U_o 是否是正常值的一半？如果变压器的二次侧中心抽头虚焊，这时有输出电压吗？

6) 如果把 VD_2 的极性接反，电路是否能正常工作？会出现什么问题？

项目九

逻 辑 门 电 路

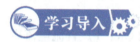

逻辑代数是一种用于描述客观事物逻辑关系的数学方法。逻辑代数有一套完整的运算规则，包括公理、定理和定律。它被广泛地应用于开关电路和数字逻辑电路的变换、分析、化简和设计。随着数字技术的发展，逻辑代数已经成为分析和设计逻辑电路的基本工具和理论基础。

1. 知识目标

1）掌握基本逻辑门电路的逻辑符号。
2）掌握各种常用数字逻辑电路的逻辑功能、外部特性及典型应用。

2. 能力目标

1）能运用公式法化简逻辑函数。
2）能运用卡诺图化简逻辑函数。

课题一 数字电路概述

一、数字电路及其特点

电子电路的电信号可以分为模拟信号和数字信号两大类。在时间上和数值上连续变化的信号称为模拟信号。例如连续变化的电压或电流，都是模拟信号。对模拟信号进行传输、处理的电子电路称为模拟电路。在时间上和数值上不连续变化的信号称为数字信号。例如，只有高低电平跳变的脉冲信号，就是数字信号。对数字信号进行传输、处理的电子电路称为数字电路。在数字电路中处理的就是这类信号，它在两种稳定状态间做阶跃式变化，这两种状态用"0"和"1"表示。这两类信号在处理方法上各不相同。处理模拟信号的电路称为模拟电路，如各类放大电路等；处理数字信号的电路称为数字电路，如脉冲信号的产生、放大、整形、传送、控制、记忆、计数等电路。

项目九　逻辑门电路

数字电路包括数字脉冲电路和数字逻辑电路。前者研究数字脉冲的产生、变换和测量；后者对数字信号进行算术运算和逻辑运算。

数字电路按功能分为组合逻辑电路和时序逻辑电路两大类。组合逻辑电路在任何时刻的输出仅取决于电路此刻的输入状态，而与电路过去的状态无关，它们不具有记忆功能。常用的组合逻辑器件有加法器、译码器、数据选择器等。时序逻辑电路在任何时候的输出，不仅取决于电路此刻的输入状态，而且与电路过去的状态有关，它们具有记忆功能。数字电路按结构分为分立元件电路和集成电路。分立元件电路是将独立的晶体管、电阻等元器件用导线连接起来的电路。集成电路是将元器件及导线制作在半导体硅片上，封装在一个壳体内，并焊出引线的电路。集成电路的集成度是不同的。数字电路按集成度分为小规模（SSI，每片数十器件）、中规模（MSI，每片数百器件）、大规模（LSI，每片数千器件）和超大规模（VLSI，每片器件数目大于1万）数字集成电路。数字电路按所用器件制作工艺的不同分为双极型（TTL型）和单极型（MOS型）两类。

数字电路的特点如下：

1）数字电路的工作信号是不连续变化的数字信号，所以在数字电路中工作的半导体管多数工作在开、关状态，即不是工作在饱和区，就是工作在截止区，而放大区只是其过渡状态。

2）在数字电路中，研究的主要问题是电路的逻辑功能，即输入信号的状态和输出信号的状态之间的逻辑关系，因而不能采用模拟电路的分析方法。分析数字电路的工具是逻辑代数，表达电路的功能主要用真值表、逻辑函数表达式及波形图。

3）数字电路的通用性强。数字电路的结构简单、容易制造，便于集成及系列化生产。

二、数字电路的发展和应用

数字电路的主要元件是开关元件，最早的开关元件是电子管；20世纪40年代末期，重量轻、体积小、使用寿命长、耗电低的晶体管的出现，逐渐取代了电子管。随后，人们制造出了集成电路，由小规模、中规模发展到大规模和超大规模集成电路，工作速度越来越高，耗电量越来越低。衡量开关元件效率的指标是开关速度和功耗的乘积，即速度功耗积。电子管的平均开关速度为 $0.1\mu s$，平均功耗为 2W，其速度功耗积为 $0.2\mu W \cdot S$；集成电路的平均开关速度为 $0.01\mu s$，平均功耗为 0.25mW，其速度功耗积为 $2.5 \times 10^{-6} \mu W \cdot S$，是电子管效率的 80000 倍。此外，集成电路集成度的提高，减少了设备的焊点，提高了整机工作的可靠性。数字电路的发展与元器件的改进密切相关，集成电路的出现，促进了数字电路的发展。

数字电路的应用范围很广泛，而且还在不断地发展。它不仅应用于计算机技术、雷达、电视、通信、遥测和遥控等方面，而且在核物理技术、新型武器、航天技术、交通、电力、医药技术等各个技术领域的控制设备和数字测量中，都发挥着很重要的作用。

课题二　数制与编码

一、数制及其转换

1. 十进制

基数和权：一种数制所具有的数码个数称为该数制的基数；该数制的数中不同位置上数码的单位数值称为该数制的位权或权。

十进制：基数为 10，采用的 10 个数码为 0~9，计数的基数是 10，超过 9 的数必须用多位数表示，低位与相邻高位之间的进位规则为"逢十进一"，故称为十进制。例如，$(5555)_{10} = 5 \times 10^3 + 5 \times 10^2 + 5 \times 10^1 + 5 \times 10^0$。

任意一个十进制数 D 均可展开为

$$D = \sum K_i \times 10^i \tag{9-1}$$

式中，K_i 为第 i 位的系数，它可以是 0~9 这 10 个数码中的任何一个。若整数部分的位数为 n，小数部分的位数为 m，则 i 包含从 $n-1$ 到 0 的所有正整数和从 -1 到 $-m$ 的所有负整数。

若以 N 取代式（9-1）中的 10，即可得到任意进制（N 进制）数展开式的普遍形式

$$D = \sum K_i \times N^i \tag{9-2}$$

式中，N 为计数的基数；K_i 为第 i 位的系数；N^i 称为第 i 位的权；i 的取值与式（9-1）的规定相同。

2. 二进制

目前在数字电路中应用最广的是二进制。在二进制数中，每一位只有 0 和 1 两个数码，基数为 2，进位规则为"逢二进一"。

根据式（9-2），任何一个二进制数均可展开为

$$D = \sum K_i \times 2^i \tag{9-3}$$

并计算出它所表示的十进制数的大小。例如，

$$(101.01)_2 = 1 \times 2^2 + 0 \times 2^1 + 1 \times 2^0 + 0 \times 2^{-1} + 1 \times 2^{-2} = (5.25)_{10}$$

式中，下脚注 2 和 10 分别表示括号里的数是二进制和十进制数。

3. 十六进制

十六进制数的每一位有 16 个不同的数码，分别为 0~9、A（10）、B（11）、C（12）、D（13）、E（14）、F（15），进位规则为"逢十六进一"。任意一个十六进制数均可展开为

$$D = \sum K_i \times 16^i \tag{9-4}$$

并计算出它所表示的十进制数值。例如，

$$(D8.A)_{16} = 13 \times 16^1 + 8 \times 16^0 + 10 \times 16^{-1} = (216.625)_{10}$$

式中，下脚注 16 表示括号里的数是十六进制。

由于目前在微型计算机中普遍采用 8 位、16 位和 32 位二进制并行运算，而 8 位、16 位和 32 位的二进制数可以用 2 位、4 位和 8 位的十六进制数表示，因此用十六进制符合书写程序十分简便。

4. 数制转换

1）其他进制转换为十进制：采用多项式求和法，即将其他进制的数根据基数和权展开为多项式，求出该多项式的和，即得相应的十进制数。例如，

$$(111.11)_2 = 1 \times 2^2 + 1 \times 2^1 + 1 \times 2^0 + 1 \times 2^{-1} + 1 \times 2^{-2} = (7.75)_{10}$$

2）十进制整数转换为二进制：采用除基数取余数法，即将十进制整数连续除以二进制的基数，求得各次的余数，直到商为 0 为止，然后将先得到的余数列在低位，后得到的余数列在高位，即得相应的二进制数。例如，

$$(44.375)_{10} = (101100.011)_2$$

3）二进制与十六进制之间的转换：将十六进制转换为二进制数，每一个十六进制数码用 4 位二进制数表示即可；将二进制整数转换为十六进制数，从低位开始，每 4 位为一组转

换为相应的十六进制数即可。例如，
$$111010100.011 = (1D4.6)_{16}$$

4）十六进制数转换成等值的二进制数：转换时只需将十六进制数的每一位用等值的 4 位二进制数代替即可。例如，
$$(AF4.76)_{16} = 1010\ 1111\ 0100.0111\ 0110$$

二、码制

不同的数码可以表示数量的不同，还能表示不同的事物。在表示不同的事物时，这些数码已没有表示数量大小的含义，只是表示不同事物的代号。这些数码称为代码。

为了便于记忆和处理，在编制代码时要遵循一定的规则，这些规则称为码制。例如，用 4 位二进制数码表示 1 位十进制数的 0~9 这 10 个状态时，就有多种不同的码制。通常将这些代码称为二-十进制代码，简称 BCD 代码。

8421 码是 BCD 代码中最常用的一种。每一位二值代码的 1 都代表一个固定数值，把每一位的 1 代表的十进制数加起来，得到的结果就是它所代表的十进制数码。由于代码中从左到右每一位的 1 分别表示 8、4、2、1，所以把这种代码称为 8421 码。每一位的 1 代表的十进制数称为这一位的权。8421 码中每一位的权是固定不变的，它属于恒权代码。

余 3 码的编码规则是把每一个余 3 码看作 4 位二进制数，则它的数值要比它所表示的十进制数码多 3。如果将 2 个余 3 码相加，所得的和将比十进制数和所对应的二进制数多 6。因此，在用余 3 码做十进制加法运算时，若两数之和为 10，正好等于二进制数的 16，于是从高位自动产生进位信号。余 3 码不是恒权代码。如果把每个代码视为二进制数，并使它等效的十进制数与所表示的代码相等，那么代码中每一位的 1 所代表的十进制数在各个代码中不能是固定的。常见的 BCD 码见表 9-1。

表 9-1　常见的 BCD 码

十进制数	8421 码	余 3 码	2421 码	5211 码
0	0000	0011	0000	0000
1	0001	0100	0001	0001
2	0010	0101	0010	0100
3	0011	0110	0011	0101
4	0100	0111	0100	0111
5	0101	1000	1011	1000
6	0110	1001	1100	1001
7	0111	1010	1101	1100
8	1000	1011	1110	1101
9	1001	1100	1111	1111
权	8421		2421	5211

2421 码是一种恒权代码，它的 0 和 9、1 和 8、2 和 7、3 和 6、4 和 5 互为反码，这个特点和余 3 码相仿。

5211 码是另一种恒权代码，每位的权是 5、2、1、1。

课题三　基本逻辑门电路

基本的逻辑关系有3种,即与逻辑、或逻辑和非逻辑。"门"就是一种开关,在一定条件下允许信号通过,若条件不满足,信号就通不过。门电路是实现各种逻辑关系的基本电路。基本门有与门、或门和非门。对应于3种基本逻辑关系有3种基本逻辑门电路。

分析逻辑电路时,只用两种相反的工作状态,并用"1"和"0"表示。"1"是"0"的反面,"0"是"1"的反面。用逻辑式表示为 $1=\overline{0}$,$0=\overline{1}$。0和1不是数字,而是两个符号,表示两种对立的逻辑状态。若规定高电平为1,低电平为0,称为正逻辑系统;若规定低电平为1,高电平为0,则称为负逻辑系统。

一、与门

1. 与逻辑关系

与逻辑关系可用图9-1表示。图中,只有当两个开关都闭合时,灯泡才亮,只要有一个开关断开,灯泡就不亮了,即当决定一件事情的几个条件全部具备之后,这件事情才能发生,否则不发生。这样的因果关系,称为与逻辑关系。

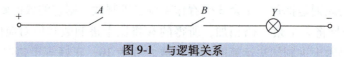

图9-1　与逻辑关系

2. 与门电路

最简单的与门可以用二极管和电阻组成。图9-2所示为具有两个输入端的二极管与门电路,A、B是输入端,Y为输出端。图9-3所示为与门的逻辑符号。

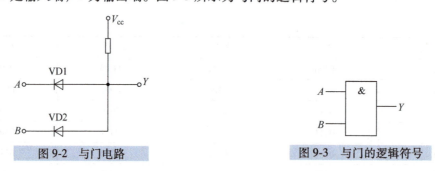

图9-2　与门电路　　　　　　　　图9-3　与门的逻辑符号

当输入端全为1(即高电平),设 $V_{cc}=5V$,A、B 输入端的高电平为 3V(A、B 端的电压值小于电源电压值),则VD1、VD2导通,若忽略二极管正向压降,则输出端也为高电平,是逻辑1,即"全1出1"。若输入端有一个或一个以上为0(即低电平,当输入电压为低电平时,电压值为0V),假定 A 为0,B 为1(即 A 端为0V,B 端为3V),这时二极管 VD1 导通,忽略二极管正向压降,输出端为低电平,逻辑0,即"有0出0"。上述输入与输出逻辑关系是与逻辑,所以这种门电路是与门电路。

在逻辑代数里,与逻辑可写成如下的逻辑函数式:

$$Y = A \times B$$

或

$$Y = A \cdot B$$

或 $Y = AB$ (9-5)

与门逻辑关系除了用逻辑函数式表示，还可用真值表表示。真值表是表明逻辑门电路输入端状态和输出端状态逻辑对应关系的表。它包括了全部可能的输入值组合及其对应的输出值。表 9-2 是图 9-2 所示与门电路的真值表。

表 9-2 与门真值表

A	B	Y
0	0	0
0	1	0
1	0	0
1	1	1

二、或门

1. 或逻辑关系

或逻辑关系可用图 9-4 表示，图中两个开关只要有一个闭合时，灯泡就亮，即当决定一件事情的几个条件中的一个条件得到满足，这件事就会发生。这种关系称为或逻辑关系。

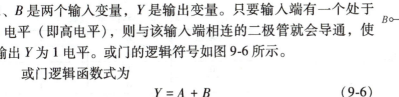

图 9-4 或逻辑关系

2. 或门电路

最简单的或门电路是由二极管和电阻构成的。图 9-5 中，A、B 是两个输入变量，Y 是输出变量。只要输入端有一个处于 1 电平（即高电平），则与该输入端相连的二极管就会导通，使输出 Y 为 1 电平。或门的逻辑符号如图 9-6 所示。

或门逻辑函数式为

$$Y = A + B \tag{9-6}$$

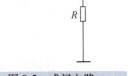

图 9-5 或门电路

或门的真值表见表 9-3。从或门的函数式或真值表可以得出或门的逻辑功能是"全 0 出 0，有 1 出 1"。

表 9-3 或门真值表

A	B	Y
0	0	0
0	1	1
1	0	1
1	1	1

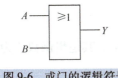

图 9-6 或门的逻辑符号

三、非门

1. 非逻辑关系

从图 9-7 所示晶体管开关电路可发现，输出信号与输入信号存在着"反相"关系，即当输入为高电平时，输出为低电平，而输入为低电平时，输出为高电平。因此，输出与输入的电平之间是反相关系，它实际上是一个非门（称为反相器）。这种关系，称为非逻辑关系。

2. 非门电路

图 9-7 是由晶体管组成的非门电路，图 9-8 是它的逻辑符号。所谓非，就是否定。若输入为 1，则输出为非 1，即 0。反之，若输入为 0，则输出为非 0，即 1。因此，非门只有一个输入端和一个输

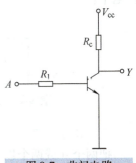

图 9-7 非门电路

出端。

非门电路的逻辑函数为

$$Y = \overline{A} \tag{9-7}$$

非门的真值表见表 9-4，非门的逻辑功能可概括为"有 0 出 1，有 1 出 0"。

图 9-8 非门的逻辑符号

表 9-4 非门真值表

A	Y
0	1
1	0

课题四　组合逻辑门电路

实际应用中常把与门、或门和非门组合起来使用，称为组合逻辑门电路。

一、与非门

在与门后面接一个非门就构成了与非门，如图 9-9 所示。与非门的输入、输出逻辑关系见表 9-5。

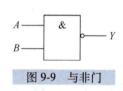

图 9-9　与非门

表 9-5　与非门真值表

A	B	Y
0	0	1
0	1	1
1	0	1
1	1	0

从真值表可看出，与非门的逻辑功能是"全 1 出 0，有 0 出 1"，即输入端全为高电平时，输出端为低电平；只要输入端中有一个低电平时，输出端为高电平。表达式为

$$Y = \overline{AB} \tag{9-8}$$

二、或非门

在或门后面接一个非门，就构成了或非门，如图 9-10 所示。其逻辑函数式为

$$Y = \overline{A + B} \tag{9-9}$$

或非门的真值表见表 9-6。从真值表可以看出或非门的逻辑功能是"全 0 出 1，有 1 出 0"，即输入端全为低电平时，输出端是高电平；只要输入端有一个是高电平，输出端即为低电平。

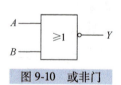

图 9-10　或非门

表 9-6　或非门真值表

A	B	Y
0	0	1
0	1	0
1	0	0
1	1	0

三、与或非门

把两个（或两个以上）与门的输出端接到一个或门的各个输入端便构成一个与或门；其后接一个非门，就构成了与或非门，如图 9-11 所示。它的逻辑关系是：输入端分组先

"与",然后各组"或",最后"非"。与或非门的逻辑函数式为

$$Y = \overline{AB + CD} \tag{9-10}$$

图 9-12 是与或非门的逻辑符号。表 9-7 是与或非门真值表,从逻辑函数式和真值表都可看出,与或非门的逻辑功能是:当输入端中任何一组全为 1 时,输出即为 0;只有各组输入都至少有一个为 0 时,输出才能为 1。

表 9-7　与或非门真值表

A	B	C	D	Y
0	0	0	0	1
0	0	0	1	1
0	0	1	0	1
0	0	1	1	0
0	1	0	0	1
0	1	0	1	1
0	1	1	0	1
0	1	1	1	0
1	0	0	0	1
1	0	0	1	1
1	0	1	0	1
1	0	1	1	0
1	1	0	0	0
1	1	0	1	0
1	1	1	0	0
1	1	1	1	0

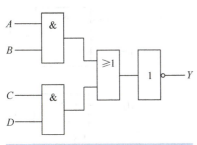

图 9-11　与或非门

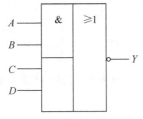

图 9-12　与或非门逻辑符号

四、异或门

异或门是判断两个输入信号是否不同的门电路,是一种常用的门电路。图 9-13 为异或门逻辑图,图 9-14 为它的逻辑符号。

异或门逻辑函数式为

$$Y = A \oplus B = \overline{A}B + A\overline{B} \tag{9-11}$$

从异或门的逻辑函数式及真值表(表 9-8)可以看出,异或门的逻辑功能是:当两个输入端的状态相同(都为 0 或都为 1)时输出为 0;反之,当两个输入端状态不同(一个为 0,另一个为 1)时,输出端为 1。

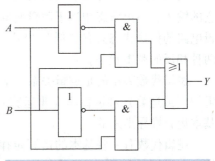

图 9-13　异或门逻辑图

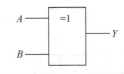

图 9-14　异或门逻辑符号

表 9-8　异或门真值表

A	B	Y
0	0	0
0	1	1
1	0	1
1	1	0

五、三态门

三态门是在门电路上加上一个使能端，控制它的输出高电平或低电平两种状态，还可以出现第三种高阻状态。高阻状态是门电路内部电源对地与输出端同时隔断。

图 9-15 是 CMOS 三态门的逻辑符号，A 是输入端，EN 是控制端，Y 是输出端。每个三态门都是由各自的控制端控制的。当控制端 $\overline{EN} = 1$ 时，电源对地及输出端在门电路内部全部隔离呈高阻状态；当控制端 $\overline{EN} = 0$ 时，门电路内部恢复反相器常态，即 $Y = \overline{AB\overline{EN}} = \overline{AB \cdot 1} = \overline{AB}$。

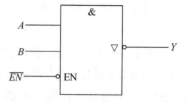

图 9-15　CMOS 三态门逻辑符号

三态门的一个重要用途是实现数据传输的控制。如图 9-16 所示，三态门可以把若干个门的输出接到同一公用总线上进行选择。只要使能端 EN_1、EN_2、EN_3 在时间上互相错开，就可以用同一公用总线分时地传送不同数据。每一时刻最多只有一个三态门接到总线上，其余各门均处于高阻悬空状态。这种用三态门控制数据传输的方法在数字通信和计算机中应用很广泛。

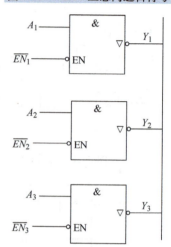

图 9-16　三态门控制数据传输

课题五　逻辑代数及其在逻辑电路中的应用

逻辑代数是研究数字电路的数学工具。逻辑代数的变量称为逻辑变量，在逻辑电路中，它的输入、输出状态相当于逻辑变量。逻辑代数用字母（A，B，C，…）表示逻辑变量，逻辑电路的信号状态只有"低""高"两种电平，逻辑变量的取值只有 0 和 1 两种，分别代表两种相反的逻辑状态。

逻辑代数表示的是逻辑关系，不是数量关系。在逻辑代数中只有逻辑乘（与运算）、逻辑加（或运算）和逻辑非（非运算）3 种基本运算，其他的基本公式和定理是根据这 3 种基本运算推导出来的。

逻辑代数有一些基本的运算定律，运用这些定律可以把一个复杂的逻辑函数式恒等化简。由于每一个逻辑函数式都体现着一个电路，因此，逻辑函数式的化简就当于逻辑电路的化简。

1. 逻辑代数的基本公式

逻辑代数的基本公式见表 9-9。

表 9-9　逻辑代数的基本公式

名称	公式 1	公式 2
0—1 律	$A \cdot 1 = A$ $A \cdot 0 = 0$	$A + 0 = A$ $A + 1 = 1$

(续)

名称	公式1	公式2
互补律	$A\bar{A}=0$	$A+\bar{A}=1$
重叠律	$AA=A$	$A+A=A$
交换律	$AB=BA$	$A+B=B+A$
结合律	$A(BC)=(AB)C$	$A+(B+C)=(A+B)+C$
分配律	$A(B+C)=AB+AC$	$A+BC=(A+B)(A+C)$
反演律	$\overline{AB}=\bar{A}+\bar{B}$	$\overline{A+B}=\bar{A}\,\bar{B}$
吸收律	$A(A+B)=A$ $A(\bar{A}+B)=AB$ $(A+B)(\bar{A}+C)(B+C)=(A+B)(\bar{A}+C)$	$A+AB=A$ $A+\bar{A}B=A+B$ $AB+\bar{A}C+BC=AB+\bar{A}C$
对合律	$\bar{\bar{A}}=A$	

2. 逻辑函数的表示方法

逻辑函数有真值表、逻辑函数式、逻辑图等表示形式。

（1）真值表　真值表是由变量所有可能的取值组合及其对应的函数值构成的表格。真值表的书写方法是：将 n 个变量的 $2n$ 种不同的取值按二进制递增规律排列起来，在相应位置上填入函数的值。

（2）逻辑函数式　把输出与输入的逻辑关系写成与、或、非等运算的组合式，即逻辑代数式，就得到了逻辑函数式。根据真值表写逻辑表达式的方法是：取 $A=1$（或 $A=0$）的输入变量组合到逻辑表达式。对于每一种取值组合，输入变量之间是与逻辑关系。对应于 $A=1$，如果输入变量的值为 1，则取其原变量；如果输入变量的值为 0，则取其反变量。各种取值组合之间是或逻辑关系，最后取以上乘积项之和。

（3）逻辑图　将逻辑函数中各变量之间的与、或、非等逻辑关系用图形符号表示出来，就可以画出表示函数关系的逻辑图。根据逻辑表达式画逻辑图的方法是：逻辑乘用与门实现，逻辑加用或门实现，逻辑非用非门实现。例如 $F=\bar{A}\bar{B}C+\bar{A}BC+A\bar{B}C+AB\bar{C}$，需要 3 个非门来实现变量 A、B、C 的非运算，4 个与门来实现与运算，即 $X=\bar{A}\bar{B}\bar{C}$、$Y=\bar{A}BC$、$Z=A\bar{B}C$ 和 $W=AB\bar{C}$，另外还需 1 个或门将上述 4 项相加，逻辑图如图 9-17 所示。

根据逻辑图写逻辑表达式的方法是：从输入端到输出端，逐级写出各个门电路的逻辑表达式，最后写出各个输出端的逻辑表达式。

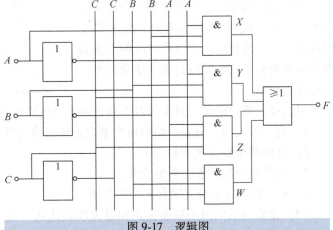

图 9-17　逻辑图

3. 逻辑函数的两种标准形式

(1) 最小项　n 个变量（$X_1, X_2, \cdots, X_n$）的最小项就是这 n 个变量的与项（乘积项），在该与项中每个变量都以它的原变量或非变量的形式出现一次，且仅出现一次。n 变量的最小项应有 2^n 个。如 $Y=F(A, B, C)$，3 变量共有 8 个最小项，即 $\bar{A}\bar{B}\bar{C}$、$\bar{A}\bar{B}C$、$\bar{A}B\bar{C}$、$\bar{A}BC$、$A\bar{B}\bar{C}$、$A\bar{B}C$、$AB\bar{C}$、ABC。

对于变量的任一组取值，全体最小项之和为 1。把与最小项对应的变量取值当成二进制数，与之相应的十进制数就是该最小项的编号，用 m_i 表示。3 变量最小项的编号表见表 9-10。

表 9-10　3 变量最小项的编号表

最小项	$\bar{A}\bar{B}\bar{C}$	$\bar{A}\bar{B}C$	$\bar{A}B\bar{C}$	$\bar{A}BC$	$A\bar{B}\bar{C}$	$A\bar{B}C$	$AB\bar{C}$	ABC
二进制数	0 0 0	0 0 1	0 1 0	0 1 1	1 0 0	1 0 1	1 1 0	1 1 1
十进制数	0	1	2	3	4	5	6	7
最小项编号	m_0	m_1	m_2	m_3	m_4	m_5	m_6	m_7

从最小项的定义可以证明它具有如下的重要性质：

1) 任一最小项，只有一组对应变量取值使其值为 1。

2) 任意两个最小项的乘积为 0。

3) 全体最小项之和为 1。

4) n 变量的每个最小项有 n 个相邻项。

(2) 最大项　n 个变量（$X_1, X_2, \cdots, X_n$）的最大项就是这 n 个变量的或项（和），在该和项中每个变量都以它的原变量或非变量的形式出现一次，且仅出现一次。3 变量共有 8 个最大项，即 $\bar{A}+\bar{B}+\bar{C}$、$\bar{A}+\bar{B}+C$、$\bar{A}+B+\bar{C}$、$\bar{A}+B+C$、$A+\bar{B}+\bar{C}$、$A+\bar{B}+C$、$A+B+\bar{C}$、$A+B+C$。n 变量共有 2^n 个最大项。

输入变量的每一组取值都使一个对应的最大项的值为 0。若使最大项为 0 的 ABC 取值视为一个二进制数，并以其对应的十进制数给最大项编号，由此得到的 3 变量最大项编号见表 9-11。

表 9-11　3 变量最大项的编号表

ABC	十进制数	最大项
000	0	$M_0 = A + B + C$
001	1	$M_1 = A + B + \bar{C}$
010	2	$M_2 = A + \bar{B} + C$
011	3	$M_3 = A + \bar{B} + \bar{C}$
100	4	$M_4 = \bar{A} + B + C$
101	5	$M_5 = \bar{A} + B + \bar{C}$
110	6	$M_6 = \bar{A} + \bar{B} + C$
111	7	$M_7 = \bar{A} + \bar{B} + \bar{C}$

根据最大项的定义，同样可以得到它的主要性质如下：

1) 任一最大项，只有一组对应变量取值使其值为 0。

2) 任意两个最大项的和为 1。

3) 全体最大项的逻辑乘恒为 0。

4) n 变量的每个最大项有 n 个相邻项。

(3) 逻辑函数的最小项表达式和最大项表达式　最小项的或构成逻辑函数的标准与或式（最小项标准型）一定是"与或"逻辑表达式；"与或"式中的每个乘积项一定是最小项。任何逻辑函数都是由其变量的若干个最小项构成，都可以表示成为最小项之和的形式。

标准与或式就是最小项之和的形式。例如

$$Y = F(A, B, C) = AB + \overline{A}C = AB(C + \overline{C}) + \overline{A}C(B + \overline{B})$$
$$= ABC + AB\overline{C} + \overline{A}BC + \overline{A}\overline{B}C = \sum m_i (i = 1, 3, 6, 7)$$

最大项的与构成逻辑函数的标准或与式（最大项标准型）一定是"或与"逻辑表达式；"或与"式中的每个和项一定是最大项。在一个或与式中，如果所有的或项均为最大项，则称这种表达式为最大项表达式，或称为标准或与式、标准和之积表达式。最大项的乘积形式为

$$F(A, B, \cdots) = \prod M(i_1, i_2, \cdots) \tag{9-12}$$

这就是说，如果已知逻辑函数为 $Y = \sum m_i$ 时，定能将 Y 化为编号为 i 以外的那些最大项的乘积。

4. 逻辑函数的公式化简法

在进行逻辑运算时会常常看到，同一个逻辑函数可以写成不同的逻辑式，逻辑式越简单，它所表示的逻辑关系越明显，同时也有利于用最少的电子元器件实现这个逻辑函数。因此，需要化简得到逻辑函数的最简形式。

逻辑函数式通过化简得到的最简与或逻辑式，其中包含的乘积项已经最少，而且每个乘积项的因子数目不能再减少。化简逻辑函数的目的是消去多余的乘积项和每个乘积项中多余的因子，以得到逻辑函数式的最简形式。

逻辑函数常用的化简方法有公式化简法和卡诺图化简法等。

公式化简法是反复运用逻辑代数的基本公式和定理来化简逻辑函数中多余的乘积项和多余的因子，以求得函数式的最简形式。公式化简法没有固定的步骤，常用的化简方法有并项法、配项法、加项法、吸收法等。

（1）并项法　应用 $A + \overline{A} = 1$ 化简。

例 9-1　试用并项法化简下列函数。

$$Y_1 = A(\overline{\overline{B}CD}) + A\overline{B}CD = A(\overline{\overline{B}CD} + \overline{B}CD) = A$$

$$Y_2 = A\overline{B} + ACD + \overline{A}\overline{B} + \overline{A}CD = (A + \overline{A})\overline{B} + (A + \overline{A})CD = \overline{B} + CD$$

$$Y_3 = \overline{A}B\overline{C} + A\overline{C} + \overline{B}\overline{C} = \overline{A}B\overline{C} + (A + \overline{B})\overline{C}$$

$$Y_4 = B\overline{C}D + BC\overline{D} + B\overline{C}\overline{D} + BCD = B\overline{C}(D + \overline{D}) + BC(\overline{D} + D) = B\overline{C} + BC = B$$

（2）消项法　应用 $A + AB = A$ 化简。

例 9-2　试用消项法化简下列函数。

$$Y_1 = AC + A\overline{B} + \overline{B} + \overline{C} = AC + A\overline{B} + \overline{B}\overline{C} = AC + \overline{B}\overline{C}$$

$$Y_2 = A\overline{B}C\overline{D} + \overline{A}\overline{B}E + \overline{AC}\overline{DE} = A\overline{B}C\overline{D} + \overline{A}\overline{B}E$$

$$Y_3 = \overline{A}BC + ABC + \overline{A}B\overline{D} + AB\overline{C}\overline{D} + BC\overline{D}E$$

$$= \overline{(A \oplus B)} \cdot C + (A \oplus B)\overline{D} + (\overline{A}B + B\overline{E})C\overline{D}$$

$$= \overline{(A \oplus B)} \cdot C + (A \oplus B)\overline{D}$$

$$= \overline{A}BC + ABC + \overline{A}B\overline{D} + A\overline{B}\overline{D}$$

(3) 配项法　应用 $B = B(A + \bar{A})$ 化简。

例 9-3　试用配项法化简下列函数。

$Y_1 = \bar{A}\bar{B}\bar{C} + \bar{A}BC + ABC$

$\quad = \bar{A}\bar{B}\bar{C} + \bar{A}BC + \bar{A}BC + ABC$

$\quad = (\bar{A}\bar{B}\bar{C} + \bar{A}BC) + (\bar{A}BC + ABC)$

$\quad = \bar{A}B + BC$

$Y_2 = A\bar{B} + \bar{A}B + B\bar{C} + \bar{B}C$

$\quad = A\bar{B} + \bar{A}B(C + \bar{C}) + B\bar{C} + (A + \bar{A})\bar{B}C$

$\quad = A\bar{B} + \bar{A}BC + \bar{A}B\bar{C} + B\bar{C} + A\bar{B}C + \bar{A}\bar{B}C$

$\quad = A\bar{B} + B\bar{C} + \bar{A}C$

5. 逻辑函数的卡诺图化简法

（1）卡诺图　将 n 变量的全部最小项各用一个小方块格表示，并使各具有逻辑相邻性的最小项在几何位置上相邻排列，得到的图形称为 n 变量最小项的卡诺图。仅有一个变量不同，其余变量均相同的两个最小项，称为逻辑相邻项。

将逻辑函数真值表中的各行排列成矩阵形式，在矩阵的左方和上方按照格雷码的顺序写上输入变量的取值，在矩阵的各个小方格内填入输入变量各组取值所对应的输出函数值，这样构成的图形就是卡诺图。

（2）卡诺图的表示　图 9-18 中画出了 1~4 变量最小项的卡诺图。图形两侧标注的 0 和

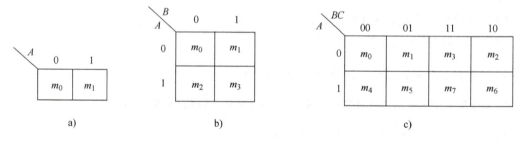

图 9-18　1~4 变量最小项的卡诺图

1 表示使对应小方格的最小项为 1 的变量取值。这些 0 和 1 组成的二进制数所对应的十进制数大小就是对应的最小项的编号。卡诺图必须按照图中的方式排列，以确保相邻的两个最小项仅有一个变量是不同的。

用卡诺图可以任意表示一个逻辑函数，具体方法是首先把逻辑函数化为最小项之和的形式，然后在卡诺图上与这些最小项对应的位置上填入 1，在其余的位置上填入 0。任何一个逻辑函数都等于它的卡诺图中填入 1 的那些最小项之和。

例 9-4 画出 $Y(A,B,C) = \sum m(1,4,5)$ 的卡诺图。

解：卡诺图如图 9-19 所示。

（3）卡诺图的化简 逻辑相邻项合并特点：2 个互相相邻最小项相加时能合并，可消去 1 个因子；4 个互相相邻最小项相加合并，可消去 2 个因子；8 个互相相邻最小项相加合并，可消去 3 个因子；2^n 个互相相邻最小项相加合并，可消去 n 个因子。

C\AB	00	01	11	10
0	0	0	0	1
1	1	0	0	1

图 9-19 例 9-4 的卡诺图

卡诺图化简法是将逻辑函数用卡诺图来表示，在卡诺图上通过并项操作将函数化简。卡诺图化简法的原则是：画出逻辑函数的卡诺图后，将卡诺图中 2^n（$n = 0, 1, 2, 3, \cdots$）个值为 1 的相邻小方格圈起来，圈内小方格个数应尽可能多，圈的个数应最少，每个新圈必须包含至少一个在已圈过的圈中没有出现过的小方格，每个小方格可被圈多次，最后将代表每个圈的与项相加，即得所求函数的最简与或表达式。

用卡诺图化简逻辑函数时按如下步骤进行：

1）将函数化为最小项之和的形式。
2）画出表示该逻辑函数的卡诺图。
3）找出可以合并的最小项。
4）选取化简后的乘积项。选取的原则是这些乘积项应包含函数式中所有的最小项，并且可合并的最小项组成的矩形组数目最少，每个乘积项包含的因子最少。

例 9-5 用卡诺图化简 $Y(A,B,C,D) = \sum m(0,1,2,5,8,9,10)$。

解：卡诺图如图 9-20 所示。

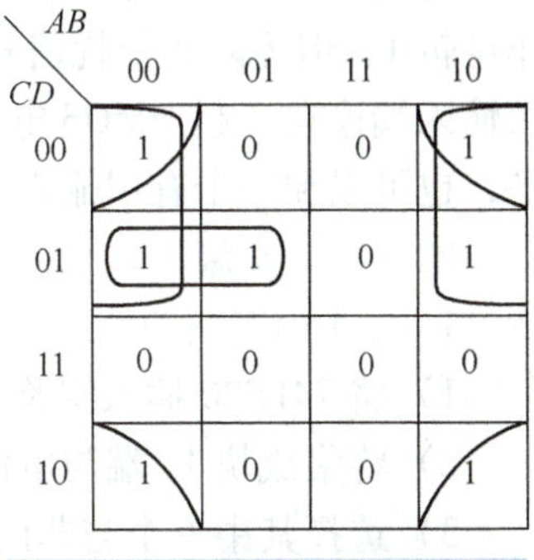

由图 9-20 可得

$$Y = \overline{A}\,\overline{C}D + \overline{B}\,\overline{C} + \overline{B}\,\overline{D}$$

例 9-6 用卡诺图化简逻辑函数 $Y = ABC + ABD + A\,\overline{C}D + A\,\overline{C}\,\overline{D} + A\,\overline{B}C + \overline{A}\,\overline{B}\,\overline{D}$。

解：卡诺图如图 9-21 所示。

由图 9-21 可得

$$F = A + \overline{B}\,\overline{D}$$

CD\AB	00	01	11	10
00	1	0	0	1
01	1	1	0	1
11	0	0	0	0
10	1	0	0	1

图 9-20 例 9-5 的卡诺图

例 9-7 用卡诺图化简逻辑函数 $Y = \overline{(BD + \overline{AC}) \cdot B}$。

解：

$$Y = \overline{(BD + \overline{AC}) \cdot B} = \overline{BD} + \overline{AB}C$$

卡诺图如图 9-22 所示。

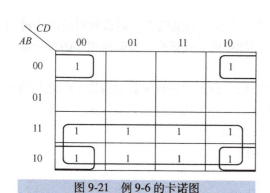
图 9-21 例 9-6 的卡诺图

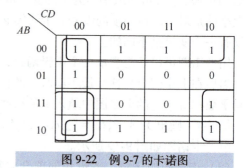
图 9-22 例 9-7 的卡诺图

由图 9-22 可得

$$Y = A\overline{D} + \overline{C}\overline{D} + \overline{B}$$

任务九 逻辑门电路的功能测试

一、任务目标
1）熟悉主要门电路的逻辑功能。
2）掌握基本门电路逻辑功能的测试方法。

二、器材工具
DZX-2B 型电子学综合实验装置（简称实验台）。

三、原理分析
对于与非门，其输入中任一个为低电平"0"时，输出便为高电平"1"。只有当所有输入都为高电平"1"时，输出才为低电平"0"。对于 TTL 逻辑电路，输入端如果悬空，可看作逻辑 1，但为防止干扰信号引入，一般不悬空，可将多余的输入端接高电平或者和一个有用输入端连在一起。MOS 电路输入端不允许悬空。对于或非门，闲置输入端应接地或低电平，也可以和一个有用输入端连在一起。

四、任务实施
1. 与非门逻辑功能的测试
1）将 74LS20 插入实验台 14P 插座。注意集成块上的标记，不要插错。
2）将集成块 V_{cc} 端与电源+5V 相连，GND 与电源"地"相连。
3）选择其中一个与非门，将其 4 个输入端 A、B、C、D 分别与 4 个逻辑开关相连，输出端 Y 与逻辑笔或逻辑电平显示器相连，如图 9-23 所示。根据表 9-12 中输入端的不同状态组合，分别测出输出端的相应状态并记录。

2. 或非门逻辑功能的测试
将 74LS02 集成芯片按照上述方法插入实验台的 14P 插座，选择其中一个或非门，将其输入端与逻辑电平相连，输出端与逻辑电平显示器相连，如图 9-24 所示。根据表 9-13 中输入端的不同状态组合，分别测出输出端的相应状态并记录。

表 9-12　与非门实验数据表

输入端				输出端	
A	B	C	D	LED	Y
1	1	1	1	灭	0
0	1	1	1	亮	1
0	0	1	1	亮	1
0	0	0	1	亮	1
0	0	0	0	亮	1

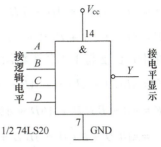

图 9-23　与非门实验电路图

表 9-13　或非门实验数据表

输入端		输出端	
A	B	LED	Y
0	0	亮	1
0	1	灭	0
1	0	灭	0
1	1	灭	0

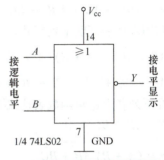

图 9-24　或非门实验电路图

五、注意事项

1）插集成块时，注意集成块上的标记，不要插错。
2）若集成芯片引脚上的功能标号为 NC，则表示该引脚为空脚，与内部电路不连接。

六、报告要求

1）画出规范的测试电路图及各个表格。
2）记录测试所得数据，并对结果进行分析。

【习题九】

1. 将二进制数 110111、1001101 分别转换成十进制数和十六进制数。
2. 数码 100100101001 作为二进制码或 8421 码时，其相应的十进制数各为多少？
3. 将下列各数转换成十进制数：$(101)_2$，$(101)_{16}$。
4. 利用公式和定理证明下列等式。

1）$ABC + A\overline{B}C + AB\overline{C} = AB + AC$

2）$A + A\overline{B}\,\overline{C} + \overline{A}CD + (\overline{C} + \overline{D})E = A + CD + E$

5. 用公式法将下列各逻辑函数化简成为最简与或表达式。

1）$F = \overline{A}\,\overline{B}C + \overline{A}BC + A\overline{B}\overline{C} + ABC$

2）$F = \overline{A} + \overline{B} + \overline{C} + ABC$

3）$F = AC\overline{D} + AB\overline{D} + BC + \overline{A}CD + ABD$

4) $F = A\overline{B}C + A\overline{B} + A\overline{D} + \overline{A}\,\overline{D}$

5) $F = A(\overline{A} + B) + B(B + C) + B$

6. 用卡诺图法将下列各逻辑函数化简成为最简与或表达式。

1) $F = AB\overline{C}D + \overline{A}BCD + A\overline{B} + A\overline{D} + A\overline{B}C$

2) $F = A\overline{B} + B\,\overline{C}\,\overline{D} + ABD + \overline{A}BCD$

3) $F = \overline{A}BCD + \overline{B}CD + AB\overline{D} + BC\overline{D} + \overline{A}BC$

4) $F = \overline{A}\,\overline{B}\,\overline{C}\,\overline{D} + \overline{A}\,BCD + \overline{A}\,\overline{B}\,C\,\overline{D} + \overline{A}BCD$

5) $F = AB\overline{C} + AC + \overline{ABC + \overline{B}C}$

7. 利用真值表证明下列等式。

1) $A\overline{B} + \overline{A}B = (\overline{A} + \overline{B})(A + B)$

2) $A\overline{B} + B\overline{C} + C\overline{A} = \overline{A}B + \overline{B}C + \overline{C}A$

8. 在下列各个逻辑函数表达式中，变量 A、B、C 为哪些种取值时，函数值为 1？

1) $F = AB + BC + AC$

2) $F = \overline{(A+B)AB + B\overline{C}}$

3) $F = ABC + A\overline{B}\,\overline{C} + \overline{A}\,BC + \overline{A}B\overline{C}$

9. 化简逻辑函数转换为与非表达式，并画出相应的逻辑图。

1) $F = \overline{\overline{ABC} + \overline{A}\,\overline{B} + BC}$

2) $F = \overline{A\overline{B} + ABC + A(B + A\overline{B})}$

3) $F = (AB + A\overline{B} + \overline{A}B)(A + B + D + \overline{A}\,\overline{B}\,\overline{D})$

项目十

组合逻辑电路

学习导入

在实践中遇到的逻辑问题层出不穷，为解决这些逻辑问题而设计的逻辑电路也不胜枚举。有些逻辑电路经常出现在各种数字系统中。这些电路包括编码器、译码器、加法器等。为了使用方便，这些逻辑电路被制成了中、小规模集成的标准化集成电路产品。

学习目标

1. 知识目标
1) 理解组合逻辑电路的特点。
2) 掌握组合逻辑电路的分析方法和设计方法。

2. 能力目标
1) 能灵活运用编码器和译码器。
2) 能灵活运用加法器和数值比较器。

理论知识

课题一 组合逻辑电路的分析和设计方法

一、组合逻辑电路的特点

根据逻辑功能的特点不同，可以把数字电路分成两大类，一类是组合逻辑电路（简称组合电路），另一类是时序逻辑电路（简称时序电路）。组合逻辑电路在逻辑功能上的共同特点是，任意时刻的输出仅仅取决于该时刻的输入，与电路原来的状态无关。组合逻辑电路的输出与电路的历史状况无关，所以电路中没有存储单元，这就是组合逻辑电路在电路结构上的共同特点。

二、组合逻辑电路的分析方法

分析一个给定的逻辑电路，就是要通过分析找出电路的逻辑功能。通常采用的分析方法是从电路的输入到输出逐级写出逻辑函数式，或列出真值表，然后用公式化简或卡诺图对逻辑表达式进行化简，使逻辑关系简单明了。

例 10-1 设计 3 人表决电路。每人一个按键，如果同意则按下，不同意则不按。结果用指示灯表示，多数同意时指示灯亮，否则不亮。

解： 1) 设 3 人表决电路输入分别为 A、B、C，结果（输出）为 F。

2) 根据题意列出真值表（表 10-1）。

3) 画出卡诺图（图 10-1）。

4) 根据逻辑表达式画出逻辑图。由图 10-1 可写出逻辑表达式为

$$F = AB + BC + CA$$

则可画出逻辑电路图如图 10-2 所示。

表 10-1 例 10-1 的真值表

A	B	C	F
0	0	0	0
0	0	1	0
0	1	0	0
0	1	1	1
1	0	0	0
1	0	1	1
1	1	0	1
1	1	1	1

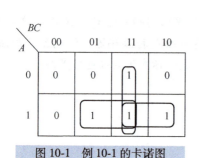

图 10-1 例 10-1 的卡诺图　　图 10-2 例 10-1 的逻辑电路图

三、组合逻辑电路的设计方法

根据实际逻辑问题，画出实现这一逻辑功能的最简单逻辑电路，这是设计组合逻辑电路要完成的任务。最简单逻辑电路要求电路所用的器件数最少，器件的种类最少，并且器件之间的连线最少。

1. 进行逻辑抽象

1) 确定输入变量和输出变量。一般把引起事件的原因定为输入变量，把事件的结果作为输出变量。

2) 定义逻辑状态的含义。用 0、1 两种状态分别代表输入变量和输出变量的两种不同状态。0 和 1 的具体含义人为设定。

3) 列出真值表。将一个实际的逻辑问题抽象成一个逻辑函数。

2. 写出逻辑函数式

把真值表转换为对应的逻辑函数式。

3. 选定器件

既可以用小规模集成的门电路组成相应的逻辑电路，也可以用中规模集成的常用组合逻辑器件构成相应的逻辑电路。根据电路的具体要求和器件的资源决定采用哪一种类型的器件。

4. 将逻辑函数化简

在使用小规模集成的门电路进行设计时，应将函数式化成最简形式。在使用中规模集成

的常用组合逻辑电路设计时，需要把函数式变换成适当的形式，用最少的器件和最简单的连线接成逻辑电路。

5. 画出逻辑电路的连接图

例 10-2 为燃油蒸汽锅炉设计一个报警装置。用 3 个数字传感器分别监视燃油喷嘴的开关状态、锅炉中的水温和压力是否超标。当喷嘴打开且压力或水温过高时，都应发出报警信号。

解： 1）进行逻辑抽象。C 表示喷嘴开关，1 开，0 关；B 表示锅炉水温，1 过高，0 正常；A 表示压力，1 过高，0 正常。可列出逻辑真值表见表 10-2。

2）写出逻辑函数式。
$$L = C\overline{B}A + CB\overline{A} + CBA$$

3）选定器件类型为小规模集成门电路。

4）将逻辑函数化简。
$$L = CB + CA$$

5）画逻辑电路图。

若直接用集成门电路实现，至少需要与门和或门两种类型的门电路。本例的逻辑电路如图 10-3 所示。

表 10-2 例 10-2 的逻辑真值表

输入			输出
A	B	C	L
0	0	0	0
0	0	1	0
0	1	0	0
0	1	1	1
1	0	0	0
1	0	1	1
1	1	0	0
1	1	1	1

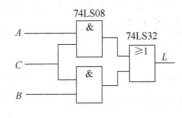

图 10-3 例 10-2 的逻辑电路

课题二 常用的组合逻辑电路

为了使用方便，常将编码器、译码器、数据选择器等逻辑电路制成中、小规模集成的标准化集成电路产品。下面分别介绍这些器件的工作原理和使用方法。

一、编码器

为了区分一系列不同的事物，将每个事物用一个二进制代码表示，这就是编码。实现编码的逻辑电路称为编码器。目前经常使用的编码器有普通编码器和优先编码器两种。

1. 普通编码器——8 线-3 线编码器

在普通编码器中，任何时刻只允许输入一个编码信号，否则输出会发生混乱。图 10-4 是 3 位二进制编码器的框图，

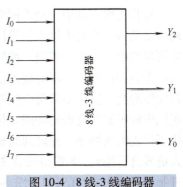

图 10-4 8 线-3 线编码器

它的输入是 $I_0 \sim I_7$ 这 8 个高电平信号，输出是 3 位二进制代码 $Y_2 Y_1 Y_0$。因此，称为 8 线-3 线编码器。

8 线-3 线编码器的真值表见表 10-3。

表 10-3 8 线-3 线编码器的真值表

输入								输出		
I_0	I_1	I_2	I_3	I_4	I_5	I_6	I_7	Y_2	Y_1	Y_0
1	0	0	0	0	0	0	0	0	0	0
0	1	0	0	0	0	0	0	0	0	1
0	0	1	0	0	0	0	0	0	1	0
0	0	0	1	0	0	0	0	0	1	1
0	0	0	0	1	0	0	0	1	0	0
0	0	0	0	0	1	0	0	1	0	1
0	0	0	0	0	0	1	0	1	1	0
0	0	0	0	0	0	0	1	1	1	1

将真值表写成对应的逻辑式：

$$\begin{cases} Y_2 = \overline{I_0}\,\overline{I_1}\,\overline{I_2}\,\overline{I_3}\,\overline{I_4}\,\overline{I_5}\,\overline{I_6}\,\overline{I_7} + \overline{I_0}\,\overline{I_1}\,\overline{I_2}\,\overline{I_3}\,I_4\,\overline{I_5}\,\overline{I_6}\,\overline{I_7} + \overline{I_0}\,\overline{I_1}\,\overline{I_2}\,\overline{I_3}\,\overline{I_4}\,I_5\,\overline{I_6}\,\overline{I_7} + \overline{I_0}\,\overline{I_1}\,\overline{I_2}\,\overline{I_3}\,\overline{I_4}\,\overline{I_5}\,I_6\,\overline{I_7} \\ Y_1 = \overline{I_0}\,\overline{I_1}\,\overline{I_2}\,\overline{I_3}\,\overline{I_4}\,\overline{I_5}\,\overline{I_6}\,\overline{I_7} + \overline{I_0}\,\overline{I_1}\,I_2\,\overline{I_3}\,\overline{I_4}\,\overline{I_5}\,\overline{I_6}\,\overline{I_7} + \overline{I_0}\,\overline{I_1}\,\overline{I_2}\,I_3\,\overline{I_4}\,\overline{I_5}\,\overline{I_6}\,\overline{I_7} + \overline{I_0}\,\overline{I_1}\,\overline{I_2}\,\overline{I_3}\,\overline{I_4}\,\overline{I_5}\,I_6\,\overline{I_7} \\ Y_0 = \overline{I_0}\,I_1\,\overline{I_2}\,\overline{I_3}\,\overline{I_4}\,\overline{I_5}\,\overline{I_6}\,\overline{I_7} + \overline{I_0}\,\overline{I_1}\,\overline{I_2}\,I_3\,\overline{I_4}\,\overline{I_5}\,\overline{I_6}\,\overline{I_7} + \overline{I_0}\,\overline{I_1}\,\overline{I_2}\,\overline{I_3}\,\overline{I_4}\,I_5\,\overline{I_6}\,\overline{I_7} + \overline{I_0}\,\overline{I_1}\,\overline{I_2}\,\overline{I_3}\,\overline{I_4}\,\overline{I_5}\,\overline{I_6}\,I_7 \end{cases}$$
(10-1)

任何时刻，$I_0 \sim I_7$ 当中仅有一个取值为 1，则输入变量为值等于 1 的那些最小项，为约束项。利用这些约束项将式（10-1）化简，得到

$$\begin{cases} Y_2 = I_4 + I_5 + I_6 + I_7 \\ Y_1 = I_2 + I_3 + I_6 + I_7 \\ Y_0 = I_1 + I_3 + I_5 + I_7 \end{cases}$$
(10-2)

图 10-5 所示为根据式（10-2）得出的编码器电路。这个电路是由 3 个或门组成的。

2. 优先编码器

在优先编码器中，允许同时输入两个以上的有效编码请求信号。当几个输入信号同时出现时，只对其中优先权最高的一个进行编码。编码电路任何时刻只允许输入一个被编信号，要求对输入信号有所控制，否则输出将发生混乱。实际中常常会同时输入多路信号，这需要用优先编码器实现编码功能。优先编码器对输入信号安排了优先编码顺序，允许同时输入多路编码信号，但编码电路只对其中优先权最高的一个输入信号进行编码。8 线-3 线优先编码器（74LS148）将输入的 8 个状态分别编成 8 个 3 位二进制数码输出。74LS148 优先编码器为 16 脚的集成芯片，除电源引脚 V_{cc}（16 脚）和接地引

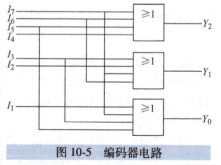

图 10-5 编码器电路

脚 GND（8 脚）外，其余输入、输出引脚的作用和引脚号如图 10-6 所示。其中，$\bar{I}_0 \sim \bar{I}_7$ 为输入信号；$\bar{Y}_2$、$\bar{Y}_1$、$\bar{Y}_0$ 为 3 位二进制编码输出信号；$\bar{S}$ 为使能输入端，低电平有效；$\bar{Y}_S$ 为使能输出端，通常接至低位芯片的端，$\bar{Y}_S$ 和 $\bar{S}$ 配合可以实现多级编码器之间的优先级别的控制；$\bar{Y}_{EX}$ 为扩展输出端，是控制标志，$\bar{Y}_{EX} = 0$ 表示是编码输出，$\bar{Y}_{EX} = 1$ 表示不是编码输出。

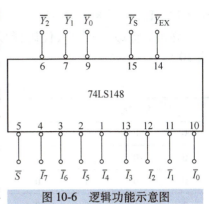

图 10-6 逻辑功能示意图

由功能表（表 10-4）可以看出，在 $\bar{S} = 0$ 电路正常工作状态下，允许 $\bar{I}_0 \sim \bar{I}_7$ 当中同时有几个输入端为低电平，即有编码输入信号。$\bar{I}_7$ 的优先权最高，$\bar{I}_0$ 的优先权最低。当 $\bar{I}_7 = 0$ 时，不管其他输入端有无输入信号（表中以×表示），输出端只给出 $\bar{I}_7$ 的编码，即 $\bar{Y}_2 \bar{Y}_1 \bar{Y}_0 = 000$。当 $\bar{I}_7 = 1$、$\bar{I}_6 = 0$ 时，不管其他输入端有无输入信号，只对 $\bar{I}_6$ 编码，输出为 $\bar{Y}_2 \bar{Y}_1 \bar{Y}_0 = 001$。

表 10-4 74LS148 的功能表

	输			入						输	出	
$\bar{S}$	$\bar{I}_7$	$\bar{I}_6$	$\bar{I}_5$	$\bar{I}_4$	$\bar{I}_3$	$\bar{I}_2$	$\bar{I}_1$	$\bar{I}_0$	$\bar{Y}_2$	$\bar{Y}_1$	$\bar{Y}_0$	$\bar{Y}_{EX}$	$\bar{Y}_S$
1	×	×	×	×	×	×	×	×	1	1	1	1	1
0	1	1	1	1	1	1	1	1	1	1	1	1	0
0	0	×	×	×	×	×	×	×	0	0	0	0	1
0	1	0	×	×	×	×	×	×	0	0	1	0	1
0	1	1	0	×	×	×	×	×	0	1	0	0	1
0	1	1	1	0	×	×	×	×	0	1	1	0	1
0	1	1	1	1	0	×	×	×	1	0	0	0	1
0	1	1	1	1	1	0	×	×	1	0	1	0	1
0	1	1	1	1	1	1	0	×	1	1	0	0	1
0	1	1	1	1	1	1	1	0	1	1	1	0	1

二、译码器

将每一组输入二进制代码"翻译"成为一个特定的输出信号，用来表示该组代码原来所代表信息的过程称为译码。译码是编码的逆过程。实现译码的电路称为译码器。常用的译码器有二进制译码器、二-十进制译码器、显示译码器 3 类。

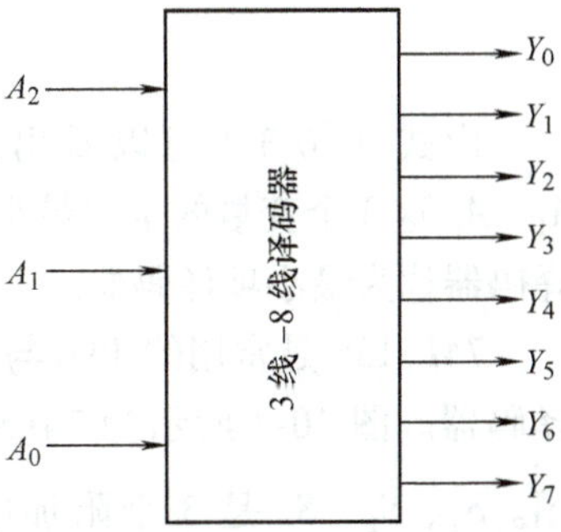

1. 二进制译码器

二进制译码器的输入是一组二进制代码，输出是一组与输入代码一一对应的高、低电平信号。图 10-7 所示为 3 位二进制译码器的框图。输入的 3 位二进制代码有 8 种状态，译码器将每个输入代码译成对应的一根输出线上的高、低电平信号。A_2、A_1、A_0 为二进译码

图 10-7 3 位二进制译码器的框图

输入端，$Y_0 \sim Y_7$ 是 8 个输出端。

译码器将每一个输入代码译成对应输出端的高电平信号。它们之间的对应关系见表 10-5。

表 10-5　3 位二进制译码器的真值表

输入			输出							
A_2	A_1	A_0	Y_7	Y_6	Y_5	Y_4	Y_3	Y_2	Y_1	Y_0
0	0	0	0	0	0	0	0	0	0	1
0	0	1	0	0	0	0	0	0	1	0
0	1	0	0	0	0	0	0	1	0	0
0	1	1	0	0	0	0	1	0	0	0
1	0	0	0	0	0	1	0	0	0	0
1	0	1	0	0	1	0	0	0	0	0
1	1	0	0	1	0	0	0	0	0	0
1	1	1	1	0	0	0	0	0	0	0

译码器各输出端的逻辑表达式为

$$\overline{Y_0} = \overline{\overline{A_2}\, \overline{A_1}\, \overline{A_0}} = \overline{m_0}$$

$$\overline{Y_1} = \overline{\overline{A_2}\, \overline{A_1}\, A_0} = \overline{m_1}$$

$$\overline{Y_2} = \overline{\overline{A_2}\, A_1\, \overline{A_0}} = \overline{m_2}$$

$$\overline{Y_3} = \overline{\overline{A_2}\, A_1\, \overline{A_0}} = \overline{m_3}$$

$$\overline{Y_4} = \overline{A_2\, \overline{A_1}\, \overline{A_0}} = \overline{m_4}$$

$$\overline{Y_5} = \overline{A_2\, \overline{A_1}\, A_0} = \overline{m_5}$$

$$\overline{Y_6} = \overline{A_2\, A_1\, \overline{A_0}} = \overline{m_6}$$

$$\overline{Y_7} = \overline{A_2\, A_1\, A_0} = \overline{m_7} \tag{10-3}$$

由式（10-3）可以看出，$Y_0 \sim Y_7$ 同时是 A_2、A_1、A_0 这 3 个变量的全部最小项的译码输出，这种译码器称为最小项译码器。

74LS138 是常用的 TTL 与非门组成的 3 线-8 线译码器。图 10-8 所示为 74LS138 的逻辑功能示意图。S_1、$\overline{S_2}$、$\overline{S_3}$ 是 3 个附加的控制端。当 $S_1 = 1$，$\overline{S_2} + \overline{S_3} = 0$ 时，译码器处于工作状态。否则，译码器被禁止，所有的输出端被封锁在高电平，见表 10-6。这 3 个控制端叫作片选输入端，利用片选的作

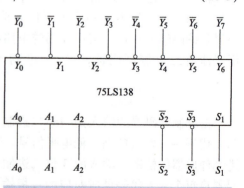

图 10-8　74LS138 的逻辑功能示意图

用可以将多片连接起来扩展译码器的功能。

表 10-6　74LS138 的功能表

输入					输出							
使能		选择										
S_1	$\overline{S_2}+\overline{S_3}$	A_2	A_1	A_0	$\overline{Y_7}$	$\overline{Y_6}$	$\overline{Y_5}$	$\overline{Y_4}$	$\overline{Y_3}$	$\overline{Y_2}$	$\overline{Y_1}$	$\overline{Y_0}$
×	1	×	×	×	1	1	1	1	1	1	1	1
0	×	×	×	×	1	1	1	1	1	1	1	1
1	0	0	0	0	1	1	1	1	1	1	1	0
1	0	0	0	1	1	1	1	1	1	1	0	1
1	0	0	1	0	1	1	1	1	1	0	1	1
1	0	0	1	1	1	1	1	1	0	1	1	1
1	0	1	0	0	1	1	1	0	1	1	1	1
1	0	1	0	1	1	1	0	1	1	1	1	1
1	0	1	1	0	1	0	1	1	1	1	1	1
1	0	1	1	1	0	1	1	1	1	1	1	1

带控制输入端的译码器是一个数据分配器。如果把 S_1 作为数据输入端，同时 $\overline{S_2}=\overline{S_3}=0$，将 A_2、A_1、A_0 作为地址输入端，这样从 S_1 送来的数据只能通过由 A_2、A_1、A_0 指定的一根输出线送出去。

2. 二-十进制译码器

二-十进制译码器的逻辑功能是将输入 BCD 码的 10 个代码译成 10 个高低电平输出信号。它有 4 个输入端，10 个输出端。二-十进制译码器的输入是十进制数的 4 位二进制编码（BCD 码），分别用 A_3、A_2、A_1、A_0 表示；输出的是与 10 个十进制数字相对应的 10 个信号，用 $Y_9 \sim Y_0$ 表示。由于二-十进制译码器有 4 根输入线，10 根输出线，所以称为 4 线-10 线译码器。图 10-9 所示为二-十进制译码器 74LS42 的逻辑电路。

根据逻辑图得到

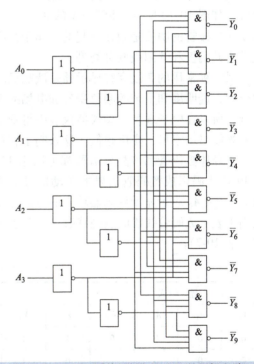

图 10-9　二-十进制译码器 74LS42 的逻辑电路

$$\begin{cases} \overline{Y_0} = \overline{\overline{A_3}\ \overline{A_2}\ \overline{A_1}\ \overline{A_0}} \\ \overline{Y_1} = \overline{\overline{A_3}\ \overline{A_2}\ \overline{A_1}\ A_0} \\ \overline{Y_2} = \overline{\overline{A_3}\ \overline{A_2}\ A_1\ \overline{A_0}} \\ \overline{Y_3} = \overline{\overline{A_3}\ \overline{A_2}\ A_1\ A_0} \\ \overline{Y_4} = \overline{\overline{A_3}\ A_2\ \overline{A_1}\ \overline{A_0}} \end{cases} \qquad \begin{cases} \overline{Y_5} = \overline{\overline{A_3}\ A_2\ \overline{A_1}\ A_0} \\ \overline{Y_6} = \overline{\overline{A_3}\ A_2\ A_1\ \overline{A_0}} \\ \overline{Y_7} = \overline{\overline{A_3}\ A_2\ A_1\ A_0} \\ \overline{Y_8} = \overline{A_3\ \overline{A_2}\ \overline{A_1}\ \overline{A_0}} \\ \overline{Y_9} = \overline{A_3\ \overline{A_2}\ \overline{A_1}\ A_0} \end{cases} \qquad (10\text{-}4)$$

3. 显示译码器

用来驱动各种显示器件，将用二进制代码表示的数字、文字、符号翻译成人们习惯的形式直观地显示出来的电路，称为显示译码器。

常见的7段数字显示器有半导体数码显示器和液晶显示器（LCD）等。这种显示器由7段发光的字段组合而成。半导体数码管的每个线段都是一个发光二极管（LED）。在BS201A等一些数码管中还在右下角处增设了一个小数点，形成了8段数码管，如图10-10所示。BS201A的8段发光二极管的阴极是做在一起的，属于共阴极类型。为了使用方便，同一规格的数码管一般都有共阴极和共阳极两种类型。

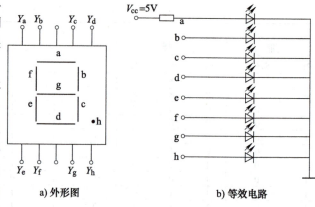

图 10-10 半导体数码管 BS201A

另一种常用的7段字符显示器是液晶显示器。液晶是具有液体流动性和光学特性的有机化合物，透明度和呈现的颜色受外加电场的影响。液晶显示器的优点是功耗极小，工作电压很低，所以在电子表及小型仪器仪表中得到了广泛的应用。但是，它本身不会发光，靠反射外界光线显示字形，亮度很低，这限制了它在快速系统的应用。

半导体数码管和液晶显示器都可以用 TTL 或 CMOS 集成电路直接驱动，用显示译码器将 BCD 代码译成数码管需要的驱动信号，使数码管用十进制数字显示 BCD 代码表示的数值。$A_3A_2A_1A_0$ 表示显示译码器输入的 BCD 代码，以 $Y_a \sim Y_g$ 表示输出的7位二进制代码，规定1表示数码管线段的点亮状态，用0表示线段的熄灭状态。根据字形的显示可得到真值表（表10-7）。

表10-7 BCD-7 段显示译码器的真值表

输	入			输			出				显示数字
A_3	A_2	A_1	A_0	Y_a	Y_b	Y_c	Y_d	Y_e	Y_f	Y_g	
0	0	0	0	1	1	1	1	1	1	0	0
0	0	0	1	0	1	1	0	0	0	0	1
0	0	1	0	1	1	0	1	1	0	1	2
0	0	1	1	1	1	1	1	0	0	1	3
0	1	0	0	0	1	1	0	0	1	1	4
0	1	0	1	1	0	1	1	0	1	1	5
0	1	1	0	0	0	1	1	1	1	1	6
0	1	1	1	1	1	1	0	0	0	0	7
1	0	0	0	1	1	1	1	1	1	1	8
1	0	0	1	1	1	1	0	0	1	1	9

由真值表化简可得逻辑函数式：

$$\begin{cases} Y_a = \overline{\overline{A_3}\,\overline{A_2}\,\overline{A_1}\,A_0 + A_3 A_1 + A_2 \overline{A_0}} \\ Y_b = \overline{A_3 A_1 + A_2 A_1 \overline{A_0} + \overline{A_2}\,\overline{A_1}\,A_0} \\ Y_c = \overline{A_3 A_2 + \overline{A_2}\,A_1\,\overline{A_0}} \\ Y_d = \overline{A_2 A_1 A_0 + A_2 \overline{A_1}\,\overline{A_0} + \overline{A_2}\,\overline{A_1}\,A_0} \\ Y_e = \overline{A_2 \overline{A_1} + A_0} \\ Y_f = \overline{\overline{A_3}\,\overline{A_2}\,A_0 + \overline{A_2}\,A_1 + A_1 A_0} \\ Y_g = \overline{\overline{A_3}\,\overline{A_2}\,\overline{A_1} + A_2 A_1 A_0} \end{cases} \qquad (10\text{-}5)$$

图 10-11 是 BCD-7 段显示译码器 7448 的逻辑功能示意图。

$\overline{LT}$ 是灯测试输入端，当 $\overline{LT}=0$ 时，使被驱动数码管的 7 段同时亮，以检查该数码管各段能否正常发光。平时 $\overline{LT}$ 为高电平。

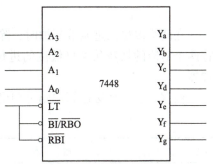

图 10-11　7448 的逻辑功能示意图

$\overline{RBI}$ 是灭零输入端，作用是把不希望显示的零熄灭。例如一个 8 位的数码显示电路，整数部分有 5 位，小数部分有 3 位，在显示 12.3 这个数时将呈现 00012.300 字样，将前、后多余的 0 熄灭，则显示的结果更加醒目。

$\overline{BI}/\overline{RBO}$ 作为输入端使用时，称为灭灯输入控制端，只要灭灯控制信号 $\overline{BI}=0$，无论 $A_3 A_2 A_1 A_0$ 的状态是什么，都能使被驱动数码管的各段同时熄灭。$\overline{BI}/\overline{RBO}$ 作为输出端使用时，称为灭零输出端。只有当输入 $A_3=A_2=A_1=A_0=0$，而且有灭零输入信号 $\overline{RBI}=0$ 时，$\overline{RBO}=0$，表示译码器已将本来应该显示的零熄灭了。

三、加法器

两个二进制数之间的加、减、乘、除，在计算机中都是化作若干步加法运算。

1. 半加器

能对两个 1 位二进制数进行相加而求得和及进位的逻辑电路称为半加器。表 10-8 是根据二进制加法运算规则列出的半加器真值表。其中，A、B 是两个加数，S 是相加的和，CO 是向高位的进位。将 S、CO、A、B 的关系写成逻辑表达式：

$$S = \overline{A}B + A\overline{B} = A$$

表 10-8　半加器的真值表

输	入	输	出
A	B	S	CO
0	0	0	0
0	1	1	0
1	0	1	0
1	1	0	1

$$CO = AB$$

由真值表可以得出，半加器是由一个异或门和一个与门组成的。半加器的逻辑图和符号如图 10-12 所示。

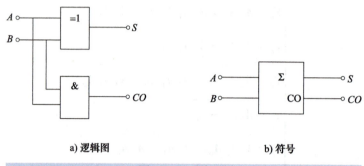

图 10-12　半加器

2. 全加器

在两个多位二进制数相加时，除了最低位以外，每一位都应该考虑来自低位的进位，即将两个对应的加数和来自低位的进位 3 个数相加。这种运算称为全加，所用的电路称为全加器。

根据二进制加法运算规则可列出 1 位全加器的真值表，见表 10-9。

表 10-9　全加器的真值表

输入			输出	
CI	A	B	S	CO
0	0	0	0	0
0	0	1	1	0
0	1	0	1	0
0	1	1	0	1
1	0	0	1	0
1	0	1	0	1
1	1	0	0	1
1	1	1	1	1

根据真值表画出全加器的卡诺图，如图 10-13 所示。采用合并 0 再求反的化简方法得到

$$S = \overline{\overline{AB}\,\overline{CI} + A\,\overline{B}\,\overline{CI} + AB\,\overline{CI}}$$

$$CO = \overline{\overline{AB} + \overline{B}\,\overline{CI} + \overline{A}\,\overline{CI}}$$

双全加器 74LS183 的逻辑符号

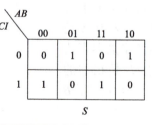
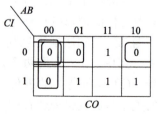

图 10-13　全加器的卡诺图

如图 10-14 所示。

3. 多位加法器

两个多位数相加时,每一位都是带进位相加的,所以使用全加器。依次将低位全加器的进位输出 CO,接到高位全加器的进位输入端 CI,即构成多位加法器。每一位的相加结果都必须等到低一位的进位产生才能建立起来,因此称为串行进位加法器。图 10-15 所示为 4 位串行进位加法器。

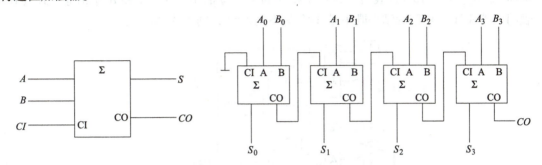

图 10-14 双全加器 74LS183 的逻辑符号

图 10-15 4 位串行进位加法器

为了提高运算速度,减小或消除由进位信号逐级传递消耗的时间,规定加到第 i 位的进位输入信号由 $A_{i-1}A_{i-2}\cdots A_0$ 和 $B_{i-1}B_{i-2}\cdots B_0$ 唯一地确定,这样就可以通过逻辑电路事先得出每一位全加器的进位输入信号,不用再从最低位开始向高位逐位传递进位信号了,采用这种结构形式的加法器称为超前进位加法器。

四、数值比较器

1. 1 位数值比较器

设 $A>B$(即 $A=1$,$B=0$)时,$Y_{(A>B)}=1$;$A<B$(即 $A=0$,$B=1$)时,$Y_{(A<B)}=1$;$A=B$ 时,$Y_{(A=B)}=1$。1 位数值比较器的逻辑电路如图 10-16 所示。

2. 多位数值比较器

比较两个多位数的大小,必须自高而低地逐位比较,而且只有当高位相等时,才需要比较低位。

例如,A、B 是两个 4 位二进制数 $A_3A_2A_1A_0$ 和 $B_3B_2B_1B_0$,比较这两个数的大小时应首先比较 A_3 和 B_3。如果 $A_3>B_3$,不

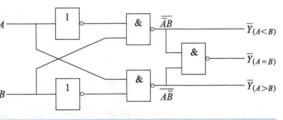

图 10-16 1 位数值比较器

管其他几位数码各为何值,肯定是 $A>B$。反之,如果 $A_3<B_3$,不管其他几位数码为何值,肯定是 $A<B$。如果 $A_3=B_3$,这就要通过比较下一位 A_2 和 B_2 来判断 A 和 B 的大小了。依次类推,比出结果。

图 10-17 是 4 位数值比较器 CC14585 的逻辑电路。图中的 $Y_{(A>B)}$、$Y_{(A=B)}$ 和 $Y_{(A<B)}$ 是总的比较结果,$A_3A_2A_1A_0$ 和 $B_3B_2B_1B_0$ 是两个比较的 4 位数的输入端,$I_{(A>B)}$、$I_{(A=B)}$ 和 $I_{(A<B)}$ 是扩展端,供片间连接时用。由逻辑电路可写出输出的逻辑表达式为

$$Y_{(A<B)} = \bar{A_3} B_3 + (A_3 \odot B_3) \bar{A_2} B_2 + (A_3 \odot B_3)(A_2 \odot B_2) \bar{A_1} B_1 + (A_3 \odot B_3)(A_2 \odot B_2)$$
$$(A_1 \odot B_1) \bar{A_0} B_0 + (A_3 \odot B_3)(A_2 \odot B_2)(A_1 \odot B_1)(A_0 \odot B_0) I_{(A<B)} \qquad (10\text{-}6)$$

$$Y_{(A=B)} = (A_3 \odot B_3)(A_2 \odot B_2)(A_1 \odot B_1)(A_0 \odot B_0) I_{(A=B)} \quad (10\text{-}7)$$

$$Y_{(A>B)} = \overline{Y_{(A<B)} + Y_{(A=B)}} \quad (10\text{-}8)$$

只比较两个 4 位数时，将扩展端 $I_{(A<B)}$ 接低电平，同时将 $I_{(A=B)}$ 和 $I_{(A>B)}$ 接高电平，即 $I_{(A<B)} = 0$、$I_{(A=B)} = I_{(A>B)} = 1$。这时式（10-6）中的最后一项为 0，其余 4 项分别表示 $A<B$ 的 4 种可能情况，即 $A_3<B_3$；$A_3=B_3$ 而 $A_2<B_2$；$A_3=B_3$、$A_2=B_2$ 而 $A_1<B_1$；$A_3=B_3$、$A_2=B_2$、$A_1=B_1$ 而 $A_0<B_0$。式（10-7）表明，只有 A 和 B 的每一位都相等时，A 和 B 才相等。式（10-8）表明，若 A 和 B 比较的结果既不是 $A<B$ 又不是 $A=B$，则为 $A>B$。

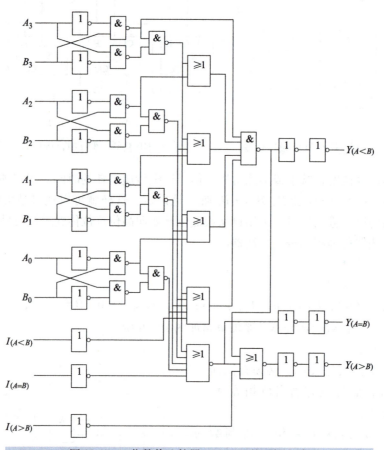

图 10-17　4 位数值比较器 CC14585 的逻辑电路

例 10-3　已知 8421BCD 码可用 7 段译码器，驱动日字 LED 显示出十进制数字。试指出表 10-10 中哪一行是正确的。（注：逻辑 "1" 表示灯亮）

表 10-10　例 10-3 的表

显示数字	D	C	B	A	a	b	c	d	e	f	g
0	0	0	0	0	0	0	0	0	0	0	0
4	0	1	0	0	0	1	1	0	0	1	1
7	0	1	1	1	0	0	0	1	1	1	1
9	1	0	0	1	0	0	0	0	1	0	0

解：第二行 4 的显示是正确的。

例 10-4 用两个 4 位加法器 74283 和适量门电路设计 3 个 4 位二进制数相加电路。

解： 3 个 4 位二进制数相加，其和应为 6 位。设 3 个 4 位二进制数分别为 $X_3X_2X_1X_0$、$Y_3Y_2Y_1Y_0$、$Z_3Z_2Z_1Z_0$，和为 $S_5S_4S_3S_2S_1S_0$，基本电路如图 10-18 所示。两个加法器产生的进位通过一定的逻辑生成和的高两位，其关系见表 10-11。

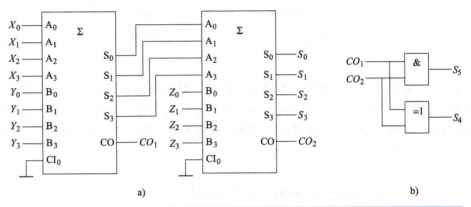

图 10-18 例 10-4 的设计图

表 10-11 例 10-4 的表

CO_1	CO_2	S_5	S_4
0	0	0	0
0	1	0	1
1	0	0	1
1	1	1	0

由表 10-10 可得逻辑关系

$$S_4 = CO_1 \oplus CO_2, \ S_5 = CO_1 \cdot CO_2$$

任务十 编码器、译码器的应用设计

一、任务目标

1) 熟悉编码器、译码器的工作原理和使用方法。
2) 掌握规模集成编码器、译码器的逻辑功能及应用。

二、器材工具

本任务所需器材工具见表 10-12。

表 10-12 器材工具

序号	名称	型号与规格	数量
1	数字电路实验箱	TY-SD2	1
2	双踪示波器	GDS-1102	1
3	万用表	VC890D	1

（续）

序号	名称	型号与规格	数量
4	8 线-3 线编码器	74LS148	1
5	3 线-8 线译码器	74LS138	1
6	7 段译码驱动器	74LS48	1
7	4 输入双与非门	74LS20	1

三、原理分析

编码器的功能是实现编码操作，即将输入的高、低电平信号编成一个对应的二进制代码。按照被编码信号的特点和要求不同，编码器可以分为二进制编码器、二-十进制编码器和优先编码器。译码器是编码的逆过程，功能是将每个输入的代码进行"翻译"，译成对应的输出高、低电平信号。

四、任务实施

1）测试 8 线-3 线优先编码器 74LS148 的逻辑功能。

2）设计病房优先呼叫器。

每一个病房有一个按键，当 1#键按下时，1 灯亮，且其他按键不起作用；当 1#键没按下时，2#键按下，2 灯亮，且不响应 3#键；只有 1#、2#键均没有按下，3#键按下时，3 灯亮。要求使用门电路或者译码器等中规模器件设计电路并验证其功能。

3）用译码器实现多输出函数。

用 1 片 74LS138 和 1 片 74LS20 设计 A、B、C 3 变量的两组输出函数 Z_1 和 Z_2，即当 A、B、C 中有奇数个 1 时，输出 $Z_1=1$，否则 $Z_1=0$；当 A、B、C 的值（十进数）为偶数（不含 0）时，输出 $Z_2=1$，否则 $Z_2=0$。要求列出 Z_1、Z_2 的逻辑表达式，用 74LS138 和 74LS20 实现其功能。

五、注意事项

1）上实验课前，学生要设计出实验电路。

2）实验结束后，先关电源后拆线。

六、报告要求

1）画出用门电路或译码器等中规模器件设计病房优先呼叫器的电路图。

2）列出 Z_1、Z_2 的逻辑表达式。

【习题十】

1. 组合逻辑电路任何时刻的输出信号，与该时刻的输入信号_____，与以前的输入信号_____。

2. 3 线-8 线译码器 74HC138 处于译码状态时，当输入 $A_2A_1A_0 = 001$ 时，输出 $\overline{Y}_7 \sim \overline{Y}_0 =$ _____。

3. 一位数值比较器，输入信号为两个要比较的一位二进制数，用 A、B 表示，输出信号为比较结果，即 $Y_{(A>B)}$、$Y_{(A=B)}$ 和 $Y_{(A<B)}$，则 $Y_{(A>B)}$ 的逻辑表达式为_____。

4. 能完成两个一位二进制数相加，并考虑到低位进位的器件称为_____。

5. 集成4位数值比较器74LS85级联输入 $I_{(A<B)}$、$I_{(A=B)}$、$I_{(A>B)}$ 分别接001，当输入两个相等的4位数据时，输出 $F_{(A<B)}$、$F_{(A=B)}$、$F_{(A>B)}$ 分别为_____。

6. 8线-3线优先编码器74LS148的优先编码顺序是 $\bar{I}_7$、$\bar{I}_6$、$\bar{I}_5$、…、$\bar{I}_0$，输出为 $\bar{Y}_2\bar{Y}_1\bar{Y}_0$。输入、输出均为低电平有效。当输入 $\bar{I}_7$、$\bar{I}_6$、$\bar{I}_5$、…、$\bar{I}_0$ 为11010101时，输出 $\bar{Y}_2\bar{Y}_1\bar{Y}_0$ 为_____。

7. 在二进制译码器中，若输入有4位代码，则输出有_____个信号。

8. 译码器74HC138的使能端 $S_1\bar{S}_2\bar{S}_3$ 取值为_____时，处于允许译码状态。

9. 比较两位二进制数 $A=A_1A_0$ 和 $B=B_1B_0$，当 $A>B$ 时，输出 $F=1$，则 F 表达式是_____。

10. 设计一个4位二进制码的奇偶位发生器（假定采用偶检验码），需要_____个异或门。

11. 分析图10-19所示组合逻辑电路的功能，要求写出与或逻辑表达式，列出其真值表，并说明电路的逻辑功能。

12. 图10-20所示电路是由3线-8线译码器74HC138及门电路构成的地址译码电路。试列出此译码电路每个输出对应的地址，要求输入地址 $A_7A_6A_5A_4A_3A_2A_1A_0$ 用十六进制表示。

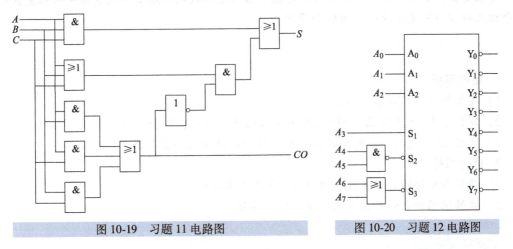

图10-19 习题11电路图　　图10-20 习题12电路图

13. 试用1片3线-8线译码器74HC138和最少的门电路设计一个奇偶校验器，要求当输入变量 $ABCD$ 中有偶数个1时输出为1，否则为0（$ABCD$ 为0000时，视作偶数个1）。

14. 用3片4位数值比较器74LS85实现两个12位二进制数比较。

15. 使用两片并行进位加法器和必要的门电路设计一个8421BCD码加法器。8421BCD码的运算规则是：当两数之和小于或等于9(1001)时，所得结果即为输出；当所得结果大于9时，加上6(0110)。

项目十一

触 发 器

在有的数字电路中,任何时刻的输出结果,不但与当时电路的输入状态有关,还与该电路前一时刻的输出状态有关系,这样的电路称为时序逻辑电路。时序逻辑电路中的基本逻辑单元是触发器。本项目将介绍这种可以存储1位二进制代码的基本单元电路——触发器,主要介绍几种常用触发器的逻辑功能和原理。

1. 知识目标

1) 掌握触发器特点和类型。
2) 掌握基本 RS 触发器、同步 RS 触发器的逻辑功能和基本原理。
3) 掌握 JK 触发器、D 触发器和 T 触发器的逻辑功能和基本原理。

2. 能力目标

1) 能够根据给定的触发器电路进行分析和功能判断。
2) 能够根据给定的触发器电路写出特征方程。

课题一 RS 触发器

在数字电路中,各种信息都是用二进制信号来表示的,而触发器是存放这种信号的基本单元。由于触发器结构简单、工作可靠,在基本触发器的基础上能演变出许多其他应用电路,因此被广泛应用。特别是时钟控制的触发器为同时控制多个触发器的工作状态提供了条件,它是时序电路的基础单元电路,常被用来构造信息的传输、缓冲、锁存电路及其他常用电路。

(1) 触发器的特点

1) 触发器具有两个能够自行保持的稳定状态,分别是逻辑 0 和逻辑 1。
2) 在适当输入信号作用下,触发器可以从一种状态翻转到另一种状态;在输入信号取消后，能将获得的新状态保存下来。

(2) 触发器的类型

1) 按触发方式分类有同步触发方式、主从触发方式、上升沿触发方式和下降沿触发方式。

2) 按逻辑功能分类有 RS 触发器、D 触发器、JK 触发器和 T 触发器。

3) 同一种触发方式可以实现具有不同功能的触发器，同一种功能可以用不同的触发方式来实现。

一、基本 RS 触发器

1. 电路结构

基本 RS 触发器由两个与非门（或者或非门）的输入和输出交叉连接而成，如图 11-1 所示。它有两个输入端：R 和 S（又称触发信号端）；R 为复位端，当 R 有效时，Q 变为 0，故也称 R 为置 0 端；S 为置位端，当 S 有效时，Q 变为 1，称 S 为置 1 端；还有两个互补输出端 Q 和 $\bar{Q}$。当 $Q=1$，$\bar{Q}=0$；反之亦然。

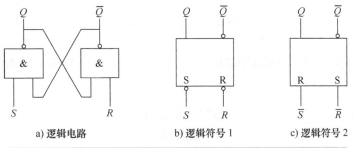

图 11-1 基本 RS 触发器

2. 功能描述

1) 当 $R=1$、$S=0$ 时，不管触发器原来处于什么状态，其次态一定为"1"，即 $Q^{n+1}=1$，故触发器处于置位状态。

2) 当 $R=0$、$S=1$ 时，$Q^{n+1}=0$，触发器处于复位状态。

3) 当 $R=1$、$S=1$ 时，触发器状态不变，处于保持状态，即 $Q^{n+1}=Q^n$。

4) 当 $R=0$、$S=0$ 时，$Q^{n+1}=\bar{Q}^n=1$，破坏了触发器的正常工作，使触发器失效。而且当输入条件同时消失时，触发器是"0"态还是"1"态是不定的，即 Q 的状态无法判定。这种情况在触发器工作时是不允许出现的。因此使用这种触发器时，禁止 $R=S=0$ 出现。

3. 真值表、状态图及特征方程

（1）真值表　基本 RS 触发器真值表见表 11-1。

表 11-1 基本 RS 触发器真值表

输入			输出	逻辑功能
R	S	Q^n	Q^{n+1}	
0	0	0	×	不定状态
0	0	1	×	
0	1	0	0	置0（复位）
0	1	1	0	

(续)

输	入	输	出	逻辑功能
1	0	0	1	置1（置位）
1	0	1	1	
1	1	0	0	保持原来状态
1	1	1	1	

（2）状态图　基本 RS 触发器状态图如图 11-2 所示。

（3）特征方程　根据表 11-1 画出卡诺图如图 11-3 所示，化简得

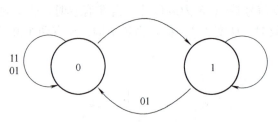

图 11-2　基本 RS 触发器状态图

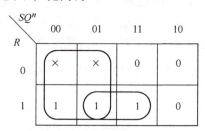

图 11-3　基本 RS 触发器卡诺图

特征方程为 $$Q^{n+1} = \bar{S} + RQ^n \tag{11-1}$$
约束条件为 $$RS = 0 \tag{11-2}$$

二、同步 RS 触发器

在数字系统中，一般包含不止一个触发器，因此要求各触发器在一定节拍下进行翻转动作。由此引入了时钟脉冲信号 CP，使这些触发器只有在时钟信号到达时才按输入信号改变状态，这种受时钟信号控制的触发器称为时钟触发器。

1. 电路结构

实现时钟控制的最简单方式是采用图 11-4 所示的同步 RS 触发器结构。

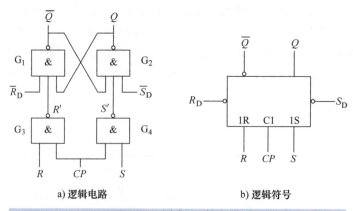

a）逻辑电路　　　　b）逻辑符号

图 11-4　同步 RS 触发器

2. 功能描述

当 $CP=0$ 时，触发器不工作，控制门 G_3、G_4 处于关闭状态，此时逻辑门输出均为 1，

基本 RS 触发器处于保持状态。此时无论 R、S 如何变化，均不会改变 G_3、G_4 门的输出，故对状态无影响。

当 $CP=1$ 时，触发器工作，其逻辑功能如下：

1) 若 $R=0$、$S=1$、$Q^{n+1}=1$，触发器置 1；
2) 若 $R=1$、$S=0$、$Q^{n+1}=0$，触发器置 0；
3) 若 $R=S=0$、$Q^{n+1}=Q^n$，触发器状态不变；
4) 若 $R=S=1$，触发器失效，工作时不允许。

3. 真值表及特征方程

（1）真值表　同步 RS 触发器真值表见表 11-2。

表 11-2　同步 RS 触发器真值表

输入		输出	逻辑功能
R　S	Q^n	Q^{n+1}	
0　0	0	0	保持原来状态
0　0	1	1	
0　1	0	1	置 1（置位）
0　1	1	1	
1　0	0	0	置 0（复位）
1　0	1	0	
1　1	0	×	不定状态、禁用
1　1	1	×	

（2）特征方程　由表 11-2 写出逻辑函数式为

$$Q^{n+1} = S\overline{R} + \overline{R}\,\overline{S}Q^n \tag{11-3}$$

约束条件为

$$RS = 0 \tag{11-4}$$

根据以上约束条件将逻辑函数式简化，可以得到特性方程

$$Q^{n+1} = S + \overline{R}Q^n \tag{11-5}$$

约束条件为　　　　　　　　　　$RS = 0$

4. 同步 RS 触发器的空翻现象

在一个时钟脉冲周期中，触发器发生多次翻转的现象称为空翻。由于在 $CP=1$ 期间，G3、G4 门都是开的，都能接收 R、S 信号，所以，如果在 $CP=1$ 期间，R、S 发生多次变化，则触发器的状态也可能发生多次翻转。

例 11-1　根据图 11-5 所示时钟脉冲和输入波形，画出输出信号波形。

图 11-5　例 11-1 的时钟脉冲和输入波形

解： 输出信号波形如图 11-6 所示。

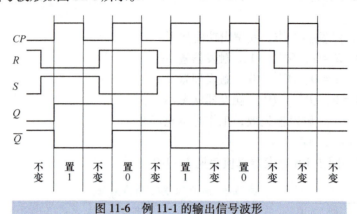

图 11-6　例 11-1 的输出信号波形

课题二　JK 触发器、D 触发器和 T 触发器

一、JK 触发器

同步 RS 触发器中，R、S 输入端同时输入为 1 时是禁用状态，R 和 S 等于 1 时得到反转输出 Q^n 的触发器称为 JK 触发器。JK 触发器分为主从型和边沿型两大类。下面主要介绍边沿触发器的工作原理和逻辑功能。

1. 电路结构

JK 触发器的逻辑电路和逻辑符号如图 11-7 所示。

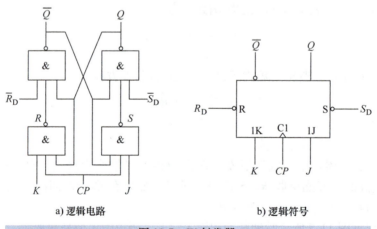

图 11-7　JK 触发器

2. 功能描述

根据图 11-7a 所示 JK 触发器的逻辑图可以分析得知，$\overline{R}_D$ 是复位端（置 0），$\overline{S}_D$ 是置位端（置 1），用来设置触发器的初始状态。当 $\overline{R}_D$ 和 $\overline{S}_D$ 端有输入信号时，CP 脉冲和 J、K 端状态对触发器没有影响。当 $\overline{R}_D$ 和 $\overline{S}_D$ 端没有输入信号时，输出信号由 CP 脉冲和 J、K 端决定。

其中 CP 是时钟脉冲，当 CP 端出现一个"o"符号时，表示下降沿有效；若没有这个符号，则表示上升沿有效。图 11-7b 所示触发器为上升沿有效。J、K 端为信号输入端。

1）当 $J=0$、$K=0$ 时，$Q^{n+1}=Q^n$。

CP 脉冲上升沿到来后，触发器的状态并不翻转，即 $Q^{n+1}=Q^n$，输出保持原态不变。

2）当 $J=0$、$K=1$ 时，$Q^{n+1}=0$。

不论上一时刻输出如何，当 CP 脉冲上升沿到来后，触发器置 0，即 $Q^{n+1}=0$。

3）当 $J=1$、$K=0$ 时，$Q^{n+1}=1$。

不论上一时刻输出如何，当 CP 脉冲上升沿到来后，触发器置 1。

4）当 $J=1$、$K=1$ 时，$Q^{n+1}=\overline{Q^n}$。

输入均为高电平，或者 J、K 两端悬空不加信号时，每当 CP 脉冲上升沿到来时，触发器就翻转一次，$Q^{n+1}=\overline{Q^n}$。这样每次一个 CP 脉冲到来，均使触发器翻转，实现了计数的功能。

由上述功能分析可知，JK 触发器与 RS 触发器相比，性能更优，它既解决了 RS 触发器输入同时为 1 时状态不定的问题，也避免了 RS 触发器的空翻现象。

3. 真值表及特征方程

（1）真值表　JK 触发器真值表见表 11-3。

表 11-3　JK 触发器真值表

输　　入			输　　出	逻辑功能
J	K	Q^n	Q^{n+1}	
0	0	0	0	保持原来状态
0	0	1	1	
0	1	0	0	置 0（复位）
0	1	1	0	
1	0	0	1	置 1（置位）
1	0	1	1	
1	1	0	1	翻转计数
1	1	1	0	

（2）特征方程　由表 11-3 可以得到特性方程

$$Q^{n+1}=J\overline{Q^n}+\overline{K}Q^n \tag{11-6}$$

二、D 触发器

D 触发器可以由 JK 触发器转化而来，下面介绍由下降沿 JK 触发器组成的 D 触发器。

1. 电路结构

D 触发器的逻辑电路和逻辑符号如图 11-8 所示。

2. 功能描述

根据图 11-8a 所示 D 触发器的逻辑电路可以分析得知，$\overline{R}_D$ 是复位端（置 0），$\overline{S}_D$ 是置位端（置 1），用来设置触发器的初始状态。当 $\overline{R}_D$ 和 $\overline{S}_D$ 端有输入信号时，CP 脉冲和 D 端状态

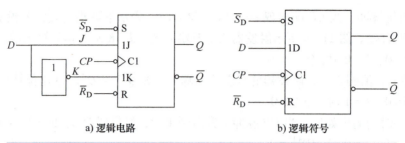

a) 逻辑电路　　　　　　　　　b) 逻辑符号

图 11-8　D 触发器

对触发器没有影响。当 $\overline{R}_D$ 和 $\overline{S}_D$ 端没有输入信号时，输出信号由 CP 脉冲和 D 端决定。其中 CP 是时钟脉冲，当 CP 端出现一个"o"符号时，表示下降沿有效；若没有这个符号，则表示上升沿有效。图 11-8b 所示触发器为下降沿有效。D 端为信号输入端。

1) 当 $D=0$ 时，$Q^{n+1}=0$。

当 $D=0$ 时，和 JK 触发器 $J=0$、$K=1$ 的情况相同，当 CP 脉冲下降沿到来后，触发器置 0，即 $Q^{n+1}=0$。

2) 当 $D=1$ 时，$Q^{n+1}=1$。

当 $D=1$ 时，和 JK 触发器 $J=1$、$K=0$ 的情况相同，当 CP 脉冲下降沿到来后，触发器置 1，即 $Q^{n+1}=1$。

由上述功能分析可知，D 触发器将输入端 D 的状态作为触发器的输出状态进行记录，因此通常用于数据的存储。

3. 真值表及特征方程

（1）真值表　D 触发器真值表见表 11-4。

表 11-4　D 触发器真值表

输	入	输	出	逻辑功能
D	Q^n		Q^{n+1}	
0	0		0	置 0
	1		0	
1	0		1	置 1
	1		1	

（2）特征方程　由表 11-4 得到特性方程

$$Q^{n+1} = D \tag{11-7}$$

三、T 触发器

T 触发器可以由 JK 触发器转化而来，例如，将 JK 触发器的 JK 端连在一起形成 T 输入端，就构成了 T 触发器。下面介绍由上升沿 JK 触发器组成的 T 触发器。

1. 电路结构

T 触发器的逻辑电路和逻辑符号如图 11-9 所示。

2. 功能描述

根据上面 T 触发器的逻辑图可以分析得知：

1) 当 $T=0$ 时，$Q^{n+1}=Q^n$。

当 $T=0$ 时，和 JK 触发器 $J=0$、$K=0$ 的情况相同，当 CP 脉冲到来后，触发器保持之前状态，即 $Q^{n+1} = Q^n$。

2）当 $T = 1$ 时，$Q^{n+1} = \overline{Q^n}$。

当 $T = 1$ 时，和 JK 触发器 $J = 1$、$K = 1$ 的情况相同，当 CP 脉冲到来后，触发器翻转计数，即 $Q^{n+1} = \overline{Q^n}$。

由上述功能分析可知，T 触发器将输入端 T 的状态作为触发器的输出状态进行记录，因此通常用于计数和储存功能。

3. 真值表及特征方程

（1）真值表　T 触发器真值表见表 11-5。

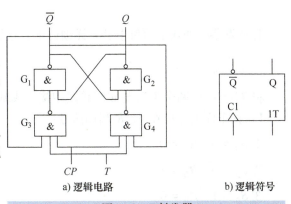

图 11-9　T 触发器

表 11-5　T 触发器真值表

输入		输出	逻辑功能
T	Q^n	Q^{n+1}	
0	0	0	保持
0	1	1	保持
1	0	1	计数
1	1	0	计数

（2）特征方程　由表 11-4 得到特性方程

$$Q^{n+1} = T\overline{Q^n} + \overline{T}Q^n \qquad (11\text{-}8)$$

任务十一　触发器特性实验

一、任务目标

1）熟悉并掌握基本 RS 触发器、D 触发器、JK 触发器的特性和功能测试方法。

2）学会正确使用触发器集成芯片。

3）了解不同逻辑功能触发器相互转换的方法。

二、器材工具

本任务所需器材工具见表 11-6。

表 11-6　器材工具

序号	名称	规格型号	数量
1	双踪示波器	GW GOS-620 20M	1
2	数字式万用表	VC890D	1
3	数字电路实验箱	BC-SD6	1
4	2 输入四与非门	74LS00	1
5	双 JK 触发器	74LS76	1
6	双 D 触发器	74LS74	1

三、原理分析

各触发器原理在本项目中已有详细讨论，这里不再赘述。

四、任务实施

1. 基本 RS 触发器功能测试

将 74LS00 的两个 TTL 与非门首尾相接构成基本 RS 触发器，电路如图 11-10 所示。

1）按下面的顺序在 S、R 端加信号：

① $\overline{S}_D = 0$，$\overline{R}_D = 0$。

② $\overline{S}_D = 0$，$\overline{R}_D = 1$。

③ $\overline{S}_D = 1$，$\overline{R}_D = 0$。

④ $\overline{S}_D = 1$，$\overline{R}_D = 1$。

2）观察并记录触发器的 Q、$\overline{Q}$ 端的状态，将结果填入表 11-7 中，并说明在上述各种输入状态下，RS 触发器执行的是什么逻辑功能。

当 $\overline{S}_D$、$\overline{R}_D$ 都接低电平时，观察 Q、$\overline{Q}$ 端的状态；当 $\overline{S}_D$、$\overline{R}_D$ 同时由低电平跳为高电平时，注意观察 Q、$\overline{Q}$ 端的状态。重复 3~5 次，看 Q、$\overline{Q}$ 端的状态是否相同，以正确理解"不定"状态的含义。

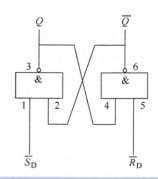

图 11-10　基本 RS 触发器电路

表 11-7　基本 RS 触发器测试结果记录表

$\overline{S}_D$	$\overline{R}_D$	Q	$\overline{Q}$	逻辑功能
0	0			
0	1			
1	0			
1	1			

2. 维持-阻塞型 D 触发器功能测试

正边沿维持-阻塞型 D 触发器的逻辑符号如图 11-11 所示。

图中，$\overline{S}_D$、$\overline{R}_D$ 端为异步置 1 端、置 0 端（或称异步置位、复位端），CP 为时钟脉冲端。按下面步骤进行实验：

1）分别在 $\overline{S}_D$、$\overline{R}_D$ 端加低电平，观察并记录 Q、$\overline{Q}$ 端的状态。

2）令 $\overline{S}_D$、$\overline{R}_D$ 端为高电平，D 端分别接高、低电平，用点动脉冲作为 CP，观察并记录当 CP 为 0、1 时 Q 端状态的变化。

3）当 $\overline{S}_D = \overline{R}_D = 1$、$CP = 0$(或 $CP = 1$)时，改变 D 端信号，观察 Q 端的状态是否变化。

整理上述实验数据，将结果填入表 11-8 中。

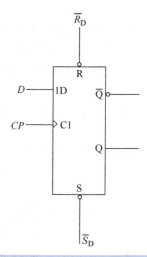

图 11-11　D 触发器符号

表 11-8　维持-阻塞型 D 触发器测试结果记录表

$\overline{S}_D$	$\overline{R}_D$	CP	D	Q^n	Q^{n+1}
0	1	×	×	0	
				1	
1	0	×	×	0	
				1	
1	1	⌐	0	0	
				1	
1	1	⌐	1	0	
				1	
1	1	0 (1)	×	0	
				1	

3. 边沿 JK 触发器功能测试

自拟实验步骤，测试双 JK 负边沿触发器 74LS76 芯片的功能，并将结果填入表中。按下面步骤进行实验：

1) 分别在 $\overline{S}_D$、$\overline{R}_D$ 端加低电平，观察并记录 Q 端的状态。

2) 令 $\overline{S}_D$、$\overline{R}_D$ 端为高电平，J、K 端分别接高、低电平，用点动脉冲作为 CP，观察并记录当 CP 为 0、1 时 Q 端状态的变化。

整理上述数据填入表 11-9。

表 11-9　边沿 JK 触发器测试结果记录表

$\overline{S}_D$	$\overline{R}_D$	CP	J	K	Q^n	Q^{n+1}
0	1	×	×	×	×	
1	0	×	×	×	×	
1	1	⌐⌐	0	0	0	
1	1	⌐⌐	0	0	1	
1	1	⌐⌐	0	1	×	
1	1	⌐⌐	1	0	×	
1	1	⌐⌐	1	1	0	
1	1	⌐⌐	1	1	1	

五、注意事项

1) 每次实验前，务必设置"状态"开关，并检查其他开关和旋钮的位置。实验接线，必须经教师审核无误后才可开始实验。

2) 除非特定的实验操作要求（必要的实验方法），改接线时必须先切断系统工作电源。

3) 实验过程中，如果有异常声响、芯片发热、有烧焦的糊味，立即切断电源，检查电源是否接错，电源电压是否正常。

4）如果实训过程中，各触发器基本功能测试不能得到理想数值，检查芯片电源、输入输出端是否满足要求，特别是时钟信号是否满足要求。

六、报告要求

1）填写上述表格内容。
2）根据实验结果分析触发器的功能。
3）写出实验体会。

【习题十一】

1. 图 11-12 所示为由或非门构成的基本 RS 锁存器，输入 S、R 的约束条件是（　　）。
   A. $SR=0$　　B. $SR=1$　　C. $S+R=0$　　D. $S+R=1$

2. 有一个 T 触发器，在 $T=1$ 时，加上时钟脉冲，则触发器（　　）。
   A. 保持原态　　B. 置 0　　C. 置 1　　D. 翻转

3. 假设 JK 触发器的现态 $Q^n=0$，要求 $Q^{n+1}=0$，则应使（　　）。
   A. $J=\times$，$K=0$　　B. $J=0$，$K=\times$　　C. $J=1$，$K=\times$　　D. $J=K=1$

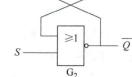

图 11-12　习题 1 电路

4. 图 11-13 所示电路中，能实现 $Q^{n+1}=\overline{Q^n}+A$ 的是（　　）。

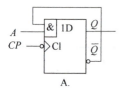 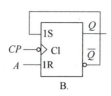 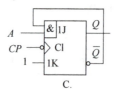 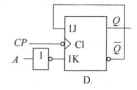

图 11-13　习题 4 电路

5. 图 11-14 所示电路中，能实现 $Q^{n+1}=\overline{Q^n}$ 的是（　　）。

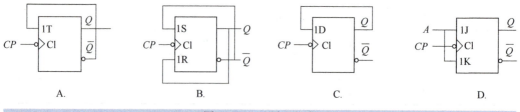

图 11-14　习题 5 电路

6. 由与非门组成的基本 RS 触发器输入端 $\overline{S}_D$、$\overline{R}_D$ 的电压波形如图 11-15 所示，试画出输出端 Q、$\overline{Q}$ 的电压波形。

7. 由或非门组成的基本 RS 触发器输入端 S_D、R_D 的电压波形如图 11-16 所示，试画出输出端 Q、$\overline{Q}$ 的电压波形。

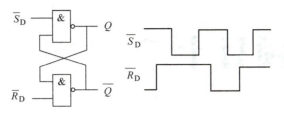

图 11-15　习题 6 电路

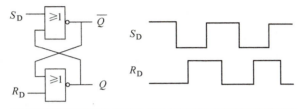

图 11-16　习题 7 电路

项目十二

时序逻辑电路

时序逻辑电路简称时序电路,是在组合逻辑电路基础上增加了存储电路部分,是数字电路两大重要分支之一。时序逻辑电路可分为同步时序电路和异步时序电路两大类。本项目首先介绍时序逻辑电路的基本概念、特点及时序逻辑电路的一般分析和设计方法,然后以典型时序逻辑部件计数器和寄存器为例介绍其工作原理、逻辑功能、集成芯片及其使用方法及典型应用。

1. 知识目标

1)掌握时序逻辑电路的特点和分类。
2)掌握时序逻辑电路的分析方法和步骤。
3)了解计数器的工作原理和特点。
4)了解寄存器的工作原理和特点。

2. 能力目标

1)能够根据给定的同步逻辑电路进行分析和功能判断。
2)能够根据给定的异步逻辑电路进行分析和功能判断。
3)能够根据要求设计出相应的时序逻辑电路。
4)能够熟练地使用二进制和十进制计数器。
5)能够熟练地使用移位寄存器。

课题一 时序逻辑电路的分析方法

时序逻辑电路的状态与时间因素相关,即时序电路在任一时刻的状态变量不仅是当前输入信号的函数,还是电路以前状态的函数,时序电路的输出信号由输入信号和电路的原状态共同决定。

时序电路中必须含有具有记忆能力的存储器件。存储器件的种类很多，如触发器、延迟线、磁性器件等，但最常用的是触发器。

时序电路由组合电路和存储电路（触发器）构成，如图 12-1 所示；触发器的状态与电路的输入信号共同决定了电路的输出。

按照电路状态转换情况不同，时序电路分为同步时序电路和异步时序电路两大类。同步时序电路的存储电路里所有触发器有一个统一的时钟源，它们的状态在同一时刻更新。异步时序电路没有统一的时钟脉冲或没有时钟脉冲，电路的状态更新不是同时发生的。

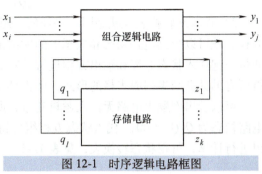

图 12-1　时序逻辑电路框图

按照电路中输出变量是否和输入变量直接相关，时序电路分为米利（Mealy）型电路和摩尔（Moore）型电路。米利型电路的输出是输入变量及触发器输出的函数。摩尔型电路的输出仅仅取决于各触发器的状态，而不受电路当时的输入信号影响或没有输入变量。

一、一般步骤

时序逻辑电路的分析，就是找出给定时序电路的逻辑功能，即找出在输入和时钟作用下电路的次态和输出。由于同步时序逻辑电路是在同一时钟作用下，故分析比较简单，只要写出电路的驱动方程、输出方程和状态方程，根据状态方程得到电路的状态表或状态转换图，就可以得出电路的逻辑功能。步骤如下：

1）根据给定的时序电路图写出每个触发器的逻辑方程式，即驱动方程。

2）将驱动方程代入相应触发器的特性方程，求得各触发器的次态方程，也就是时序逻辑电路的状态方程组。

3）根据逻辑图写出输出方程，列出该时序电路的状态转换表，画出状态转换图或时序图。

4）根据电路的状态转换表或状态转换图说明给定时序逻辑电路的逻辑功能。

下面举例说明时序逻辑电路的具体分析方法。

二、同步时序逻辑电路的分析举例

例 12-1　试分析图 12-2 所示的时序逻辑电路。

解：由于图 12-2 为同步时序逻辑电路，图中的两个触发器都接至同一个时钟脉冲源 CP，所以各触发器的时钟方程可以不写。

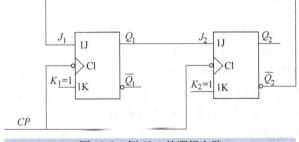

图 12-2　例 12-1 的逻辑电路

1）由逻辑图可写出驱动方程：

$$\begin{cases} J_1 = \overline{Q_2},\ K_1 = 1 \\ J_2 = Q_1,\ K_2 = 1 \end{cases}$$

2）写出 JK 触发器的特性方程 $Q^{n+1} = J\overline{Q^n} + \overline{K}Q^n$，然后将各驱动方程代入 JK 触发器的特性方程，得各触发器的状态方程组：

$$\begin{cases} Q_1^{n+1} = \overline{Q_2}\ \overline{Q_1} \\ Q_2^{n+1} = Q_1\ \overline{Q_2} \end{cases}$$

3）作状态转换表及状态图。将任何一组输入变量及电路初态的值代入状态方程和输出方程，就可以得到电路初态和次态下的输出值。把得到的次态作为新的初态，和这时的输入变量一起代入状态方程和输出方程进行计算，可以得到一组新的次态和输出值。以此类推，将所有的计算结果列成表格的形式，就得到了状态转换表。

可以看出例题中电路无输入逻辑变量，所以电路的次态和输出只取决于电路的初态。设电路初态为 $Q_2Q_1 = 00$，代入状态方程组可得 $Q_2Q_1 = 01$。再将 $Q_2Q_1 = 01$ 继续代入状态方程组进行计算，可得状态转换表，见表 12-1。

表 12-1 状态转换表

CP	Q_2	Q_1	Q_2^{n+1}	Q_1^{n+1}
1	0	0	0	1
2	0	1	1	0
3	1	0	0	0
无效	1	1	0	0

根据状态转换表画出状态图，如图 12-3 所示。

4）画时序波形图，如图 12-4 所示。

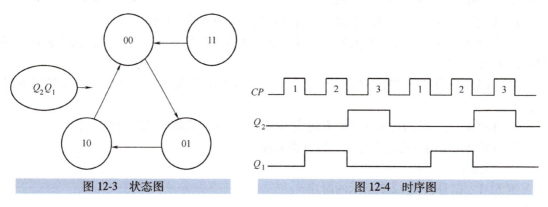

图 12-3 状态图　　　　　图 12-4 时序图

5）逻辑功能分析。该电路一共有 3 个状态：00、01、10。按照规律从 00→01→10→00 循环变化，所以得出结论，这是一个同步三进制计数器，电路具有自启动能力。

例 12-2　分析图 12-5 所示时序电路的逻辑功能，写出电路的驱动方程、状态方程和输出方程，画出电路的状态转换图，说明电路能否自启动。

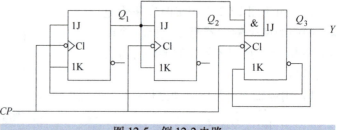

图 12-5 例 12-2 电路

解：1）列出驱动方程：

$$\begin{cases} J_1 = K_1 = \overline{Q_3} \\ J_2 = K_2 = Q_1 \\ J_3 = Q_1 Q_2, \quad K_3 = Q_3 \end{cases}$$

2) 代入 JK 触发器特性方程 $Q^{n+1} = J\overline{Q^n} + \overline{K}Q^n$,得到状态方程组:

$$\begin{cases} Q_1^{n+1} = \overline{Q_3^n}\,\overline{Q_1^n} + Q_3^n Q_1^n = \overline{Q_3^n \oplus Q_1^n} \\ Q_2^{n+1} = Q_1^n \overline{Q_2^n} + \overline{Q_1^n} Q_2^n = Q_2^n \oplus Q_1^n \\ Q_3^{n+1} = \overline{Q_3^n} Q_2^n Q_1^n \end{cases}$$

3) 由状态方程可得状态转换表,见表 12-2。

表 12-2 状态转换表

$Q_3^n Q_2^n Q_1^n$	$Q_3^{n+1} Q_2^{n+1} Q_1^{n+1} Y$	$Q_3^n Q_2^n Q_1^n$	$Q_3^{n+1} Q_2^{n+1} Q_1^{n+1} Y$
0 0 0	0 0 1 0	1 0 0	0 0 0 1
0 0 1	0 1 0 0	1 0 1	0 1 1 1
0 1 0	0 1 1 0	1 1 0	0 1 0 1
0 1 1	1 0 0 0	1 1 1	0 0 1 1

4) 画出状态图,如图 12-6 所示。

5) 电路的逻辑功能:是一个五进制计数器,计数顺序是从 0 到 4 循环。电路可以自启动。

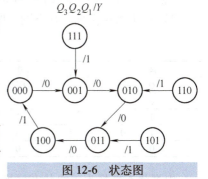

图 12-6 状态图

三、异步时序逻辑电路的分析举例

由于在异步时序逻辑电路中,没有统一的时钟脉冲,触发器的动作不是同时的,故分析时除了写出驱动方程、状态方程和输出方程等外,还要写出各个触发器的时钟信号,因此异步时序逻辑电路的分析要比同步时序逻辑电路的分析复杂。

其分析步骤如下:

1) 写出下列各逻辑方程式:①时钟方程;②触发器的激励方程;③ 输出方程;④状态方程。

2) 列出状态转换表或画出状态图和时序图。

3) 确定电路的逻辑功能。

需要说明的是,异步时序逻辑电路在分析时要注意以下 3 点:

1) 分析状态转换时,必须考虑各触发器的时钟信号作用情况。

2) 每一次状态转换必须从输入信号所能触发的第一个触发器开始逐级确定。

3) 每一次状态转换都有一定的时间延迟。

例 12-3 试分析图 12-7 所示的时序逻辑电路。

解: 1) 写出各逻辑方程式。

①时钟方程为

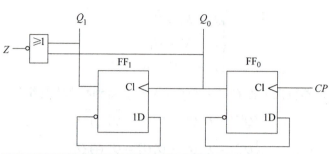

图 12-7　例 12-3 的逻辑电路

$$\begin{cases} CP_0 = CP（时钟脉冲源的上升沿触发）\\ CP_1 = Q_0（当 FF_0 的 Q_0 由 0 \to 1 时，Q_1 才可能改变状态，否则 Q_1 将保持原状态不变）\end{cases}$$

②输出方程为 $Z = \overline{Q_1^n + Q_0^n}$。

③各触发器的驱动方程为

$$D_0 = \overline{Q_0^n} \quad D_1 = \overline{Q_1^n}$$

2）将各驱动方程代入 D 触发器的特性方程，得各触发器的次态方程：

$$\begin{cases} Q_0^{n+1} = D_0 = \overline{Q_0^n}（CP 由 0 \to 1 时，此式有效）\\ Q_1^{n+1} = D_1 = \overline{Q_1^n}（Q_0 由 0 \to 1 时，此式有效）\end{cases}$$

3）作状态转换表、状态图、时序图。状态转换表见表 12-3。

表 12-3　状态转换表

现　态		次　态		输　出	时钟脉冲	
Q_1^n	Q_0^n	Q_1^{n+1}	Q_0^{n+1}	Z	CP_1	CP_0
0	0	1	1	1	↑	↑
1	1	1	0	0	0	↑
1	0	0	1	0	↑	↑
0	1	0	0	0	0	↑

根据状态转换表可得状态转换图，如图 12-8 所示，时序图如图 12-9 所示。

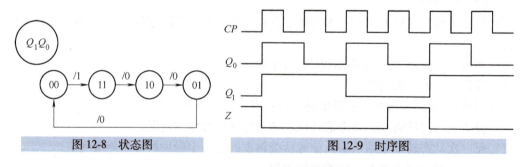

图 12-8　状态图　　　　　　图 12-9　时序图

4）逻辑功能分析。由状态图可知：该电路共有 4 个状态：00、01、10、11，在时钟脉冲作用下，按照减 1 规律循环变化，所以是一个四进制减法计数器，Z 是借位信号。

四、时序逻辑电路的设计方法

时序逻辑电路的设计是分析的逆过程，其任务是根据实际逻辑问题的要求，设计出能实现给定逻辑功能的电路。下面以同步时序逻辑电路为例进行分析。

同步时序逻辑电路的设计步骤如下：

（1）由给定的逻辑功能建立状态图和状态表

1）明确电路的输入条件和相应的输出要求，分别确定输入变量和输出变量的数目和符号。同步时序电路的时钟脉冲 CP 一般是不作为输入变量考虑的。

2）找出所有可能的状态和状态转换之间的关系。不同的状态可先以字符 a、b、c 表示。可以假定一个初始状态，以该状态作为现态，根据每一个可能的输入组合作用下确定输出及次态。将电路状态按顺序编号，直到把每一个状态的输出和向下一个可能转换的状态全部找出来，即建立起原始状态图。

3）根据原始状态图建立状态表和状态转换图。

（2）状态化简 化简方法是合并等价状态，去掉等价状态中一个态圈及由此圈出发的方向线，将指向该圈的方向线指向另一个等价状态。原始状态图中，两个电路状态在相同输入的条件下，不仅有相同的输出，而且向同一个状态转换，这两个状态称为等价状态。

（3）状态编码 对每一状态指定一个二进制代码，一般采用自然二进制码。状态编码时，首先选择触发器的类型及个数，n 个触发器有 2^n 种状态组合。因此，为了获得时序电路所需的 M 个状态，需要满足 $2^{n-1} < M \leq 2^n$，其中 n 是触发器个数，M 是状态个数。然后给每个电路状态规定对应的触发器状态组合。

（4）求电路的输出方程组及触发器的驱动方程组 根据编码后的状态表和触发器的驱动表，求得电路的输出方程和驱动方程。

（5）画逻辑电路图，并检查自启动能力 有些同步时序电路设计中会出现没有用到的无效状态，当电路上电后有可能陷入这些无效状态而不能退出，因此，设计的最后一步是检查电路是否能进入有效状态，即是否具有自启动能力。

课题二　常用时序逻辑电路

常用的时序逻辑功能器件主要有两种：

（1）寄存器 数字系统中存储二进制数据，传输二进制信息的逻辑部件，即代码的接收、暂存、传递。

（2）计数器 数字系统中用于统计时钟脉冲的个数的最常用的逻辑部件，也可用于分频、定时、产生节拍脉冲和其他时需信号。

本课题将重点对这两种功能器件进行介绍。

一、计数器

在计算机和数字逻辑系统中，计数器是最基本、最常用的部件之一。它不仅可以记录输入的脉冲个数，还可以实现分频、定时、产生节拍脉冲和脉冲序列及进行数字运算等。

计数器的分类如下：

1）按计数进制体制，可分为二进制计数器、十进制计数器和任意进制计数器。

2）按数字的增减趋势，可分为加法计数器、减法计数器和可逆计数器。

3）按脉冲输入方式，可分为同步计数器和异步计数器。

下面重点介绍二进制计数器和十进制计数器。

1. 二进制同步计数器

（1）二进制同步减法计数器　将计数脉冲的输入端与各触发器的计数脉冲输入端相连，在脉冲作用下，所有触发器同时动作，这种结构的触发器称为同步计数器。图 12-10 所示为 4 个 JK 触发器构成的 T 触发器组成的 4 位同步二进制减法计数器的逻辑图。图中 JK 触发器都接成 T 触发器（即 $J=K$）。最低位触发器 FF_0 的 J、K 输入端输入为 1，其他触发器的 J、K 输入端接相邻所有低位触发器的 $\bar{Q}$ 端相与的结果。下面对其进行分析。

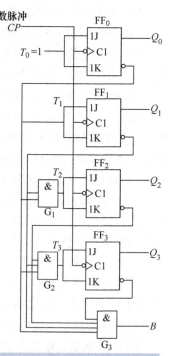

图 12-10　由 JK 触发器组成的 4 位同步二进制减法计数器的逻辑图

1）写出各触发器驱动/输出方程：

$$\begin{cases} T_0 = 1 \\ T_1 = \bar{Q}_0 \\ T_2 = \bar{Q}_0\,\bar{Q}_1 \\ T_3 = \bar{Q}_0\,\bar{Q}_1\,\bar{Q}_2 \\ B = \bar{Q}_0\,\bar{Q}_1\,\bar{Q}_2\,\bar{Q}_3 \end{cases}$$

2）将驱动方程带入 T 触发器特性方程，得到状态方程：

$$\begin{cases} Q_0^{n+1} = \bar{Q}_0 \\ Q_1^{n+1} = \bar{Q}_0\,\bar{Q}_1 + Q_0 Q_1 \\ Q_2^{n+1} = \bar{Q}_0\,\bar{Q}_1\,\bar{Q}_2 + \overline{\bar{Q}_0\,\bar{Q}_1}\,Q_2 \\ Q_3^{n+1} = \bar{Q}_0\,\bar{Q}_1\,\bar{Q}_2\,\bar{Q}_3 + \overline{\bar{Q}_0\,\bar{Q}_1\,\bar{Q}_2}\,Q_3 \end{cases}$$

3）写出状态转换表（表 12-4）。

表 12-4　状态转换表

计数顺序	Q_3	Q_2	Q_1	Q_0	Q_3^{n+1}	Q_2^{n+1}	Q_1^{n+1}	Q_0^{n+1}	B
1	0	0	0	0	1	1	1	1	1
2	1	1	1	1	1	1	1	0	0
⋮	⋮	⋮	⋮	⋮	⋮	⋮			
15	0	0	1	0	0	0	0	1	0
16	0	0	0	1	0	0	0	0	0

4）写出状态图（图 12-11）。

由以上分析过程可以得出二进制同步减法计数器，即为图 12-10 所示电路。

（2）二进制同步加法计数器　将图 12-10 所示电路中 FF_1、FF_2、FF_3 的 J、K 输入端改接到相邻低位触发器的 Q 端，就构成了二进制同步加法计数器，其工作原理请自行分析。

2. 十进制计数器

二进制计数器有的时候不便于读数，在这种情况下，人们常常采用十进制计数器。十进制计数器通常是按照 8421BCD 码进行计数的，由于十进制计数器的每一个状态都是 4 位二进制代码,所以需要 4 个触发器来构成。它是从 4 位二进制同步加法计数器的基础上演变而来的,当计到 1001 时,下一个 CP 电路状态回到 0000。

下面以同步十进制加法计数器为例进行说明。同步十进制加法计数器是在同步二进制加法计数器基础上改进得来的,如图 12-12 所示,在第 4 个 JK 触发器的输入端,G_3 先将输入数值经过两个与门后,再将与门结果输入到一个或门中进行判断,最后将或门结果输入到 J、K 两个输入端。

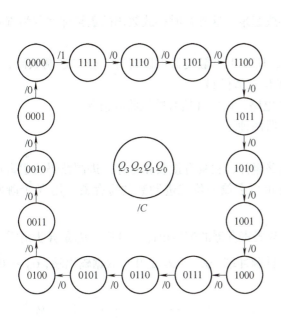

图 12-11 状态图　　　　图 12-12 同步十进制加法计数器电路

根据图 12-12 所示电路,可得出电路的驱动方程为

$$\begin{cases} T_0 = 1 \\ T_1 = Q_0 \overline{Q_3} \\ T_2 = Q_0 Q_1 \\ T_3 = Q_0 Q_1 Q_2 + Q_0 Q_3 \\ C = Q_0 Q_3 \end{cases}$$

将驱动方程代入触发器特征方程,得到电路的状态方程组为

$$\begin{cases} Q_0^{n+1} = \overline{Q_0} \\ Q_1^{n+1} = Q_0 \overline{Q_3}\, \overline{Q_1} + \overline{Q_0 \overline{Q_3}} Q_1 \\ Q_2^{n+1} = Q_0 Q_1 \overline{Q_2} + \overline{Q_0 Q_1} Q_2 \\ Q_3^{n+1} = (Q_0 Q_1 Q_2 + Q_0 Q_3) \overline{Q_3} + \overline{(Q_0 Q_1 Q_2 + Q_0 Q_3)} Q_3 \end{cases}$$

根据状态方程组,写出状态转换表,见表 12-5。

表 12-5 状态转换表

计数	Q_3	Q_2	Q_1	Q_0	Q_3^{n+1}	Q_2^{n+1}	Q_1^{n+1}	Q_0^{n+1}	C
1	0	0	0	0	0	0	0	1	0
2	0	0	0	1	0	0	1	0	0
⋮	⋮	⋮	⋮	⋮	⋮	⋮	⋮	⋮	⋮
9	1	0	0	0	1	0	0	1	0
10	1	0	0	1	0	0	0	0	1

画出状态转换图，如图 12-13 所示。

二、寄存器

数字系统中，常需要将一些数码暂时存放起来，这种暂时存放数码的逻辑部件称为寄存器。寄存器的电路结构包括两部分：

（1）触发器　具有 0、1 两个稳定状态，所以 1 个触发器可以寄存 1 位二进制数码，N 位寄存器由 N 个触发器组成，可存放一组 N 位二值代码。

（2）寄存器　具有由门电路构成的控制电路，以保证信号的接收和清除。

寄存器通常包括数码寄存器和移位寄存器两种。

1. 数码寄存器

数码寄存器是存储二进制数码的时序电路组件，它具有接收和寄存二进制数码的逻辑功能。前面介绍的各种集成触发器，就是一种可以存储一位二进制数的寄存器，用 N 个触发器就可以存储 N 位二进制数。

图 12-14 所示是由 D 触发器组成的 4 位数码寄存器的逻辑电路。其中，$\overline{R_D}$ 是异步清零控制端，$D_0 \sim D_3$ 是并行数据输入端，CP 为时钟脉冲端，$Q_0 \sim Q_3$ 是并行数据输出端，$\overline{Q_0} \sim \overline{Q_3}$ 是反码数据输出端。

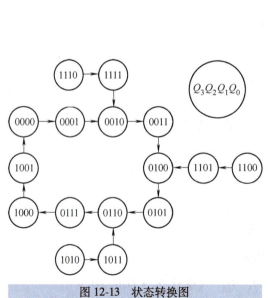

图 12-13　状态转换图

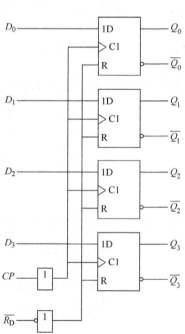

图 12-14　数码寄存器电路

该电路的数码接收过程为:将需要存储的 4 位二进制数码送到数据输入端 $D_0 \sim D_3$,在 CP 端送一个时钟脉冲,脉冲上升沿作用后,4 位数码并行地出现在 4 个触发器 Q 端。

根据电路图分析可得功能表,见表 12-6。

表 12-6 功能表

清零	时钟	输入				输出				工作模式
$\overline{R_\mathrm{D}}$	CP	D_0	D_1	D_2	D_3	Q_0	Q_1	Q_2	Q_3	
0	×	×	×	×	×	0	0	0	0	异步清零
1	↑	D_0	D_1	D_2	D_3	D_0	D_1	D_2	D_3	数码寄存
1	1	×	×	×	×	保持				数据保持
1	0	×	×	×	×	保持				数据保持

2. 移位寄存器

移位寄存器不但可以寄存数码,而且在移位脉冲作用下,寄存器中的数码可根据需要向左或向右移动 1 位。移位寄存器也是数字系统和计算机中应用很广泛的基本逻辑部件。

(1) 4 位右移寄存器 由图 12-15 可见,右边触发器的 Q 端一次接至左侧相邻触发器 D 端,当移位的数码从高位开始输入到 D_0 端时,数码在脉冲作用下从 FF_0 向 FF_4 依次移动。设移位寄存器的初始状态为 0000,串行输入数码 D_1 = 1001,从高位到低位依次输入。在 4 个移位脉冲作用后,输入的 4 位串行数码 1001 全部存入了寄存器中。电路的状态表见表 12-7,时序图如图 12-16 所示。

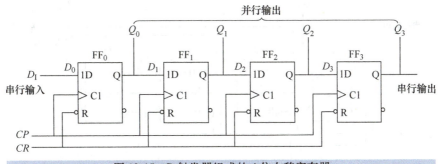

图 12-15 D 触发器组成的 4 位右移寄存器

表 12-7 右移寄存器的状态表

移位脉冲	输入数码	输出			
CP	D_1	Q_0	Q_1	Q_2	Q_3
0		0	0	0	0
1	1	1	0	0	0
2	0	0	1	0	0
3	0	0	0	1	0
4	1	1	0	0	1

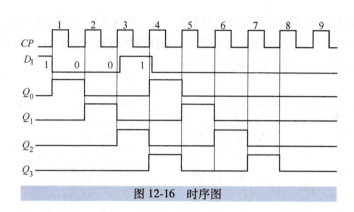

图 12-16 时序图

移位寄存器中的数码可由 Q_3、Q_2、Q_1 和 Q_0 并行输出，也可从 Q_3 串行输出。串行输出时，要继续输入 4 个移位脉冲，才能将寄存器中存放的 4 位数码 1001 依次输出。图 12-16 中，第 5~8 个 CP 脉冲及所对应的 Q_3、Q_2、Q_1、Q_0 波形，就是将 4 位数码 1001 串行输出的过程。所以，移位寄存器具有串行输入—并行输出和串行输入—串行输出两种工作方式。

（2）4 位左移寄存器　D 触发器组成的 4 位左移寄存器如图 12-17 所示，工作原理请自行分析。

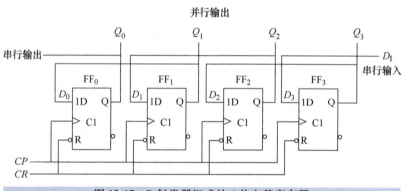

图 12-17　D 触发器组成的 4 位左移寄存器

任务十二　计数器的设计

一、任务目标

1）对比 74LS161 和 74LS163 两种芯片的功能。
2）掌握同步计数器的设计方法与测试方法。

二、器材工具

本任务所需器材工具见表 12-8。

项目十二 时序逻辑电路

表 12-8 器材工具

序号	名称	型号与规格	数量
1	数字电子计数实验箱	BC-SD6 型	1
2	示波器	GW GOS-620 20M	1
3	信号源	VC2015H	1
4	计数器	74LS161/74LS163	各1
5	与非门	74LS00	1

三、原理分析

74LS161 是同步置数、异步清零的 4 位二进制加法计数器，其功能表见表 12-9。

表 12-9　74LS161（74LS163）的功能表

清零 R_D	预置 LD	使能 EP	使能 ET	时钟 CP	预置数据输入 A	B	C	D	输出 Q_A	Q_B	Q_C	Q_D	工作模式
0	×	×	×	×（↑）	×	×	×	×	0	0	0	0	异步清零
1	0	×	×	↑	D_A	D_B	D_C	D_D	D_A	D_B	D_C	D_D	同步置数
1	1	0	×	×	×	×	×	×	保持				数据保持
1	1	×	0	×	×	×	×	×	保持				数据保持
1	1	1	1	↑	×	×	×	×	计数				加1计数

74LS163 是同步置数、同步清零的 4 位二进制加法计数器。除清零为同步外，其他功能与 74LS161 相同。二者的外部引脚图也相同，如图 12-18 所示。

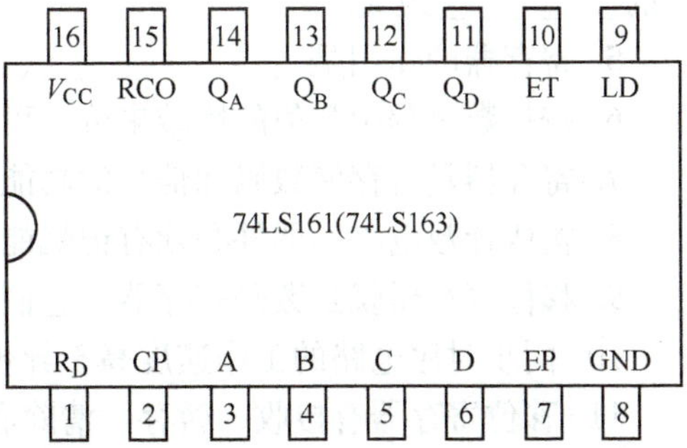

四、任务实施

1）按电路原理图使用中规模集成计数器 74LS163 和与非门 74LS00，连接成一个同步置数或同步清零十进制计数器，并将输出连接至数码管或发光二极管。

图 12-18　74LS161（74LS163）外部引脚图

2）使用单次脉冲作为触发输入，观察数码管或发光二极管的变化，记录得到电路计数过程和状态的转换规律。

要求同步清零和同步置数的十进制加一计数器状态转换过程分别如图 12-19 所示。

五、注意事项

1）每次实验前，务必设置"状态"开关，并检查其他开关和旋钮的位置。实验接线，必须经教师审核无误后才可开始实验。

2）除非特定的实验操作要求（必要的实验方法），改接线时，必须先切断系统工作电源。

3）同步清零与异步清零不同，因为异步清零只能从零开始，到某个位置回复到零再开始循环。同时并行并没有这种局限，它能从任意位置开始，然后到指定的位置，再恢复到一

0000 ⇨ 0001 ⇨ 0010 ⇨ 0011 ⇨ 0100   0110 ⇨ 0111 ⇨ 1000 ⇨ 1001 ⇨ 1010
⇧　　　　　　　　　　⇩　　　　　⇧　　　　　　　　　　⇩
1001 ⇦ 1000 ⇦ 0111 ⇦ 0110 ⇦ 0101   1111 ⇦ 1110 ⇦ 1101 ⇦ 1100 ⇦ 1011

a）同步清零　　　　　　　　　　b）同步置数

图 12-19　状态转换图

开始设置的位置循环。

六、报告要求

1）根据实验过程画出电路图，写出实验步骤。
2）比较同步计数器与异步计数器的区别。
3）说明判断计数器能否自启动的方法。

【习题十二】

1. 时序逻辑电路按状态转换情况可分为_____时序电路和_____时序电路两大类。
2. 按计数进制的不同，可将计数器分为_____、_____和 N 进制计数器等类型。
3. 用来累计和寄存输入脉冲个数的电路称为_____。
4. 时序逻辑电路在结构方面的特点是：由具有控制作用的_____和具记忆作用的_____组成。
5. 寄存器的作用是_____、_____、_____数码指令等信息。
6. 按计数过程中数值的增减来分，可将计数器分为_____、_____和_____ 3 种。
7. 寄存器具有存储数码和信号的功能。（　　）
8. 构成计数电路的器件必须有记忆能力。（　　）
9. 移位寄存器就是数码寄存器，它们没有区别。（　　）
10. 同步时序电路的工作速度高于异步时序电路。（　　）
11. 移位寄存器有接收、暂存、清除和数码移位等作用。（　　）
12. 时序逻辑电路的特点是什么？
13. 时序逻辑电路与组合电路有何区别？

参 考 文 献

[1] 谷立新，齐俊平. 电工电子技术［M］. 北京：航空工业出版社，2011.
[2] 叶光胜. 电工电子技术基础［M］. 2版. 北京：人民邮电出版社，2014.
[3] 李殷，黄长贵，辛锋. 电工电子技术基础［M］. 天津：天津大学出版社，2009.
[4] 刘文革. 实用电工电子技术基础［M］. 2版. 北京：中国铁道出版社，2016.
[5] 秦曾煌. 电工学：上册［M］. 7版. 北京：高等教育出版社，2009.
[6] 秦曾煌. 电工学：下册［M］. 7版. 北京：高等教育出版社，2009.
[7] 韩学政. 电工电子技术基础［M］. 2版. 北京：清华大学出版社，2018.
[8] 唐朝仁. 模拟电子技术基础［M］. 北京：清华大学出版社，2014.
[9] 朱定华. 数字电路与逻辑设计［M］. 北京：清华大学出版社，2011.